Eine kulinarische Entdeckungsreise

durch Mecklenburg-Vorpommern

ANLEGEVERBOT
FÜR SPORTBOOTE

Andreas Neubert · Angela Liebich

Eine kulinarische Entdeckungsreise durch Mecklenburg-Vorpommern

UMSCHAU

INHALT

INHALT

Mecklenburg-Vorpommern

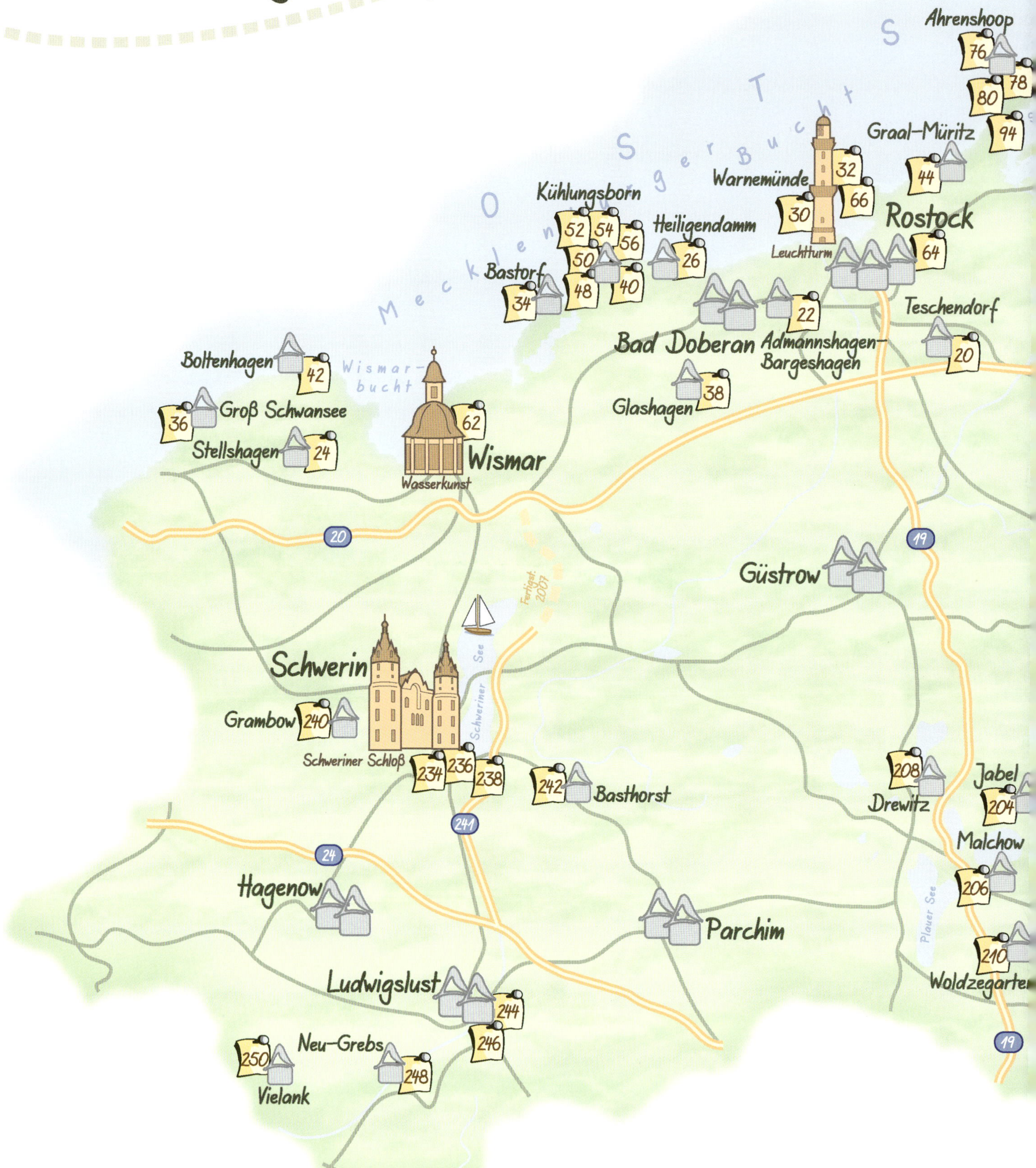

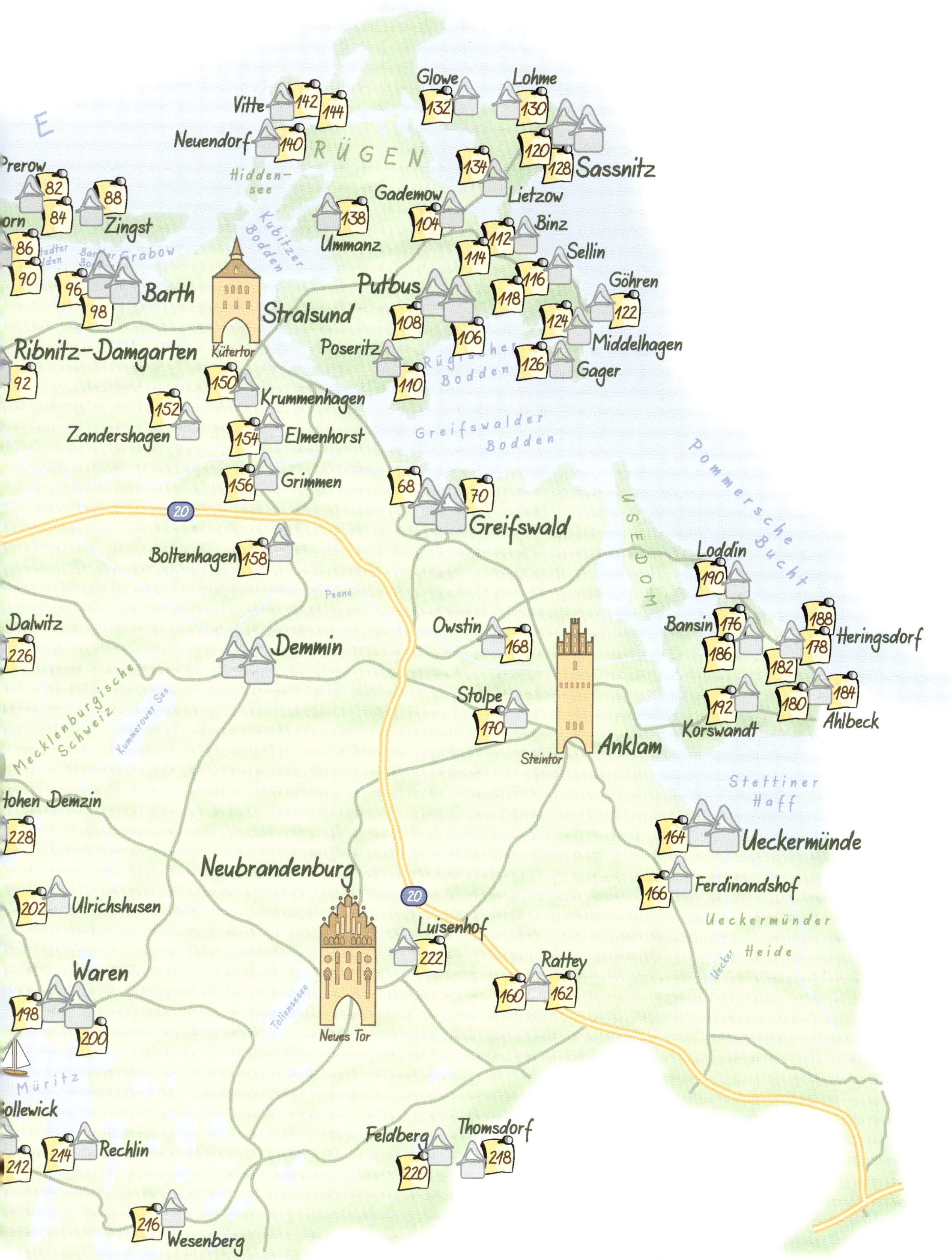

Die Zahlen 128 sind identisch mit den Seitenzahlen der einzelnen Betriebe in diesem Buch und bezeichnen ihre Lage in Mecklenburg-Vorpommern.

VORWORT

Die Leichtigkeit des Seins – wer sich danach sehnt, folgt uns nach Mecklenburg-Vorpommern.
Den Sonnenuntergang am Ostseestrand erleben und die Seebrücke dabei im Blick haben. Vom Strandkorb aus die Ruhe genießen und die Seele hinweg gleiten lassen über die Weite des taubenblauen Meeres. Den sich überschlagenden Wellen lauschen und die Möwen beobachten, wie sie im Fluge hinabstürzen in die bewegte Wasseroberfläche, in der sich die sinkende Sonne flimmernd spiegelt. All das ist möglich in Mecklenburg-Vorpommern, dem mediterranen Wohnzimmer des Nordens von Deutschland.
Weitläufig ist dieses Land: Lange Straßen verbinden – wie Adern – verstreute Dörfer und Städte miteinander. Durch einen Tunnel aus Bäumen und Blätterwerk

Warnemünde

führen die zahlreichen Alleen zum Ziel – vorbei an raumgreifenden Feldern und bizarren Wäldern, an satten Wiesen und einer Vielzahl an Seen.
Die landschaftliche Vitalität von Mecklenburg-Vorpommern spiegelt sich auch in dessen Architektur wider. Einer Märchenkulisse gleich verzaubert das Land mit seinem Reichtum an prächtigen Schlössern. Mittendrin zieht das kräftige Rot der traditionellen Backsteinhäuser die Blicke der Betrachter auf sich. Und auch die liebevoll sanierten Fischerkaten sowie die typische Bäderarchitektur mit ihren herausgeputzten, klassizistischen Villen laden zum Staunen ein.
Mecklenburg Vorpommern ist aber nicht nur ein Land für Natur suchende und architektonisch interessierte Weltenbummler, auch Künstler und Kunstliebhaber finden hier ihre „Musen" – in den

Kreidefelsen / Insel Rügen

anspruchsvollen Kulturprogrammen der zahlreichen Galerien, auf traditionellen Musikfestspielen und in historischen Künstlerorten wie beispielsweise Ahrenshoop.
Die Menschen hier wissen um die Reize ihrer Region, sie hegen die Urwüchsigkeit der Natur und pflegen die traditionelle Kulturlandschaft. Denn beides ist ihnen Lebensgrundlage und Chance zugleich. Auf unserer Entdeckungsreise durch Mecklenburg-Vorpommern sind uns viele interessante Menschen begegnet, die ihr Unternehmen im Einklang mit den natürlichen Schätzen des Landes aufbauen – sei es in der Gastronomie, in der Landwirtschaft oder im Dienstleistungsbereich – als Landwirt, der sich den Pflanzenreichtum der Region zunutze macht und Gewürze und Kräuter anbaut oder als Wirt, der eine alte Scheune in eine urige Gaststätte verwandelt, in der die Atmosphäre des ländlichen Lebens bewahrt wird. Im Einklang mit der Natur und bewusst leben – das ist die Mentalität der Landesbewohner.
Kommen Sie mit auf eine kulinarische Entdeckungsreise durch Mecklenburg-Vorpommern. Sie sind herzlich eingeladen von

Angela Liebich und Andreas Neubert

DER GENUSS EINER FRISCHEN BRISE

Die deutsche Ostseeküste umfasst die mecklenburgische und mecklenburg-vorpommersche Ostseeküste und gilt als eine der schönsten Urlaubsregionen in Deutschland. Sie muss auch keine internationalen Vergleiche scheuen. Die mecklenburgische Region zieht sich von der Ostseite der Lübecker Bucht bis zur Halbinsel Fischland-Darß-Zingst. Ab dort beginnt dann der mecklenburg-vorpommersche Teil.
Die mecklenburgische Ostseeküste ist geographisch eine abwechslungsreiche Gegend, in der sich schroffe Steilküsten mit weißen, feinsandigen Stränden abwechseln, gesäumt von Dünen und Wäldern. Sie gibt eine fremdartig-phantastische Gestalt ab, was auch ihren besonderen landschaftlichen Reiz ausmacht.
Neben der Natur- ist ebenso die Kulturlandschaft der mecklenburgischen Ostseeküste schätzenswert. Liegen in ihr doch so bedeutende Hansestädte wie Rostock oder Wismar, in denen noch heute das See- und Fischereiwesen lebendig ist. Warnemünde lädt ein zu einem gemütlichen Bummelgang am Alten Strom entlang der Mole. Die Ostseeküste ist ein Touristenmagnet und bietet eine reiche Infrastruktur. Dazu zählen feine Hotels, aber auch preiswerte Unterkünfte. Für jeden ist etwas dabei. Fehlen dürfen da natürlich auch nicht die Restaurants und andere gastliche Stätten, ganz gleich in welchem Standard. Fisch spielt da die Hauptrolle auf dem Teller. Aber die reichen Wälder, die oft ganz nah an den Küstenstrich heranreichen, beherbergen noch eine andere regionale Delikatesse, Wild nämlich. Das günstige Küstenklima lässt in diesem Landstrich zahlreiche Kräuter und viel Gemüse gedeihen, selbst solches, das man nur in Italien erwartet – wie zum Beispiel Zucchini. Mit diesen Zutaten gelingen typisch mecklenburgische Regionalrezepte. So entpuppt sich die Gegend auch als Anbieter üppiger Tafelkultur.
Deutsche Badekultur spielte sich einst nur in den Ostseebädern ab. Allen voran in Heiligendamm, das erste und damit älteste deutsche Seebad, das vor mehr als 200 Jahren den heutigen modernen Badebetrieb begründete. Die weiße Stadt am Meer, wie das Ostseebad auch genannt wird, etablierte sich ab 1793 zum ersten deutschen Seebad, als der mecklenburgische Herzog Friedrich Franz I. es für seine Kuren nutzte. Ihm folgten viele Anhänger aus der höheren Gesellschaft ans Wasser. Im Jahr 1796 wurde das erste Badehaus dort errichtet. Baden im Meer war damals nur in den so genannten Badekarren möglich – abgeschirmt von den wenigen Blicken der Öffentlichkeit.
Das war damals so Sitte und Gebrauch. Wer aber war der geistige Vater der Idee des öffentlichen Badens, der Badeorte? Der Gedanke entwickelte sich in der Aufklärungszeit. Im Jahr 1793 stellte der Schriftsteller, Physiker, Satiriker und Kalen-

Bei Heiligendamm

dermacher Georg Christoph Lichtenberg im „Göttinger Taschenkalender“ die Frage „Warum hat Deutschland noch kein großes öffentliches Seebad?“. In dem Aufsatz stellte der Göttinger Professor unter anderem die gesundheitlichen Vorteile des Badens im Meer heraus. Das Seebad lernte der witzige Kopf auf einer Reise ins fortschrittliche England kennen. Lichtenberg sprach sich für den Standort Ritzebüttel, ein damals malerisches Fischerdorf bei Cuxhagen, aus. Doch daraus wurde nichts. Dennoch ließ sich Professor Dr. Samuel Gottlieb Vogel, Leibarzt von Friedrich Franz I., Herzog von Mecklenburg-Schwerin, von dem Artikel Lichtenbergs anregen, als der Herzog dort das erste deutsche Seebad begründete. Heiligendamm selbst ist ein einmaliges Kunstwerk mit Baudenkmälern aus Klassik, Romantik und Historismus. Eine weitere gestalterische Besonderheit ist die Ausrichtung der Bauten zum Meer, dem so ein besonderes Augenmerk gewidmet wird.

Den Ostseebädern gemeinsam ist die typische Bäderarchitektur. Sie zeichnet sich dadurch aus, dass sie den Villen ein eigenwilliges Gesicht verleiht. Balkone, Türme oder Erker in vielfältigen Formen prägen in verspielter Form die Gebäudeerscheinungen. Die Fassaden werden mit allerlei Dekor- und Zierelementen aufgeputzt und werben so um Gefallen.

Ein anderes Markenzeichen der Ostseebäder sind die beeindruckenden Seebrücken, die weit in die See hineinreichen. In Mecklenburg-Vorpommern gibt es etwa 20 solcher Brücken. Die Bauwerke dienten ehemals als Landungssteg für Passagierboote, damit die zumeist betuchten und adligen Gäste bequem mit dem Boot ihren Urlaubsort erreichen konnten. Erst später wurden sie zu gern genutzten Flaniermeilen über dem Wasser, wo einem der Wind um die Nase weht. Bestückt mit gastronomische Betrieben und anderen kurzweiligen Angeboten lässt es sich dort auch länger verweilen.

21

Kühlungsborn

Kühlungsborn

Kühlungsborn

BIOFRISCH NORDOST

Weites Land, grünes Land – das ist Mecklenburg-Vorpommern mit seinen großen landwirtschaftlichen Anbauflächen, ausgreifenden Wäldern, seiner lang gezogenen Ostseeküste und seinen zahllosen Binnengewässern. Beste Voraussetzungen für natürlichen Anbau landwirtschaftlicher Produkte. Martin Lamp und Volker Brinkmann haben es sich mit ihrem Unternehmen Biofrisch Nordost in Teschendorf zur Aufgabe gemacht, nicht nur frische Bioprodukte aus Mecklenburg-Vorpommern zu vertreiben, sondern ein effektives Netzwerk regionaler Produktvermarktung aufzubauen. Sie erreichen mit ihrem Lieferdienst durch das ganze Land Märkte, Gastronomie, Hotels, Hofläden und Naturkostfachgeschäfte sowie Privatverbraucher direkt zu Hause.

Hervorgegangen ist das aufstrebende Vertriebsunternehmen Biofrisch Nordost aus einem kleinen Marktstand aus Vorpommern, an dem ein begrenztes Sortiment eigener Waren verkauft wurde. „Die Expansion begann, als der Bio-Bäcker aus Schwerin seinen Anhänger zum Verkauf anbot", erzählt Martin Lamp von den bescheidenen Anfängen. Heute ist das Unternehmen ein gefragter Partner bei Erzeugern, Händlern, Zwischenhändlern und Endverbrauchern von Bio-Erzeugnissen. „Viele Betriebe nehmen unsere Vertriebsleistungen gern in Anspruch, denn der Vertrieb ist gegenüber dem Anbau ein eigenständiger Bereich. Viele haben dazu nicht mehr die Zeit und Kapazität", weiß Volker Brinkmann. Biofrisch Nordost baut das Netz von Abnehmern kontinuierlich aus, geht selbst auf Märkte in Rostock, Bad Doberan und Warnemünde. Das Unternehmen nimmt auch Direktbestellungen entgegen, die dann mit dem Lieferservice ausgefahren werden.

Biofrisch Nordost
Markthandel – Großhandel – Lieferservice

Am Storchennest 8
18184 Teschendorf

Telefon 03 82 04 / 7 27 45
Telefax 03 82 04 / 7 27 47

Hokkaido-Frikadellen

Zutaten

2 mittelgroße Hokkaido-Kürbisse
1 mittelgroße Zwiebel
viel Dill, Petersilie, Pfeffer, Chilipulver
2 El Mehl
2 Eier

Zubereitung

Die Kürbisse waschen, aufschneiden, die Kerne entfernen und das Fruchtfleisch (mit Schale) reiben. Die Zwiebel reiben, Petersilie und Dill fein hacken, alles mit Mehl, Eiern und Gewürzen gut vermischen. Aus der Masse Frikadellen formen und diese auf einem gefetteten Backblech bei 180 °C im Ofen backen, bis sie goldbraun sind. Dazu passen ein frischer Salat, Wurzelgemüse-Rohkost oder eine bunte Gemüsepfanne.

Die Produktpalette umfasst Brot- und Backwaren, Obst, Gemüse, Käse, Milchprodukte, Eier, Fleisch, Wurst und Honig. Produkte, die die Region nicht hergibt, werden von einem Bio-Großhandel aus Berlin bezogen. Natürlich alles in Bio-Qualität. In gewissem Umfang wird zusätzlich ein Naturkostsortiment aus Nudeln, Reis, Aufstrichen, Tomatenprodukten u.a. angeboten.
Ein neuerer Geschäftszweig von Martin Lamp und Volker Brinkmann ist der Eigenanbau von Roggen, Weizen, Kartoffeln und kleinen, aber wohlschmeckenden Hokkaido-Kürbissen – selbstverständlich zertifiziert nach den Richtlinien des Bioland-Verbandes.
Im November eröffnet dann der eigene Hofladen in Teschendorf zur Versorgung der Leute aus der Umgebung.
„Der kontrolliert biologische Anbau bietet viele Vorteile. Förderung der Bodenfruchtbarkeit, hohe Umweltverträglichkeit, artgerechte Tierhaltung und gesunde Ernährung gehören wohl zu den wichtigsten", plädiert das Duo von Biofrisch Nordost für ihre wertvolle Vertriebsware, deren ursprünglicher Geschmack erhalten geblieben sei.

BS & K GMBH KAFFEERÖSTEREI

Brack Kaffee ist ein absoluter Spitzengenuss für alle Kaffeefreunde. Dahinter steht die über 80-jährige Erfahrung im kontrolliert ökologischen Kaffee-Anbau, der heute in dritter Generation in den Händen von Carlos und Christian Brack liegt. Johann Brack aus Bamberg legte 1925 den Grundstein dafür im Hochland des Amazonas – am Fuße der Anden in Peru. Nach dem Brack-Credo „Selbst gepflanzt, geerntet und geröstet" wird dem Genießer Arabica-Kaffee von feinster Qualität geboten.

Kaffee ist nicht gleich Kaffee. Wer sich einmal das schwarze Heißgetränk aus dem Hause Brack gegönnt hat, stimmt dem zu. Der Gaumen freut sich an der besonderen Milde im Geschmack und wird dennoch von einem fein-würzigen Aroma verwöhnt. Die schonende Röstung macht ihn sehr magenfreundlich und damit hoch bekömmlich. Die Arabica-Bohne sublimiert durch ökologischen Anbau und die aufwändige und zugleich behutsam-natürliche Weiterverarbeitung zu 100 Prozent sortenreinem Hochlandkaffee – mit der unverwechselbaren Geschmacksnote à la Brack. Im Ranking von Aroma, Körper und Säure erzielt das Produkt den zweitbesten Spitzenwert von 7,7 auf der Zehn-Punkte-Skala.

Für echte Liebhaber und Kenner ist das Heißgetränk aus dem Hause Brack aber mehr als nur eine flüssige Köstlichkeit. Dieses Spitzenprodukt ist durch den ökologischen Anbau ein Engagement mit dem Kreislauf der Natur. Unter ausgesuchten Schattenbäumen gepflanzt, wird die Pflanze mit eigenem natürlichen Kompost gedüngt. Keine chemische Schädlingsbekämpfung, denn die Natur heilt sich selbst. Nur der Mensch stört das Gleichgewicht durch unnatürliche Eingriffe.

Insgesamt 330 Qualitätskontrollpunkte muss der Kaffee bestehen. Erst dann darf er als hochwertiges Brack-Erzeugnis auf den Markt. Das hohe Qualitätsformat wird zusätzlich kontrolliert, indem Anbau und Verarbeitung den strengen Maßgaben von Naturland, EG-Öko-Verordnung und IMO control (Institut für Marktökologie) folgen. Brack-Kaffee zeichnet sich aus durch unverfälschte Feinheit und Eleganz, die Ihnen geboten wird. Er gibt seine 800 Aromen in vollem Umfang preis und vermittelt so ein

BS & K GmbH Kaffeerösterei

Reuter Straße 1a
18211 Admannshagen-Bargeshagen

Telefon 03 82 03 / 77 58 40
Telefax 03 82 03 / 77 58 43

harmonisches Erlebnis für Geist und Körper. Die außerordentliche Milde und Bekömmlichkeit verdankt er nicht nur der über 80-jährigen Familientradition und Erfahrung im ökologischen Anbau auf Plantagen in 1600 Meter Höhenlage. Auch die handverlesene Ernte und die schonende Veredlung des Rohkaffees nach traditionellen Röstverfahren in eigener Rösterei garantieren perfekte Genussgüte. „Wir rösten unseren Kaffee schonend zwölf bis 15 Minuten bei durchschnittlich 200 °C, kühlen ihn mit Luft, so dass sich alle 800 bis 1000 Geschmackskomponenten verfestigen und ausbauen", klärt Carlos Brack auf. Einen weiteren Geschmacksvorteil liefert der ökologische Anbau selbst, der nicht auf Masse, sondern Klasse ausgelegt ist. „Limitiert durch die Natur" ist ein unverwechselbares Qualitätsmerkmal von Brack-Kaffee.

Brack'scher Kaffeelikör aus 66 Kaffeebohnen

Zutaten

1 Flasche Rotwein à 0,75 l
100 g Zucker
1 Packung Vanillezucker
66 Kaffeebohnen

Zubereitung

Zucker und Vanillezucker unter Rühren im Rotwein auflösen. Danach die Kaffeebohnen hinzufügen, alles zusammen im Kochtopf bei geschlossenem Deckel erhitzen, aber nicht kochen! Über Nacht ziehen lassen und danach die Kaffeebohnen herausnehmen.
Den Likör eiskalt servieren.

GUTSHAUS STELLSHAGEN

Mal so richtig entspannen, und das so ganz gesundheitsbewusst. Wer sich so etwas gönnt, ist im Hotel Gutshaus Stellshagen, dem Bio- und Gesundheitshotel im Klützer Winkel, richtig aufgehoben. Das Haus bietet alles rund um Erholung und Gesundheit – vom Sport über Naturheilverfahren, Massagen und anderen Behandlungsmethoden bis zu vegetarische Menüs und Biowein.
Das dafür eigens umgebaute und 1996 eröffnete Anwesen bietet mit seinem Hotel, Restaurant, Seminarräumen, Bistro, Wintergarten, Bar, Hotelladen, Sauna, Park und Teich ausreichende Möglichkeiten für einen komfortablen und kurzweiligen Aufenthalt. Wohlfühlen beginnt im Gutshaus Stellshagen bei den Räumlichkeiten: Das Gebäude wurde nach baubiologischen Gesichtspunkten renoviert.
Schon die Gegend – der Klützer Winkel – lässt keinen Urlaubsstress zu, denn dort tikken die Uhren etwas langsamer. Der richtige Standort für das Bio- und Gesundheitshotel Gutshaus Stellshagen, um sich zu erholen und fit zu machen. Doch bevor das ehemalige landwirtschaftliche Anwesen in dieser Weise genutzt werden konnte, musste es aufwändig umgebaut und erweitert werden. Und davor stand nach der Wende der Rückerwerb des alten Familienbesitzes durch die Hamburger Heilpraktikerin Gertrud Cordes und ihre Mutter, Lore Cordes. Der neue Immobilienbesitz erschien zunächst als zu groß für das Vorhaben einer Praxiserweiterung, daher plante Gertrud Cordes schnell um. Es entstand ein Bio- und Gesundheitshotel mit einem vielfältigen Angebot rund um die Gesundheit.
Längst hat sich das Konzept bewährt und genießt eine hohe Akzeptanz – das dokumentiert die hohe Auslastung des Hotels und der anderen Räumlichkeiten.
Kulinarischer Anziehungspunkt ist die Delikatessküche des Gourmet-Restaurants. Dort werden feine Vollwert- und vegetarische Menüs mit internationaler Vielfalt von mediterran über indisch bis asiatisch meisterlich komponiert. „Frische Kräuter, Sojaprodukte, ausgewogene Gewürze, feine Kerne und Gemüse aus dem eigenen Bio-Anbau machen daraus einen ausgesprochenen Schlemmer-Hochgenuss – von bloßen Sättigungsmahlzeiten kann dabei weiß Gott nicht die Rede sein. Nicht-Vegetarier lernen, dass vegetarische Küche etwas ganz anderes ist, als Fleischküche ohne Fleisch", hebt Ute Siegmann von der Direktion den neuen Geschmack hervor. Im Bistro verführen nachmittags hausgebackene Kuchen und Torten zu weiteren leiblichen Genüssen, die sich auf der Sonnenterrasse besonders lecker

Hotel Gutshaus Stellshagen
Cordes KG
Bio- und Gesundheitshotel

Lindenstraße 1
23948 Stellshagen

Telefon 03 88 25 / 4 41 00
Telefax 03 88 25 / 4 43 33

genießen lassen. Ein Spaziergang in der nahen Umgebung bringt den richtigen Ausgleich.
Gutshaus Stellshagen versorgt sich durch den eigenen landwirtschaftlichen Betrieb selbst mit Obst und Gemüse. Der Anbau ist ökologisch kontrolliert und nach dem Bioland-Verband zertifiziert.
Wohlgefühl für Seele, Geist und Körper vermitteln die zahlreichen Einzelbehandlungen in der dazugehörigen Naturheilpraxis. Ob Heilzweck, Entspannung oder Revitalisierung – die zahlreichen Anwendungen reichen von der Farbpunktur über Chinesische Kräuterheilkunde bis zu Tachyonen-Behandlung oder Neuraltherapie.
Das Tagungshaus ist der richtige Rahmen für Workshops, Seminare und Konferenzen. Gutshaus Stellshagen ist nicht nur eine Oase der Ruhe und Entspannung, sondern auch ein Zentrum für Vorträge, Seminare, Gesundheitswochen und Trainings – rund um das Thema Wohlfühlen.

Obst-Mascarpone-Torte

Zutaten

Für den Boden:
150 g Zucker
150 g Butter
3 Eigelb, schaumig gerührt
125 g Haselnüsse
2 EL Mondamin
2 TL Backpulver
3 steifgeschlagene Eiweiß

Für die Creme:
500 g Mascarpone
3 EL geschlagene Sahne
1 Päckchen Vanille-Soßenpulver (ohne Kochen)
Zucker nach Geschmack

Zubereitung

Alle Zutaten miteinander vermengen, das steif geschlagene Eiweiß darunter heben und alles bei 170 °C ca. 25 Minuten backen. Die Zutaten für die Creme verrühren und auf den erkalteten Boden streichen. Mit frischen Früchten (nach Wahl) belegen und mit Tortenguß abrunden.

KEMPINSKI GRAND HOTEL

„Freude empfängt Dich hier, entsteigst Du gesundet dem Bade" – so steht es in goldenen Lettern am Kurhaus des Kempinski Grand Hotel Heiligendamm. Und so steht es dort schon seit dem Jahr 1816.
1793 war's, als Herzog Friedrich Franz I. von Mecklenburg-Schwerin den Rat seines Arztes befolgte, am „Heiligen Damm" in der Ostsee badete und an dieser Stelle eben jenes Seebad Heiligendamm begründete. Bald wurde Heiligendamm zum Treff des europäischen Adels. Bis der Zweite Weltkrieg und die DDR-Zeit dem Glanz ein Ende setzten.
Die Idee, das Seebad mit seiner weltweit einmaligen klassizistischen Architektur wiederzubeleben und als Ferien-Resort zu gestalten, ist aufgegangen. Genau 210 Jahre nach der Gründung Heiligendamms wurde das Kempinski Grand Hotel eröffnet. Schon jetzt gilt das Haus als das exklusivste Luxushotel an der deutschen Küste: Mit dem begehrten MIPIM Award, dem Immobilien-Oscar, wurde ihm höchste internationale Ehrung zuteil, der Heiligendamm SPA wurde bereits mehrfach prämiert. Torsten Dressler, Geschäftsführender Direktor, unterstreicht: „Schon jetzt gehört unser Hotel zu den besten Europas. Meine Mitarbeiter und ich werden alles dafür tun, uns weltweit noch stärker zu etablieren."
Eine Wohltat für das Auge sind die 225 Zimmer und Suiten des Hotels: Klassizisti-

Kempinski Grand Hotel

18209 Heiligendamm

Telefon 03 82 03 / 7 40 61 20
Telefax 03 82 03 / 7 40 61 29

zum Hotel gehörenden Gut Vorder Bollhagen.
„Eine Küche – vier Facetten", so lautet sein kulinarisches Motto im Gourmet-Restaurant Friedrich Franz. Beste Produkte aus der ganzen Welt und natürlich aus der Region bilden eine solide Basis für vier kreative Menüs, die sich

sche Architektur und Einrichtung korrespondieren perfekt. Das Blau der Ostsee, das Beige des Sandes, das Grün der Wälder, das Weiß der Fassaden finden sich in den Räumen wieder. Der Gast wohnt märchenhaft, klassisch-elegant, leicht und luftig. Kulinarisch verwöhnt Küchenchef und Sterne-Koch Tillman Hahn die Gäste. Im Kurhaus Restaurant serviert er regionale und deutsche Gerichte auf elegante und leichte Weise. Die feinen Zutaten findet er vor der Haustür: Boltenhäger Wildkräuter, fangfrischen Fisch aus der Ostsee oder Schwäbisch-Hällische Jungschweine vom

von „Classique" über „Exotique" und „Mediterranée" bis hin zum vegetarischen „Menu Jardinière" erstrecken. Tillmann Hahns weltläufige Aromenküche macht dabei vor geografischen Grenzen keinen Halt. So enthält er Feinschmeckern auch nicht seine exzellenten, auf eine ihm eigene Art asiatisch inspirierten Gaumenfreuden vor. Gleichzeitig bleibt er erstaunlich regional und bodenständig.
„Mecklenburger Spezialitäten interpretiere ich zeitgemäß, und sie haben einen festen Platz in meinem Repertoire", so Hahn. Und genau das gibt seiner Küche in Heiligendamm eine neue Dimension.
Gesellige Treffpunkte mit feinen Offerten stellen übrigens die Nelson Bar & Lobby Lounge sowie die Baltic Bar dar. In der SPA Lounge im Heiligendamm SPA erwartet die Gäste die von Hahn entwickelte und auf die Wellness-Angebote des Hauses abgestimmte SPA-Cuisine.

Warnemünde

Kühlungsborn

Bad Doberan

Bad Doberan

Kühlungsborn

CHEZANN

Wer eine ausgefallene Küche genießen will, der geht ins Chezann in Warnemünde. Für anspruchsvolle Feinschmecker ist das Gourmetrestaurant die richtige Adresse. Ann-Wibke Röhrich gibt dort die kulinarische Geschmacks- und Qualitätsrichtung vor. Hier wird französische Küche gepflegt, aber „Ann" – so nennen die Stammgäste sie – ist auch experimentierfreudig, schaut sich im internationalen Schlemmerland gern um, um dann wieder genüsslich „an den eigenen Herd" heimzukehren. Im Bistro und Restaurant Chezann ist vieles möglich, nur anspruchsvoll muss es sein. Das passt zum Seebad Warnemünde, wo das Leben nicht nur am weißen Strand oder am Alten Strom pulsiert.

Der Bistrobetrieb spielt sich im vorderen Teil ab. Eine quer gestellte Theke steht wie zur Begrüßung am Eingang. Im Sommer wird die Terrasse viel und gern genutzt, von dort lässt sich das Leben auf der Fußgängermeile gut beobachten. Abends wird dann der hintere Teil als Restaurant belebt. Durchgängig modern ist das Interieur, das mit seinen klaren Linien eine unkomplizierte Sprache spricht und gefällt.

„Ich empfinde das so, als kämen Gäste zu mir nach Hause", beschreibt die quirlig wirkende Wirtin ihre Tätigkeit. Dass sie die Dienstleistung von Herzen gern ausübt, bemerkt der Gast am Konzept, das rundum stimmt. Die Gastgeberin lässt sich gerne an den Tischen blicken und tauscht sich mit ihren Gästen aus. Der Kontakt ist ihr wichtig.

„Französische Kochkunst ist die Grundlage für hohe Küche" philosophiert Ann. Hohe Küchenkunst bringt sie mit einfachen Grundprodukten zusammen, aus denen optisch und kulinarisch etwas gemacht werden

Chezann
Bistro & Restaurant
Ann-Wibke Röhrich

Mühlenstraße 28
18118 Warnemünde

Telefon 03 81 / 510 71 77
Telefax 03 81 / 510 71 79

soll. Sie legt viel Wert auf Details, deswegen wird im Chezann auch eine handwerklich sehr aufwändige Küchenarbeit geleistet. Der Feinschmecker hat dann nicht nur etwas fürs Auge, sondern auch für den Gaumen. Dafür sorgt ein Spitzenkoch und seine Kreativität, auf beides legt Ann-Wibke Röhrich großen Wert.
Die Definition von hoher Küchenkunst nach Chezann lässt denn auch Experimentierfreudigkeit und Innovation zu. Gerade richtig für die Chefin des Hauses, die beim Schlemmen und Genießen keine (Landes-) Grenzen kennt. Kulinarische Entdeckungsreise international – angefangen von der asiatischen Scampivariation über Crepinette vom Kaninchen auf Frühlingslauch und Shiitake Pilzen geht's wieder zurück zum mecklenburger Frischlingsrücken. Den Abschluss bitte französisch mit einer Crème brûlée mit Cassissorbet. Auch die Weinkarte kann sich sehen lassen und bietet Spitzengewächse – aus Deutschland, Frankreich, Italien und Portugal.
Aber nur einfach lukullisch genießen im Chezann wäre auch der Chefin des Hauses zu einseitig. Ihre Gäste kommen auch wegen der Events: Kochkurse, Smoker-Abende, Weinreisen oder Jazz zusammen mit Menüs bringen gute Laune und Menschen zusammen. Da wird der Gourmetgenuss zum kurzweiligen Erlebnis.

Törtchen von Kalbszunge und mariniertem Muskatkürbis

Zutaten

1 l Consommé double
350 g gepökelte und gekochte Kalbszunge
6 Blatt Gelatine

Kürbismousse:
400 g eingelegter, pürierter Muskatkürbis
50 g geschlagene Sahne
5 Blatt Gelatine
Salz
Pfeffer

Garnitur:
lauwarmer Pfifferlings-Aprikosensalat
marinierte Kalbszungenscheiben
Salatspitzen und Kräuter

Zubereitung

Muskatkürbis schälen und entkernen; in kleine Stücke schneiden und in der Consommé ca. 2–3 Minuten kochen, anschließend im Fond erkalten lassen (wenn möglich zwei bis drei Tage vorher einlegen).
Die eingeweichte Gelatine in die warme Consommé einrühren und leicht abkühlen lassen. Anschließend die Zunge fein würfeln und etwas von der Consommé dazugeben. Damit eine runde Form bis zur Hälfte füllen und kalt stellen.
Die pürierte Kürbismasse leicht erwärmen und die eingeweichte Gelatine hinzugeben. Etwas abkühlen lassen und die geschlagene Sahne unterziehen. Diese Mousse mit Salz und Pfeffer abschmecken und anschließend die zweite Hälfte der Form mit der Kürbismousse füllen.
Das Törtchen 1–2 Stunden kühl stellen, anschließend stürzen und anrichten.

SEEKISTE ZUR KRIM

Seekiste zur Krim –
Historische Seefahrerkneipe
Andreas Weier

Am Strom 47
18119 Warnemünde

Telefon und Telefax 03 81 / 5 21 14

Beste Seefahrtskneipen-Tradition erlebt man in der „Seekiste zur Krim" im Ostseebad Warnemünde. Sammelstücke aus aller Welt gestalten die Kneipenkombüse und erzählen dem Gast spannende Seefahrergeschichten. Dass Tradition sehr lebendig sein kann, wird in der Seekiste vorgelebt. Die Umgangssprache ist hier das regionale Plattdüütsch, Auswärtige erhalten aber selbstverständlich Übersetzungshilfen. Schon die Bezeichnung „Seekiste zur Krim" signalisiert Tradition, denn viele Warnemünder Kapitäne, die vor mehr als 140 Jahren in den Krimkrieg zogen, haben sich nach ihrer Rückkehr an Land sesshaft gemacht. Sie gründeten Kneipen, die sie in Gedenken an ihre manchmal abenteuerlichen Seefahrerjahre so benannten und einrichteten. Die „Seekiste" ist die letzte dieser Art, die ihren Betrieb noch aufrecht erhält. Ausgestopfte Möwen, Holzmodelle von Seefahrtkreuzern wie der englischen Victory oder nautische Geräte zieren die Kombüse der „Seekiste". Über der Theke hängt der Stoßzahn eines Walrosses. Diese Ausstellungsstücke vor allem prägen die Seefahrt-Atmosphäre und machen sie authentisch. „Es sind oft Mitbringsel aus der ganzen Welt. Jedes Stück hat seine eigene Geschichte", weiß Monika Kadner-Weier, die Frau von Kapitän Andreas Weier.
In der Seekiste wird die Tradition alter Seefahrtskneipen vor allem vom Publikum lebendig gehalten. Hier treffen sich Kaphorniers und Kapitäne zum Stammtisch, der Warnemünder Shanty-Chor „De Klaashahns" macht singend Station.
Wer sich kulinarisch in der „Seekiste" auf große Fahrt begibt, schaut in die Karte für

Backen und Banken. Besonders Petrijünger kommen auf ihre Kosten, denn Stammfischer liefern dort ganz frisch ihren Ostseefang ab – „alles was das Netz hergibt". Von de Fischerlüt gibt's gebratene Scholle „Warnemünder Art" mit süß-säuerlicher Soße, Speck und Zwiebeln, dazu Petersilienkartoffeln. Oder einfach selbstgemachte Sülze mit Remoulade. Ut de Pött von de Kombüse kommt deftiger Mecklenburger Rippenbraten mit Backpflaumen-Rosinen-Soße, Apfelrotkraut und Petersilienkartoffeln. Gesellige Highlights sind die Labskaus-Abende mit Gesang von Horst Köppert. „Beim Labskaus Seekiste werden alle Bestandteile separat angerichtet" verspricht der Küchenchef. Spezielle Gaumenfreuden des Hauses sind frische Seemuscheln im Weißweinsud gegart mit Butter, Brot, Knoblauch und Tomaten-Kräuter-Dip. Die Speisen werden auch im Biergarten vor dem Haus serviert, der eine kurzweilige Aussicht auf das bunte Geschehen am Alten Strom gewährt. Ankern in der „Seekiste" für einen längeren Landaufenthalt – dazu eignet sich das Logis mit den maritim eingerichteten Kojen, um von dort in Warnemünde und Umgebung auf Entdeckungstour zu gehen. Kein Seemannsgarn dabei ist, dass Logisgäste zehn Prozent Rabatt für Backen und Banken in der Kneipe haben.

Gebratener Dorsch auf Senfbutter mit Dillkartoffeln

Zutaten für 6 Personen

Dorsch:
6 Dorschfilets à 200 g
200 ml Öl
6 Zitronenecken
Salz, weißer Pfeffer
2 EL Petersilie

Senfbutter:
100 g Butter
4 EL mittelscharfer Senf
3 EL Honig, Zucker

Dillkartoffeln:
1,2 kg geschälte Kartoffeln
50 g Butter, Salz
2 EL Dill

Zubereitung

Kartoffeln in reichlich Salzwasser kochen. Für die Senfbutter Senf und Honig unter ständigem Rühren zur zerlassenen Butter geben und mit dem Schneebesen cremigfest rühren. Mit Zucker abschmecken. Dorschfilets mit reichlich Salz und weißem Pfeffer beidseitig würzen. Bei mittlerer Hitze in Öl von beiden Seiten goldgelb braten.
Auf einem Teller die Kartoffeln anrichten, daneben die Senfbutter, das Dorschfilet darauf legen. Über die Kartoffeln etwas zerlassene Butter geben und mit Dill bestreuen. Auf das Dorschfilet etwas gehackte Petersilie und ein Stück Zitrone geben.

GUTSHOF BASTORF

Gutshof Bastorf GbR
Frank Wutschik

Kühlungsborner Str. 1
18230 Bastorf

Telefon 03 82 93 / 64 50
Telefax 03 82 93 / 6 45 55

Gutshof Bastorf bietet etwas Einzigartiges an der Ostseeküste – regionale und saisonale Küche, frisch zubereitet nach der Lehre der fünf Elemente. Wohltuend und wohlschmeckend. Doch das Haus bietet Einzelgästen, Familien und Gruppen noch mehr rund ums Wohlfühlen – vom Sport- und Fitnesskurs über Wellness und Beauty bis hin zur 5-Elemente-Kochschule und zum Hofladen. Das historische Anwesen mit seiner Reetdachscheune, seinen verwinkelten Wegen und Eckchen ist außerdem der ideale Ort der erholsamen Ruhe. Zudem können vom Gut aus – zwischen Wismar und Rostock gelegen – zahlreiche Erkundungstouren in die einmalige Natur- und Kulturlandschaft an der Ostseeküste gemacht werden. Auch die „Kühlung“, Deutschlands nördlichstes Mittelgebirge lockt.

Gutshof Bastorf ist eine Oase des Wohlgefühls, in der es aber um weit mehr geht als um Genussfreuden. Vielfache Anwendungen aus der Wellness-, Beauty- und Heilpraxis, zahlreiche Sport- und Fitnesskurse runden die hochbekömmliche Kulinarik auf Bastorf ab. Im Mittelpunkt der Gaumenfreuden steht dabei die 5-Elemente-Küche als einzigartige Tafelkultur an der Ostseeküste.

„Sie basiert auf den Lehren der Traditionellen Chinesischen Medizin mit ihrer Theorie der fünf Elemente Holz, Feuer, Erde, Metall und Wasser, nach denen die Menüs zubereitet werden“, erläutert Geschäftsführer Frank Wutschik. Jedes Element ist Bestandteil einer Speise (ganzheitliche Ernährung) und jahreszeitliches Gemüse stammt aus biologisch-regionalem Anbau. Zudem ergänzt ein harmonisierender Getreideanteil jedes Gericht.

„Bekannte Speisen treten mit einem neuen Geschmackserlebnis auf, Stoffwechsel und Verdauung werden harmonisiert“, gibt der Küchenchef des Hauses die Wirkung der 5-Elemente-Küche bekannt, „die wohltuend und nährend, aber keineswegs füllend ist“. Zugleich wird das Verlangen nach Süßem aufgehoben und ein Extra an Eigenenergie freigesetzt.

Dass die 5-Elemente-Küche zweifellos auch Feinschmecker mit sensiblen Zungen anspricht, liest sich auf der Restaurantkarte etwa so – gedünsteter Dorsch neben Tomatenrisotto oder Lammrücken mit Polentaschnitten in Rotweinsoße. Berüchtigt-genial sind die Fischabende im Gutshof. Chef d'Oeuvre sind dabei frisch geräucherte Makrelen, Seeaal, Heringe, hausgemachte Salate oder frisch gebackenes Brot aus dem Holzbackofen. Und für Rote Grütze zum Finale ist auch noch Platz.

„Etwa 10 Prozent unserer Speisen bereiten wir nach üblichen Rezepten zu. Die 5-Elemente-Küche wird ergänzt durch unsere übrigen Angebote zum Wohlfühlen. Dazu zählen unter anderem Traditionelle Chinesische Medizin, Kneipp-Behandlungen oder Massagen aus der Heilpraxis“, macht der Chef des Hauses aufmerksam. Im Bereich Beauty können sich Gäste bei Natur- und Meerwasserkosmetik oder Entspannungstherapien erfrischen. Wer es aktiv mag, schließt sich der Nordic-Walking-Gruppe an, macht Rücken „Refresh“ Training oder treibt eine der anderen angebotenen Sportarten. Angebote wie Aquarellmalerei oder Filzen lassen die Kreativität frei entfalten und Thai Chi sowie andere meditative Kurse bringen die gewünschte Entspannung. Die jüngsten Gäste haben Spaß an einer bunten Spielewelt und an anderen kindgerechten Vergnügungen auf Gutshof Bastorf.

SCHLOSSGUT GROSS SCHWANSEE

Deutlich hebt sich der klassizistische Prachtbau in strahlendem Weiß von dem gepflegten Parkrasen und den alten Bäumen im Hintergrund ab – Sie sind angekommen auf Schlossgut Groß Schwansee im Klützer Winkel. Erbaut 1745, erstrahlt es heute im liebevoll restaurierten Glanz längst vergangener Tage. Ein Besuch des Hauses vermittelt Ruhe, Erholung und Hochgenuss auf höchstem Niveau. Die Gestaltungssprache des denkmalgeschützten Hauses versöhnt zwischen dem traditionellen Bauwerk und modernen Einrichtungselementen.
Kulinarische Lebensfreude versprüht die Delikatessküche im neuen deutschen Kochstil mit regionalen und internationalen Akzenten. Wohnkomfort pur erleben die Hotelgäste in den zehn individuell eingerichteten Zimmern und Suiten.
Im Vordergrund eine himmelstürmende Fontäne aus dem blauen Seerosenteich, dahinter in strahlend weißem Glanz der klassizistische Schlossbau. In dieser romantischen Bildkomposition empfängt Schlossgut Groß Schwansee seine Gäste. In der Empfangslounge mit ihrer Gewölbedecke kündigt sich die vielseitige Gestaltungssprache des Hauses an. Die historische Räumlichkeit beherbergt moderne Elemente und heutige Technik wie den gläsernen Fahrstuhl, um die Gäste aufs angenehmste zu begrüßen.
„Individueller Service und höchste Qualität zählen zur Philosophie unseres Hauses", macht Hoteldirektor Kay Plesse deutlich. Schaut man sich nur um, wird schnell klar, was damit gemeint ist. Das gesamte Bauwerk hüllt in eindrucksvolle Eleganz und lässt vom Restaurant bis zum kleinsten Detail der Hotelzimmer komfortable Ausstattung genießen.
Exquisiten Genuss für Zunge und Gaumen liefert die Gourmetküche im „Schlossrestaurant", in der Thorsten Scheffauer über Töpfe und ein geschultes Team regiert. „Neue deutsche Küche mit Akzenten aus der mediterranen und hiesigen Region schätzen unsere Gäste", umschreibt der engagierte Cuisinier seinen Kochstil. Kreativität, Raffi-

Hotel & Restaurant
Schlossgut Groß Schwansee
Kay Plesse

Am Park 1
23942 Groß Schwansee

Telefon 03 88 27 / 88 48-0
Telefax 03 88 27 / 88 48-48

Ostseedorsch aus dem Rapsöl-Kräutersud auf Mango-Kartoffel-Chutney

Zutaten

600 g Dorsch
250 ml Rapsöl
2 Zweige Rosmarin, 2 Zweige Thymian
1 Bund Kerbel, 1 Bund Blattpetersilie
1 Zehe Knoblauch
1 Zitrone (nur die Schale)
4 Gefrier- bzw. Vakuumbeutel
1 Mango
3 Kartoffeln
500 ml Orangensaft
1 Zimtstange, 1 Sternanis
Salz, Pfeffer und Chilipulver

Zubereitung

Filetierten Dorsch in Stücke (à 120 g) schneiden, auf der Fleischseite mit Salz und Pfeffer würzen. Kräuter (Rosmarin, Thymian, Kerbel, Blattpetersilie) grob zupfen. Knoblauch mit dem Fischfilet in einen Vakuumbeutel legen und mit 250 ml Rapsöl angießen. Beutel fest mit einer Schnur oder Klammer verschließen, in 90 °C heißes Wasser legen und ca. 8 Minuten garen. Kartoffeln und entkernte Mango würfeln (1 cm). Kartoffeln in heißem Öl farblos anbraten und Orangensaft aufgießen, Sternanis und Zimt hinzugeben und lassen. Mangowürfel hinzugeben, kurz angaren und mit Salz, Pfeffer und Chili abschmecken.

nesse und Kombinationsfreude kochen mit und lassen daraus feine Genüsse entstehen. Selbst in Hamburg ist der gute Ruf der Küche und die hohe Tafelkultur auf Schlossgut Groß Schwansee bekannt.

Der Tag auf Schlossgut Groß Schwansee beginnt mit einem üppigen, servierten Frühstück auf der Sonnenterrasse mit Blick auf den Park – Verwöhnmomente für Körper, Geist und Seele. Tagsüber hält das junge, kompetente Serviceteam kleine Köstlichkeiten à la carte bereit. Nach einem erholsamen Tag könnte im Schlossrestaurant ein saftiges Rinderfilet vom Weideochsen mit Szechuanpfeffer an Shiitake Pilzen und Speckgraupenrisotto die Hauptrolle in einer fürstlichen Speisefolge spielen, die noch „geistreich“ geadelt wird von einem der korrespondierenden Qualitätsweine aus dem internationalen Angebot. Leibliches Wohlgefühl der anderen Art erfahren die Hotelgäste durch die Beauty- und Wellness-Arrangements – von Ayurveda bis zur erholsamen Algen-Körperpackung. Der Rückzug auf die luxuriös eingerichteten Zimmer und Suiten im Stile maritimer, herrschaftlicher bis hin zu asiatisch inspirierter Ausstattung wird leicht gemacht.

Darüber hinaus ist das Schlossgut Groß Schwansee mit seinem aufwändig restaurierten Pferdestall und anderen Räumlichkeiten ein Veranstaltungsort der Nobelklasse, der den passenden Rahmen für Konferenzen, Firmenfeiern und private Feierlichkeiten vielfältiger Art bietet.

GLASHAGENHÜTTE

Glashagenhütte
Regina und Norbert Kaufmann

18209 Glashagen

Telefon 03 82 03 / 1 30 88
Telefax 03 82 03 / 6 58 11

Aus einem Glas wird nichts ins andere gegossen – in der Glashütte von Regina und Norbert Kaufmann. Das soll bedeuten, es wiederholt sich dort nichts, schon gar nicht in der Glasgestaltung mit Hand und Mund. Jedes handgearbeitete Stück, ob Vase, Trinkglas oder Schale, hat seine eigene „unwiederholbare“ Form und Farbe. Die beiden Künstler setzen in der Glashagenhütte – so die sinnreiche Bezeichnung der einzigen Glasmacherwerkstatt in Mecklenburg-Vorpommern – in Glashagen nahe Bad Doberan eine traditionelle Handwerkskunst in der Region fort. Zisterziensermönche des Doberaner Klosters haben sie ab dem 13. Jahrhundert zur Blüte getrieben. Sie wirken gar nicht so zerbrechlich wie das Material Glas es einem suggerieren könnte. Becher, Teller, Leuchter und all die anderen Unikate in Glas sind dickwandig, aber keineswegs klobig, sondern gerundet und dadurch schwungvoll, ja fast wieder leicht. Doch ihre Dickleibigkeit signalisiert Festigkeit, Dauer und Bodenständigkeit, stellt so eine Verbindung zur langen Tradition der Glasmacherkunst her, die bis 1901 in Alt-Schwerin ausgeübt wurde. Um dem Alltagsgebrauch unbeschadet standhalten zu können, müssen die Objekte wohl auch „etwas auf den Rippen haben“, denn dafür sind sie auch gemacht. „Auf sie muss Verlass sein, sie sind keiner Modeästhetik unterworfen“, umschreibt Norbert Kaufmann den praktisch-bodenständigen Sinn der ehrlichen Produkte, von denen dennoch jedes sein eigenes Gesicht hat. Schon die Vielfalt der Formen signalisiert alltäglichen Nutzen – Kelch- und Sherryglas, Flasche und Leuchter sind gängige Gebrauchsformen. Auch wenn Kaufmann es herunterspielt: „Den ästhetischen Anspruch muss jeder für sich selbst entscheiden“. Die Glasobjekte selbst überzeugen durch ansprechende Farbformen und -kompositionen sowie durch ausgesuchte Farbtöne, die mal in Jadegrün oder Kobalt schimmern oder ein kräftiges Stahlblau ausgießen. Gebrauchsästhetik, die das alltägliche Leben verschönert, könnte der Minimalanspruch der Künstler von anderer Seite formuliert lauten.

Im Winter heizt der unübersehbare Brennofen angenehm die Werkstatt auf, im Sommer ist die herausströmende Hitze weniger angenehm. „Er brennt 365 Tage im Jahr mit 1300 Grad Celsius", erklärt Regina Kaufmann und demonstriert dabei, wie das Glas geschmolzen wird. Gleich nebenan ist der Ausstellungsraum. Ihre Besucher bekommen so einen Eindruck, wie die Alltagskunstgegenstände in handwerklich geschickter Arbeit hergestellt werden. Nichts von der Stange. „Es bereitet uns Freude, an einem Ort wie Glashagen in Mecklenburg nach

über 100 Jahren wieder Glas zu schmelzen und formen", gibt sie der Freude an ihrer Tätigkeit Ausdruck.
Mit der Glashagenhütte haben sich die diplomierte Produktdesignerin und Glasmacherin Regina Kaufmann und ihr Mann Norbert, Fotograf, Maler und Grafiker, einen Traum erfüllt. Es war ein langer Weg bis dahin. Nach der Ausbildung zur Designerin an der Kunstschule in Heiligendamm, autodidaktischem Unterricht und Praktika in Weißwasser, der Hochburg des Glasmachens, startete Regina Kaufmann im 1979 erworbenen Haus in Glashagen mit einer kleinen Werkstatt. Dort entwarf sie zunächst Lampen und Keramikschmuck. Nebenbei stellte sie Gefäße nach dem Muster der traditionellen Mecklenburger Waldglasformen her und entwickelte immer konkreter den Wunsch, das Naturmaterial nach eigenem Willen und Kunstempfinden zu gestalten.
Ihr kreativ zur Seite steht Norbert Kaufmann, der zunächst die Fotowerkstatt in der Kunstschule leitete und seit 1985 als freiberuflicher Gebrauchsgrafiker tätig ist. Mit Plakatentwürfen oder Zeichnungen etablierte er sich gestalterisch. Nach der Wende bastelte das Ehepaar weiter an seinem Traum und schaute sich in Südschweden nach mehreren Glashütten um. Heute genießt die viel besuchte Glashagen-

hütte, in der noch Glasmacher Riccardo Jegodtka tätig ist, internationales Renommé. Das Fusing, die Flachglasverschmelzung, gewinnt dort im Werkstattalltag zunehmend an Bedeutung, vor allem für Kreationen baugebundener Kunst. Internationale Workshops, das Hüttenfest und Ausstellungen ergänzen das Arbeitsprogramm in der Glashagenhütte.

CLASSIC CONDITOREI & CAFÉ RÖNTGEN

Classic Conditorei & Cafe Röntgen definieren den Begriff klassischer Konditoreikunst neu. Vor allem frischen Geschmack, Qualität im Genuss und kreative Rezepturen verbindet Geschäftsführer Frank Röntgen mit seiner Kulinarik, die regionale bis internationale Spezialitäten umfasst. Der ausgezeichnete und international zertifizierte Betrieb bietet nicht nur hausgemachte Premiumprodukte, sondern gilt als führendes Kaffeehaus mit Restaurantkarte, Catering und Hotel. Zum Stammhaus in Kühlungsborn-Ost zählen vier Filialen.
Frank Röntgen, Koch und Hotelbetriebswirt, lebt nicht zufällig in Kühlungsborn, sondern setzt Familientradition fort. Einst, das war 1902, eröffnete der aus dem Rheinland zugereiste Meister Robert Röntgen dort das Hotel Villa Maria. Er heiratete die Tochter des ortsansässigen Bäckers Techel und begründete das Familienunternehmen, das bereits in fünfter Generation von Frank Röntgen weitergeführt wird.
Strandstraße Kühlungsborn-Ost. Ein warmer Sommertag beginnt. Das Cafe Röntgen hat längst seine Türen weit geöffnet und die Sonnenterrasse in Betrieb genommen. Schon von der Promenadenstraße aus lassen sich die süßen Köstlichkeiten erahnen, die zum Verweilen verführen. Das Eintreten ist ein Leichtes und den Gast begrüßt ein elegantes und zugleich gemütliches Café-Ambiente. Wer den Tag mit einem ausgezeichneten Frühstück beginnen will, ist im Cafe Röntgen und den übrigen Filialen wie dem Café Meeresblick in Kühlungsborn-West richtig platziert. Der kulinarische Tagesbeginn ist ein Schwerpunkt im Angebot und weithin bekannt – nicht umsonst heißt es oft „Frühstück bei Röntgen". Und das gibt`s bis zum Küchenschluss.
„Besonders bei Tourismus-Gästen fällt das Frühstück spät an. Da kann man die Küche nicht um 11.30 Uhr schließen. Entsprechend umfangreich und variabel ist auch unser Angebot", erläutert Frank Röntgen sein pfiffiges Konzept, das nach internationaler Norm DIN EN ISO 9001:2000 zertifiziert ist. Es lässt seinen Mitarbeitern in der Backstube viel Raum für Kreativität und Inspiration. Französische Akzente in der feinen Confiserie und Patisserie bestimmen den zweiten Schwerpunkt des Hauses. Innovativ ist dabei die Herstellung der Royaltörtchen in Kapselbauweise. „Dieses Verfahren lässt

Classic Conditorei GmbH
Frank Röntgen

Dorfstraße 15 c
18209 Steffenshagen

Telefon 03 82 03 / 77 57-0
Telefax 03 82 03 / 77 57-99

nicht nur eine Vielfalt von Formen und Dekorationen zu, weshalb auch klassische Produkte wie eine Nuss-Sahne-Torte bei uns anders aussehen, sondern macht sie im Fertigungszustand auch transportfähig für unseren Versand oder unser Catering", verrät der Chef des Hauses, das sich auch als kinder- und umweltfreundlicher Betrieb einen Namen gemacht hat.
Neben ausgesuchten Rezepturen ist auch die Frische der Regionalrohstoffe maßgeblich für die hohe Geschmacksqualität. Sie werden dort als Fruchtmus verarbeitet, wo sonst Sahne oder Zucker verwendet werden. Das macht die hausgemachten Röntgen-Erzeugnisse besonders bekömmlich – gemäß dem Zeittrend „Gesundheit zum Genießen". Das Flair sowie die vielfältigen Angebote an Premium-Produkten und an Kultur in den mit dem Wirtschafts- und Medienpreis „Mittelstandsoskar" ausgezeichneten Röntgen-Cafés fangen die Kaffeehaus-Atmosphäre internationaler Häuser ein. Das passt zum Seebad, das passt zur Ostsee.

GUTSHAUS REDEWISCH

Hotel und Restaurant Gutshaus Redewisch im Ostseebad Boltenhagen ist ein Synonym für persönliche Gastlichkeit, für Wohlfühlen wie zu Hause. Dahinter steht Ole Lueder mit seinem Team als leidenschaftlicher Gastgeber, Betreiber und Inhaber. Inmitten einer reizvollen Landschaft, umgeben von einem romantischen Park mit weiter Rasenfläche und Teich liegt das liebevoll restaurierte Gutshaus im frühklassischen Baustil. Vor allem die Möblierung des Entreés im holländischen Stil heißt die Gäste herzlich willkommen. Dieses Flair setzt sich im ganzen Haus fort, das über komfortable Zimmer und Suiten, ein anheimelndes Kaminzimmer, einen behaglichen Tagungsraum, ein gemütliches Restaurant und eine schöne Parkterrasse verfügt. Neben viel Erholung, Arrangements und Wellness bietet die Küche kreative Köstlichkeiten der Region.
„Unsere Gäste sollen sich wie Mitglieder oder Freunde der Familie fühlen. Meine Frau und ich sehen uns eher in der Rolle des freundschaftlichen Gastgebers als in der des Hotelbetreibers. Überhaupt wollen wir nicht diese anonyme Hotelatmosphäre vermitteln", erläutert Ole Lueder sein Gästekonzept. Damit meint er auch, dass der familiäre Verbund, so wie er in traditionellen Gutshäusern eben herrschte, überall spürbar sein soll. Für dieses vertraute Wohlgefühl zeigt der umtriebige Hausherr viel Präsenz und füllt gleichzeitig die Rolle des Empfangschefs, Hausmeisters oder Gärtners aus. Seine stete Freundlichkeit gewinnt, wie auch der ausgesprochene Charme seines Mitarbeiter-Teams.
Gutshaus Redewisch ist ein zurückgewonnener Familienbesitz, der von 2000 bis 2001 aufwändig saniert, renoviert und umgebaut wurde. Die Vielzahl von Gutsgebäuden war auf zwei, das Gutshaus und den Wirtschaftsbau, zusammengeschmolzen, deren Zustand sich im Laufe der Zeit weiter verschlechterte. „Gerade deswegen sollte das Redewischer Haus wieder in Familienbesitz kommen.
Es stand die Überlegung an, was mit dem Anwesen anzufangen sei. Keiner von uns kommt aus der Landwirtschaft. So kam denn die Idee auf, es als Hotel und Restaurant zu betreiben", so Ole Lueder zum Werdegang. Bis auf die Grundmauern entkernt, waren umfangreiche Maßnahmen notwendig, um das Gutshaus Redewisch zu einem ausgesprochenen Wohlfühlbetrieb zu gestalten.
Die in unterschiedlichen Stilen eingerichteten Zimmer und Suiten laden ein zum Verweilen und zum Rückzug nach einem erleb-

Hotel und Restaurant
Gutshaus Redewisch
Ole Lueder

Dorfstraße 46
23946 Ostseebad Boltenhagen
OT Redewisch

Telefon 03 88 25 / 37 60
Telefax 03 88 25 / 3 76 37

Mecklenburger Wickelbraten

Zutaten

800 g Schweinenacken
100 g Trockenpflaumen
100 g frische Äpfel
50 g Senf
Salz, Pfeffer, Majoran
1 zerdrückte Knoblauchzehe
Semmelmehl
Rotwein
Bratgemüse (Sellerie, Möhren, Lauch)

Zubereitung

Die Früchte mit Semmelmehl mischen. Den Schweinenacken von einer Seite einschneiden und mit den Früchten füllen. Die Öffnung mit einer Rouladennadel verschließen. Aus Senf, Majoran, Salz, Pfeffer und Knoblauch eine Würzpaste zubereiten und den Braten damit einreiben. Diesen bei 170 °C im vorgeheiztem Backofen ca. 1,5 Stunden mit dem Bratgemüse schmoren, danach mit Rotwein ablöschen und mit Zucker abschmecken. Den Soßenfond und das Bratgemüse entnehmen und pürieren, gegebenenfalls mit Mehl abbinden. Mit Kartoffeln zum Braten servieren.

nisreichen Tag in der Natur- und Kulturumgebung an der Ostsee. Oder das Kaminzimmer mit seiner anheimelnden Stimmung lockt zu geselliger Runde. Wer das Angenehme mit dem Nützlichen verbindet, kann den mit moderner Technik ausgestatteten Tagungsraum des Hauses nutzen. Die Parkterrasse bietet ein besonderes Erlebnis in „freier Natur", zum Frühstück oder zu kurzweiligen Veranstaltungen umsorgt vom aufmerksamen Serviceteam. Im Fitness- und Wellnessbereich entspannen und erfrischen sich die Gäste für den nächsten Tag. Das Restaurant ist die kulinarische Mitte und wartet auf mit regionalen Spezialitäten, die Zunge und Gaumen verwöhnen. Fangfrischer Fisch „von vor der Haustür" und andere Menüs werden phantasievoll in der Küche zubereitet. Vor allem kocht die Saison mit, so dass die köstlichen Kreationen geschmacksfrisch kredenzt werden. Gutshaus Redewisch hat eben viel zu bieten.

CAFÉSTÜBCHEN WITT

Das süße Leben in Mecklenburg-Vorpommern genießen, dazu zählt ein Besuch im Caféstübchen Witt im Ostseebad Graal-Müritz. Bereits die außergewöhnliche Architektur des charmanten, historischen Hauses erweckt Aufmerksamkeit.
Der vorgelagerte Gastgarten lädt ein zum Verweilen und Genießen der süßen Köstlichkeiten. Das reetgedeckte Dach signalisiert regionale Verbundenheit. Auch Familie Witt ist nicht nur Graal-Müritz seit langem verbunden, sondern auch dem Gastgewerbe. Die Anfänge lagen in der Beherbergung und im Transport von Gästen.
Untergebracht ist das Caféstübchen Witt in einer ehemaligen Bündnerei. Das rund 400 Jahre alte Gebäude wurde aufwändig saniert und dem Original nachempfunden. Die räumliche Kleinformatigkeit sorgt für Gemütlichkeit. Der kulinarische Reiz liegt dabei in den tagesfrischen Kuchen und Torten aus der eigenen Backstube, die bereits Berühmtheit erlangten. Die süßen Kompositionen werden nach traditionellen Hausrezepten angerührt. Das schmeckt man heraus. „Wir verwenden für unsere Konditorprodukte nur erstklassige Zutaten aus der Region. Qualität ist uns wichtig. Bei uns ist Backen noch eine echt handwerkliche Tätigkeit“, bekennt sich Torsten Witt zum Güte-Credo des familiengeführten Hauses.

Caféstübchen Witt
Torsten Witt

Am Tannenhof 2
18181 Graal-Müritz

Telefon 03 82 06 / 7 72 21
Telefax 03 82 06 / 7 79 13

Die gefragte Spezialität im Caféstübchen Witt sind Riesenkirschwindbeutel mit ganzen Früchten. Der leckere gedeckte Apfelkuchen sei eine typisch mecklenburgische Besonderheit, wird versichert. Das umfangreiche Angebot lässt keine Gaumenfreude aus – vom warmen Hefekuchen bis hin zu geschmackvollen Obst- und Sahnetorten versüßen sie den Aufenthalt zwischen den landschaftlichen Schönheiten von Rostocker Heide und Müritzer Moor. Zu den flüssigen Köstlichkeiten und nachmittäglichen Vergnügen zählen die unterschiedlichen Kaffeespezialitäten, die kredenzt werden. Am Spätnachmittag geht der Abendbetrieb mit Speisekarte los. Das Café bietet seinen Gästen regionale Küche in bester Geschmacksqualität. Da kommt der Schweinebauch veredelt aus der Küche und wird als Sauerfleisch in Aspik mit Remouladensoße serviert – ein kulinarisches Gedicht aus der Region. „Frisch auf den Teller heißt das Qualitätsmotto – so stammt das Wildfleisch von der Rostocker Heide und vom Darßer Wald, und Dorsch, Scholle, Hornfisch oder Hering fangen ansässige Ostsee- und Boddenfischer“, macht der Chef des Hauses die Herkunft transparent.

Die Tradition des Gastgewerbes setzt die Pension fort. Wem es in Graal-Müritz oder im Caféstübchen Witt gefällt, der kann sich dort auch einquartieren. Die neu erstellte Pension bietet 16 Doppelzimmer im Hotelstandard. Bequeme Sofas, TV und separate Nasszellen erfüllen das individuelle Komfortbedürfnis – wenn das nicht eine Einladung ist!

Riesenwindbeutel

Zutaten

Teig:
1/4 l Wasser
100 g Butter
250 g Mehl
5–6 Eier
Füllung:
150 g Zucker
500 g Sahne
60 g Sahnesteif
Kirschen, Himbeeren oder
anderes Obst nach Belieben

Zubereitung

Der Brandteig bekam seinen Namen vom „Abbrennen“ (Ansetzen). Die Zutaten Wasser und Butter werden gekocht. Dann kommt die Bindung in Form von Mehl auf einmal in den Topf und wird so lange verrührt, bis die Masse am Topfboden leicht ansetzt und ein zäher, fester Kloß entsteht. In die leicht abgekühlte Masse nach und nach die Eier einrühren. Soviel, bis die Masse glänzt, spritzfähig und geschmeidig ist. So wird sie zu Windbeuteln bei 220 °C 15–20 Minuten lang gebacken. Sahne mit Sahnesteif und Zucker steif schlagen. Masse in die Windbeutel füllen und mit Obst garnieren. Gutes Gelingen!

GOURMETTAGE IN KÜHLUNGSBORN

„Die Tafel ist angerichtet", heißt es wieder zu den Kühlungsborner Gourmettagen, dieses Jahr vom 18. bis 26. November. Das Schlemmervergnügen im größten und einem der schönsten Ostseebäder, fand erstmals 2002 statt und bietet nicht nur kulinarische Vielfalt auf hohem Niveau, sondern auch kulturellen Genuss. Die fünf renommierten Häuser Hotel Neptun, Residenz Waldkrone, Hotel Aquamarin, Europa-Hotel und erstmals das Hotel Vier Jahreszeiten unter Leitung von Petra Hähnel organisieren und gestalten das bunte Gaumenfestival. Jedes Hotel bietet im Rahmen der Themenabende ein spezielles Fünf-Gänge-Menü und dazu ein kulturelles Programm. Obendrein gibt es das so genannte Hopper-Menü, dessen einzelne Gänge in verschiedenen Restaurants genossen werden können. Gestartet werden kann mit einem Erdapfel-Trüffel-Macchiato, um mit einem Steinbuttfilet fortzufahren, dem ein Rehrückenfilet folgt. Gestürztes Schokoladen-Soufflé bildet das süße Finale.
Die Kühlungsborner Gourmettage sind ein bemerkenswertes Event. „Die Veranstaltung ist weit über die Landesgrenze hinaus

bekannt und wurde von Anfang an gut angenommen", berichtet Inge Hagen-Heyde, Chefin des Vier-Sterne-Hauses Aquamarin Hotel, über die jährlichen Genusstage. Denn Feinschmeckern wird nicht nur ein kulinarischer Reigen geboten, sondern ebenso vielfältige Kunst- und Kulturdarbietungen. Unter dem Motto „Ars vivendi" lädt das Vier-Sterne-Hotel Waldkrone seine Gäste ein zu einem Streifzug durch Italien, begleitet von Operngesängen. Für Direktorin Petra Müller ist die Veranstaltung jedes Jahr erneut „eine Herausforderung, unseren Gästen etwas zu bieten, was nicht alltäglich ist." Im First-Class-Hotel Europa erwartet die Gäste die „Bodega Europa" mit Tapa-Spezialitäten und Wein von der iberischen Halbinsel.

Zu den Themenabenden verwöhnt das Aquamarin mit regionalen Kostbarkeiten vom Bernstein über Sanddorn zur Götterspeise. Das Vier-Sterne-Hotel Neptun setzt einen nostalgischen Akzent mit dem Filmfestival deutscher Streifen aus den 1930er und 1940er Jahren. So sind die Kühlungsborner Gourmettage zu einem Glanzpunkt geworden, der den Gast im Herbst jedes Jahr erneut mit einem sinnlichen Erlebnis der besonderen Art für Gaumen, Ohren und Augen willkommen heißt.

NEPTUN HOTEL

Das erste Haus am Platz im größten Seebad von Mecklenburg-Vorpommern – das ist das Neptun Kühlungsborn. Doch es gibt noch weit mehr zu sagen zum Vier-Sterne-Hotel mit dem Gourmetrestaurant Wilhelms, so benannt nach Wilhelm Dase, der 1905 das Haus erbaute. Es liegt in der Strandstraße, der Flaniermeile von Kühlungsborn-Ost. Die antiquierten Möbel aus original englischen Pubs verleihen dem Restaurant eine gediegene Atmosphäre. Dagegen ist die Leichtigkeit im Wintergarten zu spüren, der von der Symbiose zwischen Jugendstil und Moderne geprägt ist. Im Hause Neptun ist nicht nur die hohe Kochkunst prämiert, sondern auch der professionelle Service, der auch anspruchsvolle Gästewünsche erfüllt. Weniger die englische Distinguiertheit, sondern eher die begeisternde Frische zeichnet Wolfgang Dierck, geschäftsführenden Gesellschafter, aus – obwohl der diplomierte Betriebswirt und Küchenmeister sein Management-Handwerk im Londoner Nobelhotel Savoy gelernt hat. Bevor Dierck das Neptun erwarb, leitete er es als Direktor. Heute zählt es mit 13 Punkten von Gault Millau zu den besten Häusern an der mecklenburgischen Ostseeküste.

Kulinarisch langweilig wird's im Wilhelms nie, denn pünktlich zum monatlichen Jazz-Event wechselt die Karte. Sie offeriert Menüs der leichten Frischküche von regional bis international, die selbst verwöhnteste Zungen umschmeicheln. „Ich verbinde gehobene Tafelfreuden auch mit Ursprünglichkeit, deshalb werden in unserer Küche viele Wildkräuter kreativ verarbeitet. Sie veredeln Regionalprodukte, aber auch internationale Grundzutaten wie Garnelen zu leicht bekömmlichen Gerichten und Menüs", so Wolfgang Dierck, als Küchenmeister selbst vom Fach.
Professionellen Service hat er wohl in seiner Londoner Praktikantenzeit erlebt und sich für sein Haus zu eigen gemacht. Einladende Sitzecken, maritime Sammlerstücke oder komfortable Zimmereinrichtungen lassen Behaglichkeit aufkommen. Aber auch das Personal ist schnell und kompetent bei der Hand, wenn Gästewünsche anstehen. Der Servicegedanke spiegelt sich zugleich auf der Speisekarte wieder. Dort stehen Probierportionen für den weniger großen Hunger oder für Zusammenstellungen in der Tischrunde zur Auswahl.

Neptun Hotel
Wolfgang Dierck

Sandstraße 37
18225 Ostseebad Kühlungsborn

Telefon 03 82 93 / 63-0
Telefax 03 82 93 / 6 32 99

Einen schönen Kontrast ergeben die in vornehmem Dunkel gehaltenen Möbel mit der weißen Stuckdecke im Wilhelms, das von hohen Bogenfenstern mit Tageslicht erhellt wird. Sommerliche Leichtigkeit dagegen im Wintergarten, der die Nähe zum Betrieb auf der Strandstraße spüren lässt. Die unterschiedlichen Umgebungen setzen dennoch den richtigen Rahmen für das kulinarische Schlemmervergnügen. Das könnte dann ein Karree vom Lamm sein, rosa gebraten in Knoblauch-Thymian an kräftiger Dornfelderjus mit Zucchini-Tomaten und würzigem Couscoussalat. Die mit hohem Sachverstand zusammengestellte Weinkarte bietet edle Tropfen, die mit den Speisen harmonieren. Veranstaltungen und Arrangements bringen willkommene Abwechslung. Neben den Kühlungsborner Gourmettagen in Kooperation mit anderen Häusern veranstaltet das Neptun Winzer-Wochenenden, Zigarrenabende oder Degustationsmenüs. Das Neptun und Kühlungsborn sind von fesselndem Charme. Dazu bieten die individuell eingerichteten Hotelzimmer mit exklusivem Ambiente die richtige Lösung.

Crepinettes vom Kaninchen und Rind an Pfifferlingen und Kartoffel-Trüffel-Püree

Zutaten

280 g Kaninchenrückenfilet
360 g Rinderfilet
200 g Kaninchenfarce
100 g Schweinenetz
4 große blanchierte Spinatblätter
1 Zweig Thymian
Olivenöl, Salz, Bunter Pfeffer
160 g frische Pfifferlinge
200 g mehlig kochende Kartoffeln
50 g Sommertrüffelmousse
100 g Sahne
40 g Butter
Salbei, Knoblauch

Zubereitung

Kaninchenfilet in Spinatblätter wickeln, geviertteltes Rinderfilet würzen, gut gewässertes Schweinenetz ausbreiten und trocknen.
Kaninchenfarce auf das Schweinenetz streichen, darauf je ein Filet nebeneinander legen. Das Ganze zum Würstchen rollen. Crepinettes eine halbe Stunde lang kühlen.
Geschälte Kartoffeln in Butter anschwitzen, mit Wasser und einen Teil der Sahne auffüllen und garen. Gargut abgießen. Ausdämpfen lassen.
Restliche Sahne, Trüffelmousse und Butter zugeben, pürieren, mit Salz und Zucker abschmecken. Crepinettes in Olivenöl, Knoblauch und Thymian anbraten, würzen, dann bei 120 °C zehn Minuten in vorgeheizten Backofen geben.
Pfifferlinge mit Butter, Knoblauch und gezupftem Salbei scharf anbraten. Zum Anrichten vom Püree zwei Nocken abdrehen und an den Tellerrand geben. Crepinettes portionieren, aufrecht in die Tellermitte stellen und geschwenkte Pfifferlinge herumlegen. Mit frischer Kapuzinerkresse und Wiesenkräutern garnieren.

HOTEL VIER JAHRESZEITEN

In Deutschlands größtem Ostseebad Kühlungsborn darf eins nicht fehlen – das Hotel Vier Jahreszeiten. Das Luxusdomizil direkt am weißen Sandstrand passt zu dem eleganten Badeort und seiner exzellenten Gastlichkeit. Service und Qualität der Vier-Jahreszeiten-Hotels sind sprichwörtlich. In Kühlungsborn prägt die Handschrift von Hoteldirektorin Petra Hähnel das Haus mit seiner persönlichen Atmosphäre, in die Gäste gern eintauchen. Mit seiner historischen Bäderarchitektur prägt das sanierte Gebäude die Ostseestraße und setzt sich im Umfeld all der anderen Villen-Hotels gut in Szene. Insgesamt 51 großzügige Komfortzimmer und Suiten, 78 Appartements, 1000 Quadratmeter Wellness- und Beautybereich, ein Fitnessraum und ein Kaminzimmer mit Bibliothek vermitteln einen kurzweiligen und angenehmen Aufenthalt. Tafelfreuden kann der Genießer in drei Restaurants nachspüren und garantiert fündig werden – Restaurant „Fischmarkt", Gourmetrestaurant „Orangerie" und Büfettrestaurant „Vier Tageszeiten". Schlemmerlangeweile gibt's im Vier Jahreszeiten Kühlungsborn nicht, denn dafür sorgen schon die drei Restaurants mit unterschiedlichen Genusskonzepten. „Als Hotel der Luxusklasse müssen wir unseren Gästen eine breite Palette an kulinarischen Spezialitäten bieten. Das können wir in unseren drei Küchen auch. Regionale, mediterrane und euroasiatische Akzente machen den jeweiligen Kochstil aus. Allen gemeinsam ist eine hohe Verträglichkeit, Frische und Qualität", erläutert der Herr der Kochtöpfe, Küchenchef Lutz Severin. Sahne und Butter statt Schmalz und Speck geben den Menüs die Leichtigkeit. Modernste Küchentechnik im Vier Jahreszeiten verkürzt die Kochzeiten und damit auch die Verlustzeiten, in denen Produkte wertvolle Inhaltsstoffe verlieren. Der Cuisinier setzt auf selbst gezogene Kräuter, die seinen Gaumenkreationen die intensive Note verleihen. Er ist sich sicher, dass es heute den nationalen Kochstil nicht mehr gibt. In guten Küchen habe längst die Globalisierung Einzug gehalten.

Hotel Vier Jahreszeiten
Petra Hähnel

Ostseeallee 10–12
18217 Ostseebad Kühlungsborn

Telefon 03 82 93 / 81-0 00
Telefax 03 82 93 / 81-0 81

„Warum nicht Anis an Fisch", gibt Severin das passende Stichwort dazu, und in diesem Sinne will er auch seinen experimentellen Stil verstanden wissen.
„Im Gourmetrestaurant Orangerie können unsere Gäste dem Koch in der Showküche über die Schulter schauen. Dort werden regionale bis internationale Kostbarkeiten angerichtet und serviert. Im Fischmarkt spielen Meeresprodukte die Hauptrolle und im Vier Tageszeiten geht's kulinarisch oft regional zu", stellt Gastgeberin Petra Hähnel die genüssliche Vielfalt vor.
Passend zum Genussthema dominiert im „Fischmarkt" der Blauton, der in angenehme Atmosphäre hüllt. Da mundet ein Kühlungsborner Pfannenfisch aus verschiedenen Fischfilets im Dialog mit Bratkartoffeln und milder Senfsauce besonders gut. Schon die ausgesuchte Einrichtung, die Pastelltöne und die dekorativen Vorhänge machen das „Vier Jahreszeiten" zum optischen Leckerbissen, der mit Regionalspezialitäten wie Sauerbraten mit Rosmarinsauce, Apfelrotkohl und Kartoffelklößen mit Semmelbutter korrespondiert. Das Vier Jahreszeiten lockt zum Übernachten und Genießen. Die individuelle Einrichtung der Zimmer und Suiten vermittelt eine behagliche Atmosphäre. Um das Wohlbefinden aller Gäste kümmert sich das engagierte Team.

Gefüllte Dorade auf Beaujolais-Spinat mit Rote-Beete-Schaum und Safrankartoffeln

Zutaten

Doradenfüllung:
4 Doraden à 440 g, küchenfertig
6 Frühlingszwiebeln
4 St. Zitronengras, 2 Stiele Thymian
1 Rosmarinzweig
Salz + Pfeffer aus der Mühle
Zitronensaft, Worcestersauce
4 EL Mehl,
6 EL Olivenöl
40 g Butter
Beaujolais-Spinat:
800 g frischer Blattspinat
80 g Butter
4 Schalotten
200 ml Beaujolais
4 EL Kalbsfond
1 EL Mehl
1 Knoblauchzehe
Salz, Pfeffer, Muskatnuss, Zucker
Rote-Beete-Schaum:
100 g Butter
2 EL Balsamico
100 ml Orangensaft
150 ml Geflügelbrühe
200 g eingelegte Rote Beete
Salz, Pfeffer aus der Mühle
2 Sternanis, 1 Zimtstange, Tabasco
Safrankartoffeln:
8 mittelgroße Kartoffeln (Linda)
1 g Safran, 3 Lorbeerblätter
2 Schalotten, 2 Nelken
300 ml Gemüsebrühe
Meersalz

Zubereitung

Geschälte Kartoffeln in Gemüsebrühe mit Schalotten, Lorbeerblättern, Nelken, Meersalz und Safran 20 Minuten kochen. Für Rote-Beete-Schaum Sternanis, Zimtstange und Prise Zucker in Butter andünsten, mit Balsamico ablöschen, Orangensaft und Gemüsebrühe auffüllen. In Streifen geschnittene Rote Beete dazugeben und köcheln.
Sternanis und Zimtstange herausnehmen. Masse fein pürieren, mit Salz, Pfeffer und Tabasco abschmecken.
Warm stellen. Doraden von den Flossen befreien, waschen und trocknen. Am Rücken entlang von beiden Seiten 3–4 Zentimeter tief einschneiden und Gräten entfernen. Mit Zitronensaft und Worcester marinieren, mit Salz und Pfeffer würzen. Geschnittene Zwiebeln, fein gehackte Thymianblätter und Rosmarin, halbiertes Zitronengras zur Füllung zusammenmischen. Diese oben in die Einschnitte der Doraden füllen und die Fische in Mehl wenden, dann bei mittlerer Hitze in Olivenöl und Butter beidseitig 6–8 Minuten goldbraun braten. Mehrmals mit Olivenbutter übergießen. Gehackte Schalotten und Knoblauch in Butter anschwitzen, mit Mehl anstäuben, mit Beaujolais und Kalbsfond ablöschen. Spinat dazugeben, mit Zucker, Pfeffer, Salz und Muskatnuss würzen und mit restlicher kalter Butter aufmontieren.
Dorade auf Platte anrichten, mit etwas Rote-Beete-Schaum nappieren und mit Beaujolais-Spinat servieren. Dazu Safrankartoffeln reichen.

HOTEL-RESIDENZ WALDKRONE

Wer einmal die Noblesse und den Charme anspruchsvoller Badkultur an der Ostsee kennenlernen möchte, logiert im Hotel Residenz Waldkrone in Kühlungsborn-West. In schöner Lage, nur wenige Schritte vom Sandstrand entfernt, bietet das Domizil alles, was man von einem Vier-Sterne-Hotel seiner Klasse erwartet. Die sanierte und bewahrte Bäderarchitektur aus der Zeit um die Jahrhundertwende läßt noch immer den Charme vergangener Tage spüren. Der Stil feiner italienischer Wohnkultur dominiert das Interieur des eleganten Restaurants. Die mit viel Geschmack eingerichteten Zimmer, Suiten und Appartements vermitteln außergewöhnliches Wohnvergnügen. Die Küche des Restaurants macht auch verwöhnte Feinschmecker glücklich – wohl umsorgt von einem perfekten Service.

So wie die gehobene Einrichtung des Nobelhotels Residenz Waldkrone Wohlfühl-Atmosphäre rundum schafft, so ist Hotelleiterin Petra Müller um das Ergehen jedes einzelnen ihrer Gäste besorgt. Sie kennt viele persönlich, hat stets ein nettes Wort übrig und ist kompetente Ansprechpartnerin für Gästewünsche. „Unsere Gäste sollen hier auf eine private Atmosphäre treffen und sich geborgen fühlen“, lässt Petra Müller, Gastgeberin mit Herz und Seele, wissen. Das charmante Haus hält zahlreiche Angebote parat. Kulinarisches Herzstück ist das elegante Restaurant im Stil feiner italienischer Wohnkultur, das selbst schon ein optischer Leckerbissen ist. Mächtige Murano-

Hotel-Residenz Waldkrone

Tannenstraße 4
18225 Ostseebad Kühlungsborn

Telefon 03 82 93 / 4 00 00
Telefax 03 82 93 / 4 00 11

leuchter erhellen die stilvoll eingedeckten Tische. Die erlesenen Holzstühle sind mit exklusiven goldfarbenen Stoffen bespannt – wahrlich ein nobles Ambiente, das mit einer der ersten Küchen des mondänen Seebades korrespondiert.
Im Hotel Residenz Waldkrone erwartet den Gourmet eine ungewöhnliche Vielfalt an Küchen – von der Nouvelle Cuisine über den regionalen Kochstil bis zur internationalen Küche. Aber auch genussvolle Diätgerichte und leichte vegetarische Kost sind dabei. „Vor allem bekömmlich sollen unsere Gerichte und Menüs sein. Dazu zählt auch, dass die Saison mitkocht. Also in der

Frischeküche wird das zubereitet, was die Jahreszeit gerade hergibt", macht Chefkoch Christian Boelter mit seinem Kochstil bekannt. Der Küchenzauberer kreiert viel mit Früchten und Kräutern und bringt so ein intensives Aroma an den Gaumen. Dabei geht es selbst auf Sammeltour hinaus in die Natur, „denn da weiß man, was man hat". So wird aus einem einfachen Stück Hüftfleisch ein saftiges Rumpsteak, gegrillt mit Kirschtomaten, Oliven und Knoblauch, parfümiert mit Wildkräuter-Balsamöl und mit Schwenkkartoffeln serviert.
Das gastronomische Vergnügen wird in dem Nobelhotel ergänzt durch ein Bistro, in dem bodenständige Tafelfreuden wie Königsberger Klopse gereicht werden. Die maritime Bar gibt Gelegenheit zu einer geselligen Runde. Im schön gestalteten Garten wird zum Barbecue eingeladen.
Erholsamen Aufenthalt verspricht der Wellnessbereich. Massagen, Kosmetik- und Nagelstudio ergänzen das Wohlfühlangebot. Für den ganz privaten Rückzug sind die äußerst behaglichen Zimmer, Suiten und Appartements, auch für Nichtraucher und Rollstuhlfahrer, wie geschaffen. Und auch für den, der in der Residenz Waldkrone arbeiten will, schafft das Haus mit seinen gut ausgestatteten Tagungsräumlichkeiten eine harmonische Umgebung.

Milchlammrücken mit Pfifferlingen, leichter Himbeer-Burgunder-Soße und Zitronenmelisse

Zutaten

600 g Milchlammrücken
400 g Pfifferlinge
3 EL Olivenöl
2 Thymianzweige
Zitronenmelisse
100 g Himbeeren
100 ml Burgunder
1 TL Dijon-Senf
50 g Schalotten

Zubereitung

Parierten Lammrücken mit Thymianzweigen anbraten und 6 Minuten im vorgeheizten Ofen rosa garen. Himbeeren pürieren, Schalotten in etwas Olivenöl glasig schwitzen, mit Burgunder ablöschen, etwas einreduzieren lassen. Himbeerpüree und Dijon-Senf dazugeben, mit Salz und Pfeffer würzen und warmstellen. Pfifferlinge im restlichen Olivenöl schwenken, salzen und pfeffern. Auf vier vorgewärmten Tellern den Milchlammrücken mit Pfifferlingen anrichten und mit der Himbeer-Burgunder-Soße nappieren, mit Zitronenmelisse garnieren – fertig!

HOTEL AQUAMARIN

Mit dem Ruf der Möwen aufwachen in einem der schönsten Hotels im Ostseebad Kühlungsborn – im Hotel Aquamarin, gleich gegenüber dem feinen Sandstrand mit angrenzender Promenade. Der Name ist Programm, die lichten bis tiefen Blautöne des faszinierenden Edelsteins lassen positive Gefühle wie Vertrautheit, Sympathie oder Harmonie assoziieren. Wohlgefühl von Anfang an vermittelt auch das gastliche Haus gleichen Namens. Neben weichen Farbtönen und dicken Ledersesseln im Empfangsfoyer begrüßt die freundliche Mitarbeiterin an der Rezeption den Gast. Die geschmackvolle Inneneinrichtung setzt sich fort in den Hotelzimmern und Appartements, im Gourmetrestaurant oder im Irish Pub. Die hohe Küche des Restaurants kredenzt ausgesprochene Wohlfühlmenüs – ein Festschmaus für Seele und Körper. Zahlreiche Wellnessmöglichkeiten runden das Angebot ab.

„Das Hotel Aquamarin ist ein Haus für alle, die etwas mehr wollen, als nur ein Bett für die Ferien", bringt es Hoteldirektorin Inge Hagen-Heyde auf den Punkt. Sie sorgt nicht nur für einen reibungslosen Ablauf, sondern auch für das hohe Niveau an Qualität, Service und Komfort, das viele Gäste im Aquamarin so sehr schätzen.

Durch großzügige Glasfenster verbreitet sich taghelles Licht im Gourmetrestaurant und taucht das mit feinem Gespür ausgesuchte Interieur in ein noch ansprechenderes Flair. Dort fühlen sich Feinschmecker aus der Region oder internationale Kreuzfahrtgäste gleichermaßen wohl.

Für den Eurotoques-Küchenchef Chris Buhr ist es selbstverständlich, vor allem auf das zu setzen, was die Region vor der Haustür hergibt. „Damit verbunden ist eine Frischeküche, die dem Gast natürlichen Geschmack liefert. Und es werden teure und unnötige Transportwege vermieden", gibt der engagierte Koch zu bedenken. Sein mediterraner Kochstil erhebt Wild, Fisch und anderes Fleisch zum erlesenen Genuss – Kaninchenrückenfilet umhüllt mit Ziegenfrischkäse, Parmaschinken und Salbei, serviert an Gurkengemüse und Salzkartoffeln. Dazu kommen harmonierende Qualitätsweine aus weltweiten Anbaugebieten ins Glas. Guter Geschmack bedeutet für den Hexenmeister der Kochtöpfe auch, auf Blüten und Kräuter wie Rosmarin zu setzen, die er wohldosiert in die Zubereitung mixt. So gelingen ihm moderne, leichte Rezepturen – Hochgenuss muss nicht schwer verträglich sein.

Für den nur kleinen Appetit während der Strandpause ist das Pavillon des Hauses die richtige Adresse – für Snacks und leichte Gerichte. Oder abends zum Grillen auf der Sonnenterrasse. Der original nachempfun-

Hotel Aquamarin
Inge Hagen-Heyde

Hermannstraße 33
18225 Ostseebad Kühlungsborn

Telefon 03 82 93 / 4 02-0
Telefax 03 82 93 / 4 02-77

Maishähnchenbrust an Rucolaspinat und Lavendelspieß

Zutaten

650 g Maishähnchenbrust
500 g Rucola
100 g Champignons
1 Stück Zucchini
1 Schalotte
80 g Butterschmalz
12 Lavendelstängel mit Blüten
Salz, Pfeffer
Muskat
Blüten

Zubereitung

Flügelknochen der Maishähnchenbrust putzen, würzen und die Brust in Butterschmalz braten. Champignonköpfe und Zucchinischeiben auf Lavendelstängel spießen und in Butterschmalz braten. Schalottenwürfel anschwenken und Rucola dazugeben. Alles mit Salz und Pfeffer, den Spinat mit Muskatnuss würzen.
Spinat anrichten und Lavendelspieße dazugeben. Maishähnchenbrust tranchieren, anrichten und mit Blüten garnieren. Dazu Risotto oder frisches Baguette als Beilage reichen.

dene Irish Pub oder die elegante Hotelbar bieten den geeigneten Rahmen zum Tagesausklang in netter Gesellschaft. Fitness für den Tag können sich Gäste des Aquamarin im eigenen Swimming-Pool holen oder im Wellnessbereich mit Physiotherapie bis Sauna.
Der Service im Aquamarin ist ausgezeichnet. Freundliche Mitarbeiter sorgen sich um das Wohl der Gäste – ob beim gekonnten Servieren zum Abenddinner oder bei sonstigen Wünschen. Darin zeigt sich Inge Hagen-Heyde als vollendete Gastgeberin. Die individuell eingerichteten Hotelzimmer und Appartements lassen schnell ein persönliches Wohngefühl aufkommen. Ebenso Arbeitsspaß in den Tagungsräumen mit moderner Technik. Aquamarin – ein Domizil der vielfältigen Möglichkeiten.

EUROPA HOTEL & HOTEL SEESCHLOSS

Europa Hotel und
Hotel Seeschloss
Axel Matzkus

Ostseeallee 8
18225 Ostseebad Kühlungsborn

Telefon 03 82 93 / 88-0
Telefax 03 82 93 / 88-4 44

Weit mehr als europäisch gibt sich das Europa Hotel in Kühlungsborn, dem prächtigen Ostseebad. Mit seinen unterschiedlichen und vor allem pfiffigen Angeboten prägt das Haus in First-Class-Qualität den Standort, Ostseeallee Ecke Herrenbadsteig. Auch architektonisch setzt es dort Akzente. Das Europa Hotel liegt in unmittelbarer Nähe zum Strand. Direkt vor dem Hotel ist auch „Der Fischkutter" gestrandet, die erste Hummer & Scampi & Austern-Bude an der mecklenburgischen Ostseeküste, der Treff für Freunde von Scampi & Wein. Rustikales Schiffsambiente mit Tonnen und Fässern sowie maritime Seefahrermusik bestimmen das Flair. Zu ausgesuchten Weinen und Fassbier lassen sich fangfrischer Fisch und Krustentiere aller Art genießen. Maritim geht's auch im Gourmetrestaurant „Godewind" zu. Attraktion ist die überdachte Palmenterrasse mit Möbeln in Teak- und Rattan-Optik. Von dort können die Gäste das Straßen- und Strandgeschehen beobachten – bei einer „Eurostar"-Platte mit Meerbarbe, Zander, Lachs, Scampi und Muscheln auf Gemüse und getrüffelten Bandnudeln. Oder darf's etwas Fleischiges sein? Z. B. eine Barberie-Entenbrust, rosa gebraten auf grünem Spargel, Thymianjus und Nusskartoffeln?

„Wir bieten unseren Hotelgästen, aber auch externen Gästen eine einmalige gastronomische Vielfalt. Vom Gourmetrestaurant bis zum Tanzclub finden Sie hier alles auf einem Platz und von bester Qualität. Die Vielfalt bestimmt auch unsere Küche, die regionale und euroasiatische Akzente setzt und die Feinschmecker auch so sehr schätzen. Die breite Palette lässt Raum für kulinarische Experimente und kreative Geschmackskombinationen", so Geschäftsführer Axel Matzkus. Güteklasse wird dem Haus von der DEHOGA mit der First-Class-Urkunde dokumentiert.

Auf der gastronomischen Hotelrundreise ist die Bodega „Europa" eine weitere Station. Von der Musik bis zu den Tapas geht's dort herrlich spanisch zu – warum auch nicht am schönen Ostseestrand. Übrigens werden die kleinen iberischen Appetithäppchen dort sozusagen im Monopol angeboten, eine einmalige Genussgelegenheit.

Palmen und elegante Rattanmöbel machen im Restaurant Atrium das exotische Flair

aus, das dort die Feinschmecker umhüllt. Der acht Meter hohe Raum lässt Luft zum Genießen, das unter dem Glasdach zum besonderen Erlebnis wird. Ein täglich wechselndes Büfett umschmeichelt selbst anspruchsvolle Gaumen.
Neu und bissig ist Shark's – Bar, Club und Lounge für Konzerte, Parties, Sportsbar und Sonderevents. Gepflegte Cocktails, Longdrinks, Weine, internationale Spirituosen sowie Pizza und Zigarren begleiten die unterschiedlichen Themenabende wie Shark meets Gastro.
Das attraktive Ostseebad Kühlungsborn ist immer einen Aufenthalt wert. Dazu logiert man am besten im familienfreundlichen Europa Hotel mit Blick auf das Meer oder den grünen Stadtwald. Schnell kommt da individuelles Wohngefühl auf, denn die insgesamt 115 Zimmer, Suiten und Appartements sind mit viel Geschmack eingerichtet.
Familienfreundlich wird im Europa Hotel wörtlich genommen. Die kleinen Gäste werden umfassend versorgt – vom Hochstuhl bis zum Babysitting. Kinder bis zwölf Jahre übernachten kostenlos. Saunaria Wellnessland und gut ausgestattete Tagungsräume komplettieren das Angebot.

Seeteufel in Mangoldmantel

Zutaten

600 g Seeteufelfilet
4 Scheiben Parmaschinken
1 Staude Mangold
4 Krebse
Salz, Pfeffer, Zitrone
etwas Fischfond
2 EL Krebsbutter
1 Bund Koriander
2 EL Noilly Prat
etwas Sahne
4 bis 6 Nudelnester (Tagiatelle)
1 Zucchini
1 Bund grüner Spargel
1 Paprika
1 Bund Lauch
1 Kopf Romanesco

Zubereitung

Enthäutetes Seeteufelfilet zur Platte aufschneiden, würzen. Mangold blanchieren und zusammen mit dem Parmaschinken auf die Seeteufelfilets legen. Zur Roulade rollen und in Alufolie einschlagen. Im Fischfond dünsten und pochieren. Gemüse schneiden und blanchieren. Nudeln kochen und anrichten. Gemüse in Butter anschwenken, würzen und anrichten. Fischfond mit Noilly Prat und Sahne verfeinern und mit Krebsbutter schaumig aufschlagen. Roulade aufschneiden und auf Gemüse anrichten. Mit Sahne ansaucieren.

DIE HANSESTÄDTE – HEUTE WIEDER AKTUELL

Hanse, auch deutsche Hanse, bezeichnet die Vereinigung deutscher Kaufleute in der Zeit zwischen Mitte des 12. Jahrhunderts und Mitte des 17. Jahrhunderts. In ihrer Blütezeit zählte sie über 200 internationale Mitgliedsstädte. Die Aufgabe der Hanse bestand darin, die Interessen ihrer Mitglieder im Ausland wirkungsvoller durchzusetzen. Aus dieser Gemeinschaft ging der Städtebund der Hanse, die Hansestädte, hervor. Sie war eine Interessenvertretung gegenüber dem Kaiser und dem Ausland. Galt es, die Handelsvorteile der Hanse-Mitglieder zu sichern, so wurde der betreffende Hafen mit der so genannten Verhansung belegt, mit einem Boykott. Die Vereinigung bot aber auch Schutz vor Piraten und Landräubern. Weiß und Rot waren die Hansefarben, die auch heute noch in vielen Stadtwappen der Hansestädte vorkommen. Berühmte Hanseschiffe waren beispielsweise die „Peter von Danzig“ oder die „Bunte Kuh“. In der vorpommerschen Region des 14. Jahrhunderts verbündeten sich die Städte Greifswald, Anklam, Stralsund und Demmin zum Vierstädtebund in der Hanse, zu der weiterhin Wolgast, Rostock und Wismar zählten. So zeugen die Fachwerkspeicher in Wolgast, die zu den größten und ältesten an der Ostseeküste zählen, noch von der reichen Handelsvergangenheit des Tors zu Usedom.

Hafen Wismar

Innenhof des Rathauses Stralsund

Meeresmuseum Stralsund

DIE HANSE

Auch in der heutigen Kreisstadt Demmin, mitten in Mecklenburg-Vorpommern am Flussknoten von Peene, Trebel und Tollensee gelegen, dokumentiert der Getreidespeicher am Peenehafen die Hanse-Mitgliedschaft. Mit dem Erstarken anderer Wirtschaftsmächte wie Holland und England wurde das Zwischenhandelsmonopol der Hanse geschwächt, was in der Folgezeit zu ihrer Auflösung führte. Im Jahr 1980 wurde in Zwolle die Neue Hanse gegründet, die als Lebens- und Kulturgemeinschaft der Städte über die Grenzen hinweg fungiert und über den Handel hinaus auch den Tourismus fördert. Seit Anfang der 1990er Jahre werden die Hansetage der Neuzeit in ehemaligen Hansestädten veranstaltet, mit dem Ziel, die kulturelle und wirtschaftliche Zusammenarbeit zwischen den Kommunen voranzubringen.

Eingangsportal des Rathauses Stralsund

Greifswald

Stralsund

Rostock

Stralsund

HOTEL REINGARD

Hotel Reingard
Reingard Berger

Weberstraße 10, 18 & 20
23966 Hansestadt Wismar

Telefon 0 38 41 / 28 49 72
Telefax 0 38 41 / 21 34 95 + 97

Wer in Wismar kulinarisch-gastronomische Individualität pur sucht, findet sie gewiss im Hotel Reingard und im dazugehörigen „Schröder's Gourmet" in der Hansestadt Wismar – mit Empfehlung im Gourmetranking „Der Feinschmecker". Eurotoque Chef Ralf Schröder erfreut seine Gäste mit regionalen Frischeprodukten, die in akzentreichen Kreativkompositionen zusammengestellt werden. Die zwölf unterschiedlich eingerichteten Hotelzimmer unterstreichen die persönliche Note. Und im Stadthofladen bietet der Gourmetkoch essbare Landschaften an – vielfach hausgemacht. Die enge Webergasse in Wismar kündigt Gemütlichkeit an, lässt aber auf den ersten Blick nicht erahnen, dass dort ein ganz besonders gastlicher Ort zu finden ist. Reingard Bergers Erfolgsrezept im Hotel Reingard heißt Individualität zum Wohlfühlen. Ob Bauhauszimmer, Fischereizimmer, Jagdzimmer oder die übrigen Logis – die umtriebige Unternehmerin hat sie selbst eingerichtet. Die Themen dazu sind oft persönlich, gesellschaftlich oder regional motiviert. Die schwedische Einrichtung im Hochzeitszimmer verweist auf die Schweden-Herrschaft in der Backsteinstadt. Das Muschelzimmer geht auf Kindheitserinnerungen von Reingard Berger zurück. „Als kleines Mädchen sammelte ich am Strand Muscheln und bastelte daraus Ketten", so die leidenschaftliche Gastgeberin. Mediterrane Stimmung im romantischen Altstadtgarten – im Sommer genießen die Hotelgäste dort ein ausgiebiges Frühstück mit bis zu 40 hausgemachten Marmeladen. In dieser einzigartigen Umgebung lassen sich auch Familienfeiern und andere Veranstaltungen ausrichten. In der Bar des 3-Sterne-Hotels treffen sich die Gäste zum geselligen Plausch.
Wer in Wismar lustvoll schlemmen und eine kreative Frischeküche genießen will, geht in „Schröder's Gourmet". Die Kochkunst von Ralf Schröder ist Bekenntnis zur Region, aus der die frischen Produkte und Zutaten stam-

men und mit viel Kreativität zu genussvollen 6-Gänge-Menüs komponiert werden. Der kulinarische Grundton kommt aus der französischen Küche und definiert zusammen mit internationalen Geschmacksakzenten das ansonsten bodenständige Geschmacksvergnügen neu. Der Gourmetkoch ist bekannt für seine frischen Mischungen, die neue Geschmacksvariationen provozieren. So adelt eine Rosen-Senf-Kruste ein zartes Jungschweinfilet, zu dem sich Pfifferlinge und Paprikastamp gesellen. Dass er sein Fach meisterhaft beherrscht, dokumentiert seine berufliche Vita – Kochlehrling im Warnemünder „Neptun", Küchenchef im dortigen „Schillerstraße 14", Stationen auf Passagierschiffen und im Ausland.
Zu dem gastlichen Wohnzimmer aus Hotel und Gourmettreff gesellt sich der erste Stadthofladen in Wismar. „Dort gibt's feinste Erzeugnisse aus der Region in innovativen Variationen" erläutert Ralf Schröder. Angesagt sind edle Gaumenschmeichler vom Fisch bis zur schlachtfrischen Wurst oder auch exotischer Auerochsenschinken. Hausgemachtes fehlt ebensowenig. Nach eigenen Rezepten mixt der Meisterkoch Chutneys und Konfitüren oder vergeistigt selbst gesammelte Früchte zu Likören und Bränden. Die Experimentierfreudigkeit des erprobten Kochbuchautors führt zu einzigartigen Kompositionen wie Curry-Zimt-Konfitüre, Lindenblüten-Chutney, Lavendel-Thymian-Öl oder Rosenlikör. Da sind die Patchwork-Arbeiten der Künstlerin Reingard Berger eine ideale Ergänzung.

Wildschweinrücken gefüllt mit Apfelsauce und Hirsotto-Apfel

Zutaten

400 g Wildschweinrücken
200 g Räucherheilbutt
Salz und weißer Pfeffer aus der Mühle
1 EL Zwiebeln, gewürfelt
1 EL Lauch, gewürfelt
1 Apfel (100 g) ungeschält, gewürfelt
1 Knoblauchzehe, ungeschält,
300 ml Apfelsaft, 300 ml Geflügelbrühe
3 schwarze Pfefferkörner, 1 Lorbeerblatt
2 Nelken, 1/2 Zimtstange
1 Prise gemahlener Ingwer
100 ml Sahne, kalte Butterwürfel
für die Sauce, 2 EL Rapsöl

Apfel-Hirsotto:
30 g Butter, 200 g Goldhirse, gewaschen
40 g Zucker, 30 g Mandelplättchen
250 ml Apfelsaft
1 Prise Zimt, 3 EL Apfelgeist
Salz, Pfeffer
4 säuerliche Kochäpfel
flüssige Butter

Zubereitung

Mit einem scharfen Messer eine Tasche in den Wildschweinrücken schneiden (bis auf ca. 1 Zentimeter fast durchschneiden) und mit dem Räucherheilbutt füllen. Fleisch mit wenig Salz und Pfeffer würzen. In Rapsöl rundum anbraten. Fleisch herausnehmen, Hitze herunterschalten, Zwiebeln, Lauch, Apfelstücke und Knoblauch im Bratensatz hell dünsten. Mit Apfelsaft und Geflügelfond ablöschen, würzen und zu 1/3 einreduzieren. Den Wildschweinrücken bei 180 °C im vorgeheizten Ofen etwa 15 Minuten garen, warm stellen. Sauce mit Sahne aufkochen, mit kalter Butter aufmixen. Für das Hirsotto Butter in einem Topf erhitzen, Hirse hineingeben, gut durchrühren. Zucker und Mandelplättchen hinzufügen und bei leichtem Rühren karamellisieren. Mit Apfelsaft und Wasser auffüllen, Zimt zugeben, ca. 15 Minuten leicht köcheln lassen. Das obere Viertel der Äpfel quer abschneiden. Äpfel aushöhlen; dabei einen genügend dicken Boden lassen. Den Boden eventuell zurechtschneiden, damit der Apfel gerade steht. Mit Hirse füllen und den Apfeldeckel wieder aufsetzen. Mit flüssiger Butter bepinseln, auf ein gebuttertes Blech stellen und 5 Minuten im auf 160 °C vorgeheizten Backofen backen. Wildschweinrücken tranchieren, auf einen Saucenspiegel setzen und mit dem gefüllten Apfel servieren.

RESTAURANT & BAR SILO 4

Restaurant & Bar SILO 4 ... genießen mit Weitblick! Im Rostocker Stadthafen, hoch über den Dächern der Hansestadt finden Sie das Restaurant & Bar SILO 4. Seit der Eröffnung im April 2004 genießen dort Gäste aus aller Welt ein Angebot der besonderen Art. Es erwartet Sie ein atemberaubender Blick aus der 7. und 8. Etage über den gesamten Stadthafen und die Skyline Rostocks, gepaart mit innovativer Gastronomie und stetig wechselnden Events. Lifestyle wird groß geschrieben in den renovierten Räumlichkeiten des ehemaligen Getreidespeichers. Im Restaurant erleben Sie das SILO's Buffet, die für Sie einzigartige Möglichkeit, Ihr Gericht selbst zu kreieren. Sie wählen aus mehr als 70 Rohprodukten von Puten- über Straußen- oder Rindfleisch, den verschiedensten Fischsorten, allerlei Meeresfrüchten, Krusten- und Schalentieren, aus den verschiedensten Gemüsesorten und Gewürzen. Ihre Komposition mit der von Ihnen ausgewählten Marinade wird dann von der Küchenbrigade in der offenen Showküche frisch für Sie vor Ihren Augen zubereitet. Sie haben die Wahl zwischen SILO's One Way, oder SILO's Total; bei letzterem können Sie beliebig oft zum Buffet gehen und immer wieder neu kombinieren.

Selbstverständlich gibt es auch im SILO 4 die klassische À la carte-Variante. Die umfangreiche Speisekarte gliedert sich hier in zwei Bereiche. Zum einen die SILO's Klassiker wie z. B. Wiener Schnitzel vom Kalb mit Kartoffel-Rucola-Salat und Preiselbeeren oder Bouillabaise als Fischsuppe des Nordens. Alternativ dazu bieten Ihnen die Herren in Weiß Gerichte aus der asiatischen Küche – angefangen bei Yum Cha (übersetzt asiatische Kleinigkeiten), wie asiatische Minischnitzel mit Sesam und Limette, Sashimi vom Lachs oder Riesengarnelen im Teigmantel mit Chili-Dip.

Übrigens bietet das SILO 4 jeden Sonntag einen für die Hansestadt in seiner Angebotsvielfalt einzigartigen Brunch mit wechselnden Themen – vom Familienbrunch über den Formel 1-Brunch bis hin zum Jazzbrunch wird für jeden etwas geboten.

In der direkt über dem Restaurant liegenden Bar SILO 4 erwartet Sie das klassische Angebot internationaler Barkunst. Die handwerklich perfekt zubereiteten und präsentierten Cocktails laden ein zum Verweilen. Bei regelmäßiger Live-Musik bietet die Bar das ideale Ambiente, um nach einem an-

Restaurant & Bar SILO 4

Am Strande 3d
18055 Rostock

Telefon 03 81 / 4 58 58 00

strengenden oder erlebnisreichen Tag auszuspannen oder mit Freunden und Bekannten gemütliche Abende zu verbringen. Sollten Sie eine Vorliebe für besondere Whisk(e)y- oder Rumsorten haben, sind Sie hier genau richtig. Der charmante Barchef hält eine besondere Auswahl dieser Raritäten für Sie bereit und berät freundlich und kompetent. Wie sollte es auch anders sein ... Liebhaber erlesener Zigarren erfreuen sich an den perfekt gelagerten Tabakrollen und ziehen sich dann in die über dem Restaurant frei schwebende Lounge zurück und sinnieren mit Blick über die Warnow ...
... eben ... genießen mit Weitblick!

Asiatisches Tartar vom Rind mit Chili

Zutaten für 1 Person

160 g Rindfleisch (Hüfte)
1 Eigelb
1 TL weißer Sesam
1 Schalotte (fein gehackt)
1 Messerspitze Paprikapulver (scharf)
1/2 TL Koriander (fein gehackt)
1/2 Gewürzgurke
1/2 Chilischote
Salz
Pfeffer
einige Salatblätter
Sprossen
Chilischoten

Zubereitung

Das Rindfleisch mit einem scharfen Messer fein hacken. In eine Schüssel geben und die restlichen Zutaten dazugeben, alles vermengen.
Das Tartar mit Salz und Pfeffer abschmecken und dann mithilfe eines Ringes auf dem Teller anrichten.
Mit etwas Salat ein schönes Bukett anlegen, mit Sprossen und frittierten Chilischoten garnieren.

Tourismuszentrale Rostock & Warnemünde

Tourismuszentrale Rostock
& Warnemünde

Tourist-Information
Stadtzentrum

Neuer Markt 3
18055 Rostock

Telefon 03 81 / 3 81 22 22

Tourist-Information
Warnemünde

Am Strom 59/ Ecke Kirchenstraße
18119 Rostock-Warnemünde

Telefon 03 81 / 54 80 00
Telefax 03 81 / 5 48 00 30

Rostock – die Hansestadt mit liebenswertem Ostseebad, so stellen sich Mecklenburg-Vorpommerns größte Stadt Rostock und das dazugehörige Seebad Warnemünde seinen Gästen vor. Die Ostsee bestimmte schon immer das Leben der knapp 800-jährigen Universitäts- und Hansestadt, deren noch immer maritimes Wirtschaftsprofil von Handel, Hafen, Seefahrt, Schiffbau und Fischfang bestimmt wird. Aber auch ein Wandel hat stattgefunden. Rostock mit seiner romantisch-traditionsreichen Innenstadt und der hanseatisch geprägten Architektur ist immer attraktiver geworden für den urbanen Tourismus. In dem hochkarätigen Seebad Warnemünde, schelmenhaft, aber liebevoll als große Badewanne Rostocks bezeichnet, schnuppert man unmittelbar mildes Ostseereizklima. Mit seiner urtümlichen Küstenlandschaft, den herrlichen Sandstränden und den uralten Fischerhäusern des einstigen Fischerdörfchens schlägt dort ein anderer Herztakt. Rostock und Warnemünde gemeinsam ist die Attraktivität des Standortes für Unternehmen mit moderner Technologie, die auch angesehene Wissenschaftler in die Region ziehen. Und noch eine von vielen Gemeinsamkeiten – urige Seemannskneipen, Bars, gemütliche Cafés und feine Gourmetküche.

Das städtische Rostock zieht sich entlang der Unterwarnow bis zum Ostseebad Warnemünde. In diesem Zentrum des Ostseeraumes treffen Wissenschaft, Seefahrt, Handel, Schiffsbau, Bäderkultur, Tourismus und Weltoffenheit zusammen.

Für Rostock und sein Seebad Warnemünde gilt gleichermaßen: junges Leben in alten Gemäuern, die in dieser Einheit eine lebendige Spannung erzeugen. Das historische, um 1250 entstandene Rathaus mit seinen sieben Türmen am Neuen Markt ist eine

Sehenswürdigkeit für sich. Dort steht auch der Ratskeller, Rostocks älteste Gaststätte. Die mittelalterlichen Gewölbe unter dem Rathaus bieten vor allem Fisch und regionale Köstlichkeiten. Die einmalige Marienkirche mit ihrer prächtigen Ausstattung beherbergt die weltweit einzige Astronomische Uhr mit mittelalterlichem Uhrwerk. Der Einmaligkeiten in Rostock gibt es mehr. Die bedeutende Hansestadt an der Ostsee schmückt sich heute noch mit imposanten Zeugnissen der Backsteingotik, mit Kirchen, Toren und Türmen, mit Klöstern und prächtigen Kaufmannshäusern und einem ausgedehnten Stadthafen.
Zur kurzweiligen Unterhaltung in der Stadt tragen viele Einrichtungen und Veranstaltungen wie Theater, Zoo, Openair-Sommertheater, hochkarätiger Segelsport, der IGA-Park oder der bekannte Rostocker Weihnachtsmarkt als größter des Nordens bei.
Ein Windjammertreffen der Extraklasse ist die Hanse Sail Rostock jedes Jahr im August. Während des größten maritimen Fests entlang der Ostseeküste bewundern über eine Million Besucher imposante Windjammer, Traditionssegler und Museumsschiffe im Rostocker Stadthafen und in Warnemünde.
Ein völlig anderes Flair atmet Rostocks Seebad Warnemünde. Dort ist die See unmittelbar zu spüren. Der Alte Strom mit Fischkuttern, Segelbooten und Fahrgastschiffen ist einer von vielen beschaulichen und erlebenswerten Plätzen. Ebenso die typischen schmalen Gässchen mit romantisch-urwüchsigen Häusern des ehemaligen Fischerdorfes. Heute sind dort vielfach Geschäfte, Kneipen und Cafés eingezogen und bestimmen das quirlig-bunte Leben.
Straßenmusikanten liefern dazu die maritime Urlaubsstimmung. Der Fischmarkt in Warnemünde ist ein besonderes Erlebnis, dort wird Räucherfisch, Hering, Dorsch und Flunder frisch vom Kutter verkauft. Dazu sind an Warnemündes Passagierkai in jedem Sommer gut 100 elegante Kreuzfahrtschiffe zu bewundern und im neuen Yachthafen Hohe Düne schnelle Segelboote. Ein anderer Hauptdarsteller in Rostock mit seinem Ostseebad Warnemünde ist die Ess- und Tafelkultur, die von einer exzellenten Szene kreativer Küchen und urgemütlicher Gasthäuser bestimmt wird. Fangfrischer Fisch, veredelt nach originellen Rezepten, bestimmt die üppige Speisekarte der Region, aber auch heimisches Wild aus den großen Wäldern vor der Tür. Die Lust auf kulinarische Hochgenüsse wird in vielen Veranstaltungen öffentlich gefeiert. Ein besonderes Event sind im Oktober im Seebad Warnemünde und im Rostocker Stadtzentrum die Rostocker Dorschtage mit einheimischen Dorschgerichten, Angelfahrten und Showküche.
Die Region hat viel zu bieten – lassen Sie es sich schmecken!

LE CROY

Kultur verbindet – das Pommersche Landesmuseum und das Restaurant und Café „Le Croy“ in der Hansestadt Greifswald sind eng miteinander verbunden. Nicht nur durch den gleichen Standort im klassizistischen Museumsbau, sondern ebenso durch den Namensgeber Herzog von Croy. Ob vor oder nach dem Museumsgang, der bekannte Küchenchef Stefan Frank bietet seinen Gästen im „Le Croy“ kulinarische Kultur auf höchstem Niveau. Avantgardistisch mutet die Einrichtung an: Kubistische Formen dominieren neben der weißen Grundfarbe, die kurzweilig mit hellen Graublautönen wechselt. Sessel in fein strukturierter Korboptik und ein glänzender Marmorboden komplettieren die Impression.
Als geschmackvoll lässt sich nicht nur die Innenausstattung, sondern auch die Speisekarte des „Le Croy“ bezeichnen. Dahinter steht kein Geringerer als Stefan Frank, zweimaliger Gewinner des „Köche-Oscars“ Mecklenburg Vorpommern. Er zählt ohne Zweifel zu den besten Köchen des Landes. Zu seinen beruflichen Stationen zählen deutsche und französische Spitzenküchen wie die Villa Hammerschmiede in Pfinztal-Söllingen nahe Karlsruhe oder das Gutshaus Stolpe in Anklam. Vor seiner Selbstständig-

Restaurant & Café
„Le Croy“
Kerstin Rehfeld und Stefan Frank

Rakower Straße 9
(Pommersches Landesmuseum)
17489 Greifswald

Telefon 0 38 34 / 77 58 45
Telefax 0 38 34 / 77 58 43

keit mit dem „Le Croy", das er seit Mai 2005 führt, brachte er das Strandhotel Atlantic in Bansin im Landesranking von Platz 77 auf Platz 10.
„Tagsüber bieten wir unseren Gästen im Café und auf den Außenterrassen eine saisonale, leichte Küche sowie eine Vielfalt an Kaffee, Kuchen und Eisspezialitäten. Abends erwarten ausgewählte Gerichte mit frischen Produkten der Region und ein erlesenes Weinangebot die Feinschmecker von nah und fern", macht der Spitzenkoch sein kulinarisches Programm bekannt. Zu Stefan Franks experimentellem Kochstil gehört der Klostergarten des Museums, in dem er in einer Ecke selbst gezüchtete Kräuter wie Currykraut, Rosmarin oder Salbei frisch erntet und damit regionale, aber auch internationale Produkte aufwertet. Sie erfahren in der Zubereitung eine Bereicherung durch Elemente der französischen beziehungsweise mediterranen Küche. Da empfiehlt der leidenschaftliche Küchenchef unter dem Titel „Vom Wild Wald und Mee(h)r" einen Klosterkräutersalat mit gebratenen Pfifferlingen und Parmesan-Chips und anschließend einen gebackenen Dorsch im Kräutermantel auf Gurken-Kartoffel-Salat. Oder ein Hirschrückensteak mit Pfifferlingen à la crème und Semmelknödeln. Partnerin und Restaurantleiterin Kerstin Rehfeld ist als Frontfrau charmante Gastgeberin, die dafür sorgt, dass kein Wunsch rund um den guten Geschmack unerfüllt bleibt. Die Showküche im „Le Croy" gibt Gästen Gelegenheit direkt in die Kochtöpfe zu schauen. Für spezielle kulinarische Wünsche oder Empfehlungen sucht Stefan Frank den Kontakt zum Gast direkt am Tisch. Das „Le Croy" ist ein Ort hoch entwickelter Tafelkultur und Kochkunst. Der Restaurantname verweist nicht nur auf Herzog Ernst Bogislaw von Croy als Förderer von Kunst und Wissenschaft, der 1684 den bekannten Croy-Teppich der Greifswalder Universität stiftete, sondern auf dieses einmalige Exponat selbst, das im Pommerschen Landesmuseum zu bewundern ist.

Quarkpfannkuchen mit Blaubeeren auf Preiselbeer-Sabayon und Ananas-Süßdolden-Eis

Zutaten für 6 Pfannkuchen

Pfannkuchen:
200 g Mehl, 200 ml Milch
100 g Quark, 3 Eigelbe
1 Prise Salz, Abrieb von 1 Zitrone
1 Vanillestange, 3 Eiweiß
50 g Zucker, 250 g Blaubeeren

Preiselbeer-Sabayon:
3 Eigelbe, 30 g Zucker
100 ml Preiselbeersaft

Ananas-Süßdolden-Eis:
1 Dose Ananas (800 g)
100 g Puderzucker
Saft von 1 Zitrone
100 ml Mineralwasser
3 EL Orangensaft
4 EL gehackte Süßdolde

Zubereitung

Für die Pfannkuchen Mehl, Milch, Eigelb, Salz, Zitronenschale und das Vanillemark miteinander glatt verrühren.

Das Eiweiß mit dem Zucker zu festem Eischnee schlagen. Dann unter den Pfannkuchenteig heben. Teig für einen Pfannkuchen etwa 2 Zentimeter hoch in eine beschichtete Pfanne geben und mit Blaubeeren bestreuen. Ca. 8 Minuten bei 160 °C backen. Für das Preiselbeer-Sabayon Zutaten miteinander verrühren und über einem Wasserbad bei maximal 80 °C aufschlagen.

Für das Eis Ananas pürieren und passieren; daraus entsteht etwa 500 ml Fruchtmark. Alle Zutaten vermischen und in einer Metallschüssel einfrieren. Alle 15 Minuten umrühren, bis das Eis cremig gefroren ist.
Pfannkuchen auf Teller geben und mit Sabayon und Eis anrichten.

POMMERSCHES LANDESMUSEUM

Pommersches
Landesmuseum

Rakower Straße 9
17489 Greifswald

Telefon 0 38 34 / 83 12 0
Telefax 0 38 34 / 83 12 11

Wovon ernährten sich Menschen im Mittelalter oder in Zeiten noch weit davor? Zu 14 000 Jahre Geschichte in Pommern gehört auch dieser Kulturbereich, den das Pommersche Landesmuseum in der Hanse- und Universitätsstadt Greifswald anschaulich nahe bringt. Pommersche Geschichte, Kultur und Kunst in ihren vielfältigen historischen Verbindungen nach Polen, Schweden und Dänemark werden dort kurzweilig präsentiert. Der Bau des 2005 eröffneten Museums entstand auf dem Areal des Greifswalder Franziskanerklosters von 1250. Heute bilden zwei klassizistische Gebäude, die moderne Glas- und Stahlkonstruktion der Museumsstraße und der Backsteinbau der Klosterbibliothek in einer gelungenen architektonischen Symbiose die faszinierende Museumsherberge.
Geschichte zum Anfassen erwartet den Kulturinteressierten im Pommerschen Landesmuseum. Alle Sinneskanäle werden auf der Reise durch die Erd-, Kultur- und Kunstgeschichte Pommerns angesprochen. Vom Erforschen der Kreidezeit bis zum Belauschen der illustren Personengruppen auf dem monumentalen Croy-Teppich erwartet den Besucher eine spannende Entdeckungstour. Dieser berühmte, fast 31 Quadratmeter große Teppich, der Reformation, Familiengeschichte der pommerschen Herzöge und Landespolitik in sich vereint, zählt zweifellos zu den Höhepunkten der Ausstellung. Und: Wer erwartet schon einen Van Gogh im Pommerschen Landesmuseum? In bester Gesellschaft mit anderen bedeutenden Künstlern wie Friedrich, Runge oder Liebermann hängt er dort, wo einst im Mittelalter die Grauen Mönche beteten.

Sehen, hören, riechen, fühlen – mitmachen. Im Pommerschen Landesmuseum kann sich der Besucher Geschichte auf vielerlei Art aneignen. Der Klostergarten zeigt heimische Kräuter, die den Franziskanermönchen schon zur Verfeinerung der Speisen und zur Arznei dienten. Weintraubenkerne – sicherlich die kleinsten Exponate – erzählen von der langen Weinbautradition im Norden, an die heute wieder angeknüpft wird. Pfirsichkerne von 1330 oder Austernschalen zeugen von regionalen Gourmetfreuden.

Slawisches Handwerk, das brennende Arkona oder reiche Hansestädte spannen einen weiten Bogen.

Backsteinwerkstatt, Museumspädagogik, Musikreihen, der Croy-Tag und viele andere Veranstaltungen machen das Museum im Ostseeraum für Jung und Alt attraktiv. Und das Restaurant und Café „Le Croy" verwöhnt nach einem erlebnisreichen Besuch mit kulinarischen Köstlichkeiten.

Inselromantik pur

Barth

Die Halbinsel Fischland-Darß-Zingst im Nationalpark „Vorpommersche Boddenlandschaft“ ist ein eher romantischer Teil der mecklenburgischen Ostseeküste. Dort kann man den Klängen der Natur lauschen – dem Trompeten der Kraniche, dem Heulen des Sturmes oder dem Rauschen des Meeres. Aber auch das Klacken des Tauwerks der Boote gehört zu der bemerkenswerten Geräuschkulisse auf Fischland-Darß-Zingst. Die Halbinsel bietet gerade zur Sommersaison erfrischende Urlaubsplätzchen für jeden – ob Einzelgast, Familie oder Gruppe. Kulturelles Zentrum ist die Künstlerkolonie Ahrenshoop.

Fischland Darß Zingst mit seiner einzigartigen Naturlandschaft bewegt sich. Dort auf der Halbinsel wechseln sich Landabtragung und Landbildung einander außergewöhnlich rasch ab. So wird noch heute gut sichtbar der Küstenstreifen geformt. Steilufer gehen in Flachküsten über, Landzungen in Strandseen. Aber auch sonst stößt der Naturliebhaber bei seinen Streifzügen über die Halbinsel auf weite Strände mit weißem Sand, Wälder, Moore, Salzwiesen, Schilfgürtel und Bodden.

Die erhaltenswerte Flora und Fauna ist im Nationalpark „Vorpommersche Boddenlandschaft“ konserviert. Das großflächige Gebiet mit einem Areal von rund 805 Quadratkilometern ist in großen Teilen in seinem urtümlichen Zustand erhalten oder nur wenig beeinflusst von Menschenhand. Die Vorpommersche Boddenlandschaft umfasst Ostsee- und Boddengewässer, Vorpommersche Landflächen der Halbinsel Darß-Zingst und westliche Gewässer der Insel Rügen. Die landschaftliche Besonderheit ist die vielfältige Raumstruktur mit Windwatten, Nehrungen, Bodden, Waldökosystemen, küstendynamischen Abschnitten, aktiven Kliffs, Stränden und Dünen. Dort finden seltene und gefährdete Tier- und Pflanzenarten ihren Lebensraum wie zum Beispiel die Kegelrobbe, der Prachttaucher, das Flussneunauge, der Meerkohl oder die Bartflechte als eine von über 600 dort wachsenden Arten höherer Pflanzen. Ein kurioser Anblick sind die so genannten Windflüchter. Die Buchen und Kiefern in Strandnähe werden von den Westwinden

Darß

geformt. Ihre Äste weisen nach Osten, in die Richtung des Windes, als ob sie in diese Richtung flüchteten. Informationen vor Ort über die Vorpommersche Boddenlandschaft gibt`s im Zentrum Darßer Arche, die selbst ein gelungenes Beispiel für innovativ-ökologisches Bauen abgibt.

Von Bodden spricht man, wenn damit ein Küstengewässer gemeint ist, das vom offenen Meer durch Landzungen abgetrennt ist – also wie die

Darß

Ahrenshoop

Ahrenshoop

Wustrow

Darß-Zingster Boddenkette von der Ostsee durch Fischland, die übrigens zu den bedeutenden Boddengewässern zählt. Bodden meint eine große Lagune, die mit dem offenen Meer durch Flutrinnen verbunden ist.

Auf Fischland-Darß-Zingst erwartet den Gast aber nicht nur ein wahres Naturschauspiel, sondern gleichfalls eine bunte kulturelle Bühne. Die Hauptrolle spielt dabei Ahrenshoop, die bekannte Künstlerkolonie. Vor über 100 Jahren richtete sich der Maler Paul Müller-Kaempff hier ein Atelier ein. Er schätzte Ahrenshoop wegen seiner besonderen Lichtverhältnisse und der weiten unberührten Natur. Ihm folgten bald viele Künstlerkollegen, und die Badegäste ließen dann auch nicht lange auf sich warten. Aus dem malerischen Dorf entwickelte sich eine Künstlerstätte, die von den kleingliedrigen Bauten mit ihren typischen Rohrdächern geprägt ist.

Die Boddenküste Darß-Zingst wurde von der letzten Eiszeit geformt. Die reizvolle Gegend gibt ein abwechslungsreiches Urlaubsparadies ab, das aber nicht mit der urbanen Lebendigkeit der großen Ostseebäder zu vergleichen ist. Beschaulichkeit geht dort vor.

Die natürlich geformte Landschaft mit ihren idealen Bedingungen lädt ein zu sportlichen Wasseraktivitäten wie Baden, Segeln und Surfen. Die Häfen der einzelnen Gemeinden wie Barth, Bodstedt, Fuhlendorf oder Barhöft sind ideale Anlegestellen für Wasserwanderer. Maritim geht's zu bei den im Juli stattfindenden Segel- und Hafentagen in Barth mit wichtigen Regatten. Dort lassen sich auch zahlreiche Traditionsschiffe bewundern. Im September startet alljährlich die Zeesenbootregatta in Bodstedt. Ein anderes spannendes Ereignis findet im sommerlichen Barth statt. Wie Zinnowitz auf Usedom und andere Ostseestädte vereinnahmt auch Barth für sich die Legende von der sagenhaften Handelsstadt Vineta und widmet ihr jedes Jahr die Vineta-Festtage mit Theater, Musik, Tanz und Feuerwerk auf einer schwimmenden Bühne im Hafen. Ribnitz-Damgarten ist der Sitz des Deutschen Bernsteinmuseums. In der Schaumanufaktur Ostsee-Schmuck kann man zusehen, wie die schönen Dekorstücke entstehen. Wer sich selbst auf die Suche nach dem Gold des Meeres machen will, versucht sein Glück rund um die Bernsteinstadt und an den nahen Stränden.

ATELIER IM DORNENHAUS

Atelier im Dornenhaus
Keramikwerkstatt
Friedemann Löber

Bernhard-Seitz-Weg 1
18347 Ostseebad Ahrenshoop

Telefon und Telefax
03 82 20 / 8 09 63

Man begegnet dieser Keramik überall auf der zwischen Ostsee und Bodden gelegenen Halbinsel Fischland-Darß-Zingst – in Gaststätten und Hotels wie dem „Cafe Namenlos" oder dem „Fischländer" im Künstlerort Ahrenshoop, in Pensionen, Gästezimmern und natürlich in den „guten Stuben" der Einheimischen. Es ist die „Fischlandkeramik", eine unverwechselbare, blaugraue, dekorative Gebrauchskeramik in aufwändiger Fayence-Ritztechnik: mit klassischem, formal strengem Dekor meist mit Fisch, Libelle/Mücke, Dreiblatt und Spirale oder freien, landschaftsgeprägten, malerischen Motiven wie Kranichen, Windflüchtern, Zeesen. Jedes Stück präsentiert sich als Unikat, frei geritzt und gemalt. Viele haben inzwischen Sammlerwert.
Auf dem Boden der scheibengedrehten Irdenware befindet sich ein Fisch mit den Initialen „FL". Das Kürzel steht für „Fischlandkeramik" und Friedemann Löber, dessen Name seit vier Jahrzehnten für diese über die Grenzen des Landes hinaus bekannte Keramik steht.

Hans Peter Jakobson, Direktor des Museums für Angewandte Kunst Gera, schreibt in einem Buchbeitrag über Mecklenburgs keramische Entwicklung: „Eine gestalterische oder gar künstlerisch relevante keramische Produktion begann in Mecklenburg erst mit dem Bildhauer und Keramiker Wilhelm Löber sowie dem Maler Arnold Klünder in Ahrenshoop. 1903 in der Rhön geboren, hatte Wilhelm Löber eine umfassende künstlerische Ausbildung an renommierten Schulen erhalten, unter denen die Lehre in der keramischen Werkstatt des Bauhauses in Dornburg unter Max Krehan und Gerhard Marcks sowie bildhauerisches Arbeiten bei diesem Lehrer an der Burg Giebichenstein Halle in den Jahren 1923–1925 bzw. 1929–1932 herausragen. In Ahrenshoop wirkte er von 1932 bis zum Ausbruch des Zweiten Weltkrieges sowie wieder zwischen 1952 und 1966 als freier Bildhauer und Keramiker. Zusammen mit seiner ersten Frau Frieda und Arnold Klünder begründete er um 1955 die Fischlandkeramik. Der 1981 verstorbene Künstler begründete eine regelrechte Keramikerdynastie, sind doch fünf seiner acht Kinder und mehrere Enkel noch heute als Keramiker an verschiedenen Orten Deutschlands tätig. Der Sohn Friedemann führt seit 1966 die Werkstatt, in der seine Mutter (die Malerin Frieda) bis 1986 tätig blieb, wo sie neben Zeichnungen höchst eigenwillige, poetische, naiv-freundliche Gefäße, Figuren und figürliche Gefäße schuf."

Der junge Keramiker, der im Trennungsjahr der Eltern die Meisterprüfung erfolgreich absolviert und nunmehr für die große Familie zu sorgen hat, geht zur Scheibendreherei über. Frei Geformtes wird zur Gebrauchskeramik mit eigener Note. Schwester Ella, die jahrzehntelang in seiner Werkstatt im Elternhaus arbeitet, präzisiert das Dekor, das klassisch wird. Zahlreiche Keramiker erfahren dort eine fundierte Ausbildung. 1995 erwirbt Friedemann Löber mit seiner zweiten Frau das wohl älteste Rohrdachhaus von Ahrenshoop, direkt am historischen Grenzgraben zwischen Mecklenburg und Vorpommern stehend und benannt nach den uralten, vom Wind gebeugten Weißdornbäumen auf dem davor liegenden Wall: das um 1660 erbaute Dornenhaus. Das seit 1989 leer stehende und dem Verfall preisgegebene denkmalgeschützte Gebäude – seit jeher beliebtes Maler- und Fotografenmotiv – wird nach dreijährigem aufwändigem Wiederaufbau am 26. Juli 1998 mit der ersten Ausstellung im neu geschaffenen Galeriebereich für die Öffentlichkeit zugänglich. Neben dem ständigen Angebot aus der nunmehr im Dornenhaus befindlichen Werkstatt des Künstlers, der traditionellen Fischlandkeramik, und Keramiken weiterer Löber-Töpfereien werden dort seitdem ganzjährig wechselnde Einzelausstellungen vorwiegend norddeutscher bildender Künstler präsentiert. Lesungen und Konzerte ergänzen das vielseitige Programm des gern besuchten Dornenhauses mit seiner urwüchsigen, unverwechselbaren Atmosphäre.

HAUS ELISABETH VON EICKEN

Individualität pur erleben – ein Anspruch, dem das Haus Elisabeth von Eicken im Ostseebad Ahrenshoop unter dem Motto „Wohnen – Essen – Kunst“ gerecht wird. Das ehemalige Wohn- und Atelierhaus der Malerin Elisabeth von Eicken (1862 bis 1940) wurde dazu umfangreich saniert und modernisiert. Heute steht es als ein erfahrbares Gesamtkunstwerk mit Restaurant, Hotel und Galerie da. In dem Künstlerdorf Ahrenshoop auf Fischland inmitten unbeschreiblicher Naturschönheiten setzt das Haus somit eine über 100-jährige Tradition der Malerkolonie fort.

Im Haus Elisabeth von Eicken konzentriert sich nicht allein die Malerei als höhere Ausdrucksform, sondern auch das Wohnen und Genießen ist dort zur spezifischen Kunstform erhoben. Das Motto „Wohnen – Essen – Kunst“ wird zur fruchtbaren Synergie von Inhalten und für den Gast zu einem Aufenthalt von hoher Erlebnisdichte. Bereits die verspielten Formen der Jugendstilvilla scheinen zu signalisieren, welche Hochgenüsse der Sinne den Gast erwarten. Die behutsame Restaurierung hat eine traditionelle Atmosphäre mit unvergleichlichem Charme etabliert.

Die Küche des Hauses definiert Geschmackserlebnis über die eigenen raffinierten Rezepte neu. Hauptdarsteller der Tafel sind regional inspirierte Zubereitungen, die der Saison unterliegen und den mediterranen Hauch durchschmecken lassen. Verantwortlich für die exzellente Kochkunst ist der Schwabe Heiner Henzler, der den Kochtöpfen und dem Team seit drei Jahren vorsteht.

Ein kulinarischer Gang im Haus Elisabeth von Eicken könnte beispielsweise mit einer Petersilienwurzelessenz mit getrüffelten Sellerie-Spinattaschen beginnen, gefolgt von Perlhuhngalantine mit Sauerampfer und Friseesalat in geräuchertem Honigdressing und vorläufig gekrönt von einem Weidelammkarree mit milder Knoblauchjus, Artischocken und Kartoffel-Meldegratin. Das kulinarische Finale setzt eine gebrannte Zitronentarte mit Tamarillo in Vanillesirup und Basilikumsorbet. Wer es deftig mag, zieht vielleicht einen lauwarmen Ziegenkäse mit karamelisierten Sonnenblumenkernen und Quittenblüten vor. Das exzellente Menü wird begleitet von gleichwertigen Weinen aus bekannten Toplagen, welche dieses Gaumenfest formidable ergänzen – entflohen der weit verbreiteten Geschmacksbeliebigkeit. Die Sonnenveranda lockt zum Open-air-Menü.

Haus Elisabeth von Eicken verführt zum Bleiben. Die sechs Hotelzimmer sind stilvoll eingerichtet, von namhaften, aber auch

Haus Elisabeth von Eicken
Sabine Peters-Barenbrock

Dorfstraße 39
18347 Ostseebad Ahrenshoop

Telefon 03 82 20 / 69 90
Telefax 03 82 20 / 69 9-24

jungen Künstlern höchst individuell gestaltet und nach ihnen benannt. In der ersten Etage macht eine Galerie neugierig auf zeitgenössische Kunst, die dort in wechselnden Ausstellungen zu sehen ist. Draußen im Skulpturengarten setzt sich die schöpferische Inspiration, die das komplette Anwesen prägt, fort.
Veranstaltungen und Angebote wie Komplettarrangements, Kochsextett mit namhaften Gastköchen, Künstlers Kochtopf oder Jazztage sind zeitweise Attraktionen im Haus Elisabeth von Eicken und erheben es zu einem echten Event.

Medaillons vom Darßer Rehbock mit Selleriepüree, Pfifferlingen und Gewürzäpfeln

Zutaten

8 Rehmedaillons à 80 g
3 EL Öl
20 g Butter
frisch gehackten Thymian
einige Wacholderbeeren
Salz, Pfeffer

Sauce:
1/4 l Wildfond, 1 EL Kirschmarmelade,
3 cl Portwein, rot, 3 cl trockener Rotwein,
1 Schalotte, Thymian, Lorbeer,
Wacholderbeeren, 15 g kalte Butter

Selleriepüree:
1 Sellerieknolle, ca. 400 g
100 ml Sahne, 50 g Crème fraîche,
30 g Butter, Salz, Muskat

Pilze:
300 g Pfifferlinge, 1 Schalotte
30 g Butter, 1 EL Blattpetersilie, in feine Streifen geschnitten, Salz, Pfeffer

Gewürz-Äpfel:
30 g Zucker, 4 cl Weißwein,
0,2 l Apfelsaft, 1/4 Zimtstange,
1 Sternanis, 1 Nelke, Lorbeerblatt,
Thymianzweig, Pfeffer aus der Mühle

Zubereitung

Rehmedaillons mit 1 EL Öl, gehackten Kräutern und Gewürzen marinieren und kalt stellen. Sellerieknolle schälen, würfeln und in Salzwasser weich kochen. Durch ein festes Tuch geben und auspressen. Im Mixer pürieren, Sahne, Crème fraîche und Butter zugeben, mit Salz, Pfeffer und Muskat abschmecken.
Schalottenwürfel leicht glasig andünsten, Portwein, Rotwein, Thymian, Lorbeer und Wacholder dazugeben und sirupartig einkochen. Mit Wildfond auffüllen, Kirschmarmelade dazugeben und etwa auf die Hälfte einkochen. Durch ein Sieb pressen und kalte Butter zugeben. Schalotte fein würfeln und in Butter glasig werden lassen. Pfifferlinge zugeben, anschwitzen und mit Salz und Pfeffer würzen. Zuletzt Petersilie zugeben. Apfel in 16 Spalten schneiden und das Kerngehäuse herausnehmen. Zucker karamellisieren, mit Weißwein ablöschen und Apfelsaft auffüllen. Gewürze zugeben und auf die Hälfte einkochen. Eventuell leicht mit Stärke abbinden, Apfelsaft zugeben und fertig dünsten.
Rehmedaillons im heißen Öl mit Butter rosa braten, mit Salz und Pfeffer würzen, herausnehmen und warm stellen. Rehmedaillons mit Selleriepüree, Pfifferlingen Apfelspalten und Wildsauce auf vorgewärmten Tellern anrichten.

ROMANTIK HOTEL NAMENLOS & FISCHERWIEGE

Namenlos – schon der Name ist bemerkenswert und zugleich merkwürdig, also des Merkens würdig. Neben der Geschichte, wie das Café und Restaurant im Ostseebad Ahrenshoop auf dem Darß zu seiner Bezeichnung kam, sollten sich Freunde des guten Geschmacks aber vor allem das liebevoll eingerichtete Haus selbst und die hervorragenden Angebote merken. Auch ohne eigentlichen Namen hat sich das Haus einen kulinarischen Namen gemacht aufgrund seiner Spitzenküche, die sich der Region verpflichtet fühlt, und aufgrund des exzellenten Services. Zu dem Familienbetrieb Namenlos als Stammhaus gehören das Hotel Fischerwiege, das Dünenhaus und das Haus Bergfalke. Die Häuser sind eng verbunden mit der Geschichte von Ahrenshoop als bedeutende Künstlerkolonie. Komplette Arrangements mit Wellness, Kunst und Kultur machen das vielseitige Angebot aus.

Im Jahr 1919 wollte Fräulein von Walsleben nach dem Verkauf des Kurhauses „Bogislaw“, deren Besitzerin sie war, den Namen übertragen auf das heutige Café und Restaurant, um es weiterzuführen. Doch der neue Kurhaus-Besitzer, Herr Falkenberg, witterte Konkurrenz und ließ diese Namensgebung verbieten. Während des Rätselns über einen neuen Namen fand der Vorschlag des Berliner Zeichners Hermann Abeking – Café Namenlos – Zustimmung.

Nomen est omen – das trifft hier nicht zu, schon gar nicht, wenn man „Namenlos“ als Namen erkennen will. Sehr wohl hat sich der Betrieb, seit drei Generationen in Familienbesitz, einen Namen verdient – als eine der ersten Adressen für regionale Kulinarik und besten gastronomischen Service. Das Küchenprogramm lautet: Genießen, was hier wächst und gedeiht.

„In unserem Haus verwenden wir grundsätzlich frische Produkte heimischer Lieferanten.

Wir verarbeiten in der Küche Frischfisch aus Bodden und Ostsee, von einheimischen Fischern gefangen, bevorzugt Ostseewildlachs, Boddenzander, Dorsch vom West-

Romantik Hotel
Namenlos & Fischerwiege
Familie Fischer

Am Schifferberg 2
18347 Ostseebad Ahrenshoop

Telefon 03 82 20 / 60 60
Telefax 03 82 20 / 60 63 01

strand, Flunder und Steinbutt, manchmal sogar Aal", versichert Roland Fischer. Aber auch Wild aus der waldreichen Gegend sowie Schweine- und Rindfleisch in Bio-Qualität von heimischen Höfen sind ein Küchenthema. Wer es fleischlos mag, genießt bekömmliche Kompositionen aus Gemüse von mecklenburgischen Feldern. Auch der Kochstil hält an älteren Rezepturen fest – mit viel Kreativität und Inspiration. Da gelingt frisches Lammfleisch zu einem satten Deichlammbraten „Althäger Art" auf Rosmarin-Thymiansoße, begleitet von grünen Bohnen und Champignons. Umrahmt von einem schmackhaften Rahmsüppchen von Steinpilzen mit Pfifferlingen und Kräuternocken als Auftakt und dem erfrischenden Finale aus Holunder-Sanddornparfait an marinierten Waldheidelbeeren.
Die Künstlerkolonie Ahrenshoop und der Darß haben es verdient, dass Sie hier länger verweilen. Warum nicht im Haus Bergfalke, im Dünenhaus oder im Hotel Fischerwiege – alle mit einer sehr schönen ruhigen Lage. In den Gästehäusern können Sie der Geschichte der Künstlerkolonie, mitbegründet von dem Zeichner und Maler Professor Friedrich Wachenhusen, nachspüren. Er erbaute das Dünenhaus, das in den 1950er Jahren dem Schriftsteller Johannes R. Becher als Feriendomizil diente. In allen Räumlichkeiten des Romantik Hotels hinterlassen Gemälde oder Fischlandkeramik Spuren der Künstlerkolonie, für die das Café und Restaurant Namenlos zur Institution wurde.

Ostseeduett im Spinatmantel auf Kräuterschaumsoße angerichtet mit Steckrübenpüree und Wirsingstreifen

Zutaten

750 g–1 kg Steinbutt, filettiert u. gehäutet,
1 kg Wildlachs, filettiert u. gehäutet,
500 g Blattspinat, 1 Steckrübe,
250 g Butter, Safran, gemahlen,
500 g Wirsing, 2 Zwiebeln, 100 g Speck,
1 kl. Bund Petersilie, 1 kl. Bund Dill,
1 kl. Bund Petersilie, 1 Stange Poree,
250 g Sellerie, Zitrone,
50 ml Olivenöl, 250 ml Sahne,
50 g Weizenstärke

Lachsfilet entgräten und von Fett und andersfarbigen Bestandteilen befreien. Steinbutt und Lachsfilet vierteln und unter Frischhaltefolie leicht plattieren zu 15 x 20 cm großen Stücken. Filet salzen und pfeffern, auf Steinbuttfilets legen, fest zusammenrollen und kühlen. Möglichst große Spinatblätter blanchieren, sofort herausnehmen und ins kalte Wasser geben. Blätter trocknen. Aus zwei zusammenhängenden Blättern vier Teile schneiden, das Lach-Zander-Duett darin einrollen, mit cremiger, nicht flüssiger Butter bestreichen und bei 150 °C 12 Minuten im Ofen backen.
Für die Soße Steinbuttkarkasse zerteilen und wässern. Lachsabschnitte nicht verwenden. Steinbuttabschnitte mit klein gewürfeltem Gemüse in Öl ohne Farbe anschwitzen und mit Eiswasser ablöschen. Langsam zum Kochen bringen, 10 Minuten ziehen lassen und durch feines Sieb passieren. Fond bis zur Hälfte einreduzieren, Sahne dazugeben, mit Salz, Weißwein und Zitronensaft abschmecken und leicht mit Stärke binden. Kräuter mit etwas Wasser pürieren, schnell zum Kochen bringen, durch ein Tuch passieren und sofort mit Eiswürfeln abkühlen, um die Farbe zu erhalten. Das Ganze erst kurz vor dem Anrichten mit etwas geschlagener Sahne unter die Soße mischen.
Geschälte Rübe würfeln (1 cm Kantenlänge) und in Salzwasser mit Kurkuma zur Farbgebung weich kochen. Klein gewürfelte Butter kalt stellen. Steckrüben durch ein Tuch passieren, auspressen und mit Pürierstab zerkleinern, dabei die Butter untermischen. Püree durch ein Sieb streichen, mit Salz und Pfeffer würzen.
In Streifen geschnittenen Wirsing im kochenden Wasser ca. 2 Minuten blanchieren und abschrecken. Fein gewürfelten Speck auslassen, ohne Farbe zu nehmen. Ausgetretenes Fett entfernen, Butter und feine Zwiebelwürfel zugeben, glasig schwenken und Wirsing dazu.
Mit Salz und Zucker abschmecken.

HAUS LINDEN

Essen und Trinken hält Leib und Seele zusammen – dieses alte Sprichwort wird im Biohotel Haus Linden im Ostseebad Prerow nach modernen ernährungsphysiologischen Erkenntnissen von Prof. Dr. Claus Leitzmann umgesetzt. Gourmet-Chefkoch Francesco Ruinato beherrscht meisterhaft den kulinarischen Spagat, Vollwertkost selbst für verwöhnte Feinschmecker zum echten Gaumenfest geraten zu lassen. Haus Linden ist eine gut ausgestattete Wohlfühloase durch und durch, im Hotel und Restaurant erleben die Gäste, dass gesunde Lebensweise mit noch mehr Lebensfreude verbunden ist. Diese bietet auch das einstige Seefahrer- und Fischerdorf Prerow auf Fischland mitten im Nationalpark „Vorpommersche Boddenlandschaft". Beste Voraussetzungen für strotzende Vitalität und quirlige Lebensfreude.

Margot und Francesco Ruinato, das erfahrene Betreiber-Ehepaar, sorgen im Haus Linden für individuelle Wohlfühl-Atmosphäre. Bei der Chefin des Hauses sind die Gäste bestens aufgehoben. Ihre ehrliche Art, sich um das persönliche Wohl zu kümmern, überzeugt. Derweil agiert Gourmetkoch Francesco Ruinato in der Küche. Das ganzjährige Kochthema lautet vegetarische Vollwertküche. Selbst „eingefleischte" Genießer sind begeistert von den „vollwertigen" Genüssen dieser gesunden Ernährungsweise. Sie ist im Haus Linden nach dem ganzheitlichen Konzept von Prof. Leitzmann, ehemaliger Direktor des Instituts für Ernährungswissenschaft an der Uni Gießen und Präsidialmitglied der Deutschen Gesellschaft für Ernährung, geprägt.

Küchenzauberer Francesco Ruinato, mit seinem Biorestaurant in Heilbronn 1982 einst Pionier bewusster Ernährung, versteht es perfekt, kreative und hochklassige Vollwertküche zu zelebrieren, die zudem geschmacklich „gut drauf ist" und mediterranen Hauch mit sich bringt. So ist ein feines Zucchinisüppchen mit Cashewmus und Sahnehäubchen ein köstlicher Auftakt, dem in der Speisefolge des Menüs Dinkel-Ravioli, gefüllt mit Blattspinat und Schafskäse auf Bärlauchrahm und gerösteten Pinienkernen folgen und der vorerst in ein Haselnussküchlein auf Morchelrahm an

Hotel und Restaurant
Haus Linden
Margot und Francesco Ruinato

Gemeindeplatz
18375 Ostseebad Prerow

Telefon 03 82 33 / 63 6
Telefax 03 82 33 / 6 37 36

Basilikumerbsen:
600 g tief gekühlte Erbsen pro Person
Basilikumpesto oder frischen Basilikum
1 Bund Frühlingszwiebeln oder
1 mittlere Zwiebel
Olivenöl, Gemüsebrühe, Würze

Reis:
Reistrio ca. 150 g ungegart, Salz

Tomatensauce:
1 große Dose Schältomaten
1 kleine Zwiebel Olivenöl, Salz,
Pfeffer aus der Mühle, Rohrohrzucker

Zubereitung

Tomatensauce:
Zwiebeln in Olivenöl glasig werden lassen. Die zerdrückten oder pürierten Schältomaten zufügen und zu einer sämigen Sauce kochen. Mit Salz, Pfeffer und Zucker abschmecken.
Den Reis nach Vorschrift kochen.

Basilikumerbsen:
Zwiebelstreifen in Olivenöl anschwitzen, tief gekühlte Erbsen, etwas Gemüsebrühe und Gemüsebrühwürze hinzufügen und das ganze mit Basilikumpesto verfeinern. Bissfest garen.

Schafskäse:
Schaffeta halbieren, die Stücke erst in Mehl, dann in dem mit Kräutern verquirlten Ei wenden und bei kräftiger Hitze in Olivenöl anbraten.

Buttergemüse und Kartoffelgratin mündet, um im cremig-erfrischenden Finale eines Dessert-Trios von Joghurt-, Himbeer- und Schoko-Mousse zu gipfeln. Neben der Kunst des Cuisiniers im Haus Linden bestimmt auch die Herkunft der Lebensmittel die hohe Geschmacks- und Speisenqualität, für die Bio-Erzeugnisse in der Küche veredelt werden. Optimierte Ernährung eben, die die gleichlautende Gesellschaft für optimierte Ernährung (GOE) dort unterstützt.
Das Vitalitätskonzept wird im ganzen, diabetiker- und allergikergeeigneten Haus realisiert und reicht von der baubiologischen Bauweise bis zu umweltfreundlichen Reinigungsmitteln in den Hotelzimmern. Die finnische Sauna oder die Sonnenterrasse sind weitere Wohlfühl-Orte dort. So abwechslungsreich die Karte, so bunt der Veranstaltungskalender im Haus Linden, in dem Vorträge, Seminare, Kuren und Fastenwochen von erfahrenen Fachleuten abgehalten werden – und den Gästen gesunden Urlaub mit hohem Spaßfaktor bescheren.

Schafskäse im Kräuter-Ei-Mantel auf fruchtiger Tomatensauce, dazu Reistrio und Basilikumerbsen.

Zutaten

Schafskäse:
4 Scheiben Schaffeta à ca. 120 g
Mehl zum Wenden
1 Ei
Rosmarin
Thymian
Olivenöl

TEESCHALE

Teeschale –
Prerower Teestube & Laden
Monika Schmidtbauer

Waldstraße 50
18375 Ostseebad Prerow

Telefon 03 82 33 / 6 08 45
Telefax 03 82 33 / 6 08 46

Das Ostseebad Prerow hat ein Teeparadies: die Teeschale mit seiner Teestube und einem gut bestückten Laden. Um den Tee ranken sich viele Gewohnheiten und Kulthandlungen, da passt die Teeschale prima nach Prerow, das mit dem größten Strand und feinsten Sand auf der Halbinsel Fischland-Darß-Zingst maritimen Charme versprüht. Beherbergt vom einem alten, original restaurierten Darßer Haus. Innen spürt der Gast der gemütlichen Atmosphäre überall nach. Die originalen Holzdielen, das sichtbare Fachwerk, die alten Holzmöbel oder die warmen Gelbtöne der Lehmwände harmonieren mit dem Tee und seinem stilvollen Drumherum.
Heißer Tee im kalten Norden – welch eine genüssliche Verbindung. Doch der schöne Landstrich der mecklenburg-vorpommerischen Halbinsel ist ja selbst eine geographische Perle. Prerow ist umgeben vom Nationalpark „Vorpommersche Boddenlandschaft“.
Das rohrgedeckte Dach der Teeschale und die schlichte, in Darßrot gehaltene Holzverkleidung signalisieren schon von weitem die regionale Verbundenheit. Und erst recht der Eingang mit seiner traditionellen, bunt ornamentierten Darßer Haustür. Sie steht für handwerkliche Tradition, die sich innen an der handgetöpferten Teekeramik fortsetzt.
Die Teeschale bietet rund 50 Teesorten à la carte, geordert werden können aber über 120 Sorten, die im Laden feil geboten werden. „Wir wollen unseren Gästen zu jeder Jahreszeit angenehme Stunden bereiten. Sie sollen sich dabei ganz entspannt ihren Geschmacksvorlieben hingeben. Wer zu uns kommt, möchte den Alltag einige Zeit hinter sich lassen. Dazu passt das liebevoll-historische Ambiente in der Teeschale“, macht Inhaberin und Teespezialistin Monika Schmidtbauer aufmerksam. Unter den zahlreichen Teesorten ist für jeden Gusto etwas dabei – vom rauchigen Aroma eines mittelkräftigen Tarry Lapsang Souchong als reinem schwarzem China-Tee bis zum Weißen Tee wie dem China Pai Mu Tan-Typ mit süßem Aroma und leichter Würze als absolut höchste Qualitätsstufe. Der Liebhaber des heißen Aufgussgetränks fühlt sich hier in seinem Element. Pfiffige Kompositionen wie Tee holländisch mit Eierlikör, Kakao und

Leuchtturmwärtertrunk, nach einem Originalrezept des letzten Leuchtturmwärters vom Darßer Ort

Zutaten für einen Pott

1 TL Grüner Tee (Chun Mee)
1 TL Zitronengras
1 TL Imkerhonig
1 guter Schuss echter Doppelkümmel (Lehment Doppelkümmel aus Rostock)

Zubereitung

Den Tee und das Zitronengras in den Pott geben und mit heißem (nicht kochendem Wasser) aufgießen, 2–3 Minuten ziehen lassen und mit Honig und Doppelkümmel abschmecken.

Den Trunk genießen Sie am besten zusammen mit Freunden und mit Blick auf die Ostsee.

Sahnehaube oder der Leuchtturmwärtertrunk als grüner Tee mit Lemonengras, Honig und einem Schuss „Kümmel" bereiten wahre Genussfreuden und lassen kulinarische Experimente zu. Ausgesuchte, hochwertige Zutaten gewährleisten Frische und reinen Geschmack.
Zum Tee gibt's in der Teeschale Kuchen und kleine Speisen. Die Konditorware wird nach traditionellen Rezepten von Meisterhand hausgemacht und kommt tagesfrisch auf den Teller. Der Früchteklassiker ist die Sanddorn-Biskuitrolle mit ganzen Beeren. Dabei stammt die „Zitrone des Nordens" aus dem größten deutschen ökologischen Anbaugebiet im regionalen Ludwigslust. Kleine Happen wie gewürzter Schafskäse oder Zwiebel-Knoblauch-Quark-Brot stillen den Appetit.
Aber auch Kaffeetrinker können sich ruhig in die Teeschale verirren und ihr gewohntes Getränk genießen. Abends verwandelt sich das rauchfreie Haus in eine gemütliche Weinstube. Wer sich Teespezialitäten und regionale Köstlichkeiten mit nach Hause nehmen will, schaut noch mal im Laden vorbei.

„Herzliche und ehrliche Gastfreundlichkeit zahlt sich aus, das zeigen unsere zahlreichen treuen Stammgäste aus ganz Deutschland. Diese Nähe ist eines unserer Markenzeichen", sagt Monika Schmidtbauer.

WALFISCHHAUS

Walfischhaus
Café – Restaurant – Pension
Anett und Heiko Fulfs

Chausseestraße 74
18375 Born a. Darß

Telefon 03 82 34 / 5 57 84
Telefax 03 82 34 / 5 57 85

Walfischhaus – das klingt nach vergangenen Zeiten und nach abenteuerlicher Seefahrt.

Das gleichnamige Restaurant & Café in Born steht für eine kulinarische Reise durch die feine anspruchsvolle und ökologische Küche. Das denkmalwürdige Haus, das mit viel Liebe zum Detail rekonstruiert wurde, befindet sich direkt am Borner Hafen. Die bunten Bauern- und Kapitänshäuser mit ihren Markenzeichen, den geschnitzten Darßer Haustüren, erzählen noch heute von der Vergangenheit des ehemaligen Bauern- und Fischerdorfes Born. Eingebettet in dieses schöne maritime Areal liegt das Kapitänshaus, das seinen Namen ehemals zwei Walfischkieferknochen als Torbogen vor dem Gebäude verdankte.

Ob im Restaurant, den Gästezimmern oder auf der Sonnenterrasse – der Blick auf den Hafen und den Bodden mit den Borner Bülten weckt die Neugier auf das Unbekannte, er weckt die Sehnsucht nach dem Meer. Die Küche des Hauses bietet Frische, Qualität und Geschmack auf hohem Niveau. Das Betreiber-Ehepaar Anett und Heiko Fulfs hat sich auf ein hochklassiges Konzept ökologischer Küche festgelegt, wobei die

Zutaten überwiegend aus der Region kommen: Rind und Wild vom Darß, Geflügel von der Insel Rügen, der Fisch aus Bodden und Ostsee und saftige Kräuter aus dem eigenen Garten.
Wie wäre es mit einem Bio-Hähnchen im Ofen gebacken auf Knoblauch-Kartoffelwürfeln, dazu würziges Zucchinigemüse mit Sprossen und Kräutern?
Das Walfischhaus bietet aber noch mehr als eine regelmäßig wechselnde Abendkarte. Es ist nachmittags auch ein gefragtes Café für viele Ausflugsgäste, das mit hausgebackenem Kuchen, erlesenen Teesorten und feinstem Kaffeegenuss einlädt.
Den Darß mit Umgebung als einzigartige Urlaubsregion können die Gäste in der kleinen Pension erleben. Die Zimmer mit Balkon oder Terrasse und anderen Annehmlichkeiten erreichen Hotelstandard für den individuellen Komfort. Das familiär geführte Haus mit seiner liebevollen und hochwertigen Einrichtung vermittelt eine außergewöhnliche Atmosphäre.

Roberts Bio-Hähnchen im Ofen gebacken auf Kartoffelwürfeln mit Knoblauch, dazu würziges Zucchinigemüse mit Sprossen und Kräutern

Zutaten

Hähnchen:
Hähnchenfleisch von 1 Hähnchen
(Keule, Flügel oder Brust)
Knoblauch (frisch oder granuliert)
Paprika süß, Chili
Rosmarin, Thymian
Pfeffer und Salz

Zucchinigemüse:
4 mittelgroße Zucchini
Weißwein
Olivenöl
Salz, mediterrane Gewürzmischung

Kartoffelwürfel:
800 g festkochende Kartoffeln
Olivenöl
Salz

Knoblauch (frisch oder granuliert)
mediterrane Gewürzmischung

Garnitur:
2 EL Radieschensprossen
gemischte frische Gartenkräuter

Zubereitung

Das Hähnchen portionieren und auf das mit Olivenöl eingefettete Blech legen. Mit Olivenöl bestreichen und nach Geschmack würzen.
Im vorgeheizten Backofen bei ca. 200 °C 15–20 Minuten backen. Damit das Fleisch nicht trocken wird, eine Schüssel mit Wasser in den Ofen stellen. Die Zucchini der Länge nach vierteln und in ca. 5 Zentimeter lange Stücke schneiden. Das Olivenöl in der Pfanne erwärmen und die Zucchini darin leicht anbraten, nach Geschmack würzen und mit etwas Weißwein ablöschen. Bei geschlossenem Deckel ca. 5 Minuten ziehen lassen.
Die Kartoffeln in gleichmäßige Würfel schneiden und mit etwas Olivenöl auf einem Backblech vermengen. Nach Geschmack würzen und im vorgeheizten Backofen ca. 20 Minuten backen. Zwischendurch ein wenig mischen, damit die Würfel gleichmäßig bräunen.
Hähnchen mit Gemüse und Kartoffeln anrichten, mit Radieschensprossen und Gartenkräutern garnieren.

CAFÉ ROSENGARTEN

Dabei setzen wir auf regionale Zutaten und besonders auf Obst und Früchte aus eigenem Anbau", plaudert Robert von Wedelstädt aus der Küche. Er betreibt zusammen mit seiner Lebensgefährtin und unter Mitarbeit eines gut gelaunten Teams seit kurzem das Café, das sich in kürzester Zeit einen Namen gemacht hat für Qualität und Frische – auch über Zingst hinaus. Leckere hausgemachte Kuchen sind der kulinarische Schwerpunkt. Nach alten Familienrezepten werden Kirschtorte, schwedischer Apfelkuchen oder Eierlikörtorte in der Backstube angerührt. Der Renner ist die frische Mohntorte, gefolgt von Marzipan. „Regionale Konditorware zeichnet sich durch Zutaten aus, die der eigene Garten hergibt, beispielsweise Rhabarber oder Johannisbeere", definiert der Chef des Hauses regionale Spezialität neu.

Das Café Rosengarten ist ein echtes Schmuckstück im Ostseebad Zingst auf Fischland-Darß-Zingst. Der Rosengarten vor der kleinen, 1720 erbauten Kate mit reetgedecktem Dach wirkt einladend. Das ausgesuchte Mobiliar und die überschaubare Größe der Räumlichkeiten versprühen echte Wohnzimmeratmosphäre. Das Haus ist ein attraktiver Treffpunkt im ursprünglichen Seefahrer- und Fischerdorf Zingst, das sich zu einem modernen Urlaubs- und Kurort gemausert hat. Das wechselnde Angebot wartet mit 40 hausgemachten Kuchensorten auf oder mit handgeschöpfter Schokolade für Naschmäuler.
Im Norden Deutschlands, in Mecklenburg-Vorpommern geht es nicht nur kalt zu. Analog der reizvollen Pommerschen Boddenlandschaft existiert dort auch ein dolce vita – wenigstens im Café Rosengarten. „Wir versüßen unseren Gästen ihren Aufenthalt mit Kuchen, die liebevoll nach traditionellen Hausrezepten gebacken werden.

Café Rosengarten
Robert von Wedelstädt

Schulstraße 13
18374 Seeheilbad Zingst

Telefon 03 82 32 / 8 47 04
Telefax 03 82 32 / 8 47 05

Buttercreme:
500 ml Milch
1 Päckchen Vanillepuding
3 El Zucker
500 g Butter

Zubereitung

Mohn, Zucker, Mehl, Eier, Milch und das Backpulver zu einem flüssigen Teig rühren und in eine gefettete Springform von 28 Zentimeter Durchmesser füllen und 40 Minuten bei 180 °C Backen (bei Umluft 160 °C).
In der Zwischenzeit aus der Milch und dem Puddingpulver einen Pudding kochen, erkalten lassen und anschließend mit der weichen Butter zu einer Buttercreme verrühren. Für den Krokant den Zucker in einer beschichteten Pfanne schmelzen, die Milch dazu geben und die gemahlenen Mandeln unterheben auf Pergamentpapier aus kühlen lassen und anschließend mit einem Fleischklopfer zerkleinern.
Den ausgekühlten Boden zweimal horizontal teilen und mit zwei Dritteln der Buttercreme füllen. Mit dem Rest der Buttercreme die Torte umhüllen und mit dem Mandelkrokant gänzlich einstreuen.

Und Recht hat er. Ein schweres süßes Geschütz ist die „Schokolade Rosengarten“ aus handgeschöpfter Schokolade mit Zartbitter-Geschmack, einem Hauch Chilipulver und Sahne obendrauf. Eine kühle Abwechslung an heißen Sommertagen verspricht das „coole“ Eis, das auch in verschiedenen fruchtigen Kompositionen serviert wird.
Tee- oder Kaffee-Liebhaber sind im Café Rosengarten ebenfalls gut aufgehoben. Von der Tasse Filterkaffee bis zum Café Brulot mit braunem Zucker und einem Schuss Kirschwasser oder von Pfefferminztee aus biologischem Anbau bis zum milden Weißen Tee China „Pai Mu Tan“ in besonderer Qualität erstreckt sich das Angebot.
Abends verwandelt sich das Café, denn dann kann aus der kleinen Speisekarte ausgewählt werden. „Dieses Angebot startet erst abends, denn es verträgt sich nicht mit den Süßspeisen“, begründet von Wedelstädt. Die Mahlzeiten lassen erfahren, wie Mecklenburg-Vorpommern schmeckt – Filet von der Maischolle oder Sülze mit Bratkartoffeln haben etwas von der Bodenständigkeit der Region. Viele Zutaten wie Kräuter oder Salate stammen gleichfalls aus dem eigenen Garten und garantieren Frische und Qualität.
Wer Zingst erleben will, darf das Café Rosengarten nicht verpassen.

Mohntorte

Zutaten

2 Tassen Mohn
2 Tassen Zucker
2 Tassen Weizenmehl Typ 405
3 Eier (Kl. M)
1 Tasse Milch
1 Päckchen Backpulver

Mandelkrokant:
200 g grob gemahlene Mandeln
100 g Zucker
5 El Milch

GUT DARSS

Dort, wo Tiere natürlich aufwachsen und sich wohl fühlen, dort, wo ökologischer Landbau betrieben wird, da kommen auch gesunde, frische Regionalprodukte mit dem noch ursprünglichen Geschmack her. Das traditionelle Gut Darß inmitten des deutschen Ostseeschutzgebietes auf der Halbinsel Zingst-Darß, auf „Deutschlands schönster Halbinsel“, hat sich seit 1992 der ökologischen Landwirtschaft nach BIO-Richtlinien verschrieben. Es zählt mit insgesamt 4500 Tieren heute zu den größten und modernsten Mutterkuhbetrieben Europas. Das Kerngeschäft von Gut Darß liegt in der Bio-Rindfleisch-Vermarktung vom Kalb bis zum Bullen. Die intakte Naturlandschaft – ein Teil der Nutzfläche von insgesamt rund 2000 Hektar befindet sich in einer der wenigen weitgehend unberührten Großlandschaften Europas, dem „Nationalpark Vorpommersche Boddenlandschaft“ – schafft ideale Bedingungen und fordert geradezu auf zu einer bewussten Lebensweise im Einklang mit der Natur.
Besonders in unserer modernen schnelllebigen Zeit gewinnt die Nachfrage nach Qualität, Sicherheit und Transparenz einen immer höheren Stellenwert. Ganz sicher trifft das auch für den Bereich Nahrungsmittel und seine Produktion zu. Der ökologische Landbau auf Gut Darß garantiert einen klaren Qualitätsvorsprung und andere relevante Merkmale in der landwirtschaftlichen Bio-Erzeugung wie lückenlose Transparenz in der Herkunft der Rinder und im gesamten Erzeugungsprozess. Der vorbildliche Betrieb ist mit dem CMA-Prüfsiegel ausgezeichnet und bürgt somit für artgerechte und umweltverträgliche Tierhaltung sowie für ein Höchstmaß an Hygiene und Qualität im Schlacht- und Verarbeitungsbereich.
Das wertvolle Endprodukt – gesundes und gehaltvolles Bio-Fleisch – basiert auf hoher fachlicher Kompetenz und langjähriger Erfahrung auf Gut Darß mit der artgerechten Rinderhaltung im Einklang mit Naturschutz und Landschaftspflege. Das beliebte

Gut Darß GmbH & Co. KG

Am Wald 26
18375 Born a. Darß

Telefon 03 82 34 / 50 60
Telefax 03 82 34 / 50 65 5

Bio-Rindfleisch zeichnet sich durch einen unverfälschten Geschmack von hoher arttypischer Qualität und ein ausgewogenes Fleisch-Fett-Verhältnis aus. Es umspielt mit außergewöhnlicher Zartheit den Gaumen und überzeugt selbst „eingefleischte" Gourmets. Stets isst auch das Auge mit und Essen wird zu einem sinnlichen Erlebnis – da schmeckt dann auch das Fleisch von Gut Darß mit seiner ausgesprochen appetitlichen Farbgebung.

Die Erzeugnisse genießen in Fachkreisen und in der Öffentlichkeit hohe Akzeptanz, namhafte Abnehmer als Markenproduzenten beziehen das Darßer Bio-Fleisch – darunter die Handelskette Edeka Minden. Selbst Babykosthersteller Hipp verwendet es in seinen sensiblen Nahrungsmitteln. Mit einem Paukenschlag ist ein Ruck durch die Fast-Food-Ernährung gegangen, seit Bio-Rindfleisch vom Gut Darß Mac Donalds-Produkte veredelt. Regional direkt vermarktet wird das Qualitätssortiment im angrenzenden Hofladen in Born. Das Angebot nutzen zahlreiche Feinschmecker, Hotels und Pensionen. Ein eigener Lieferservice versorgt die gewerblichen Kunden mit dem gesunden Frischfleisch.

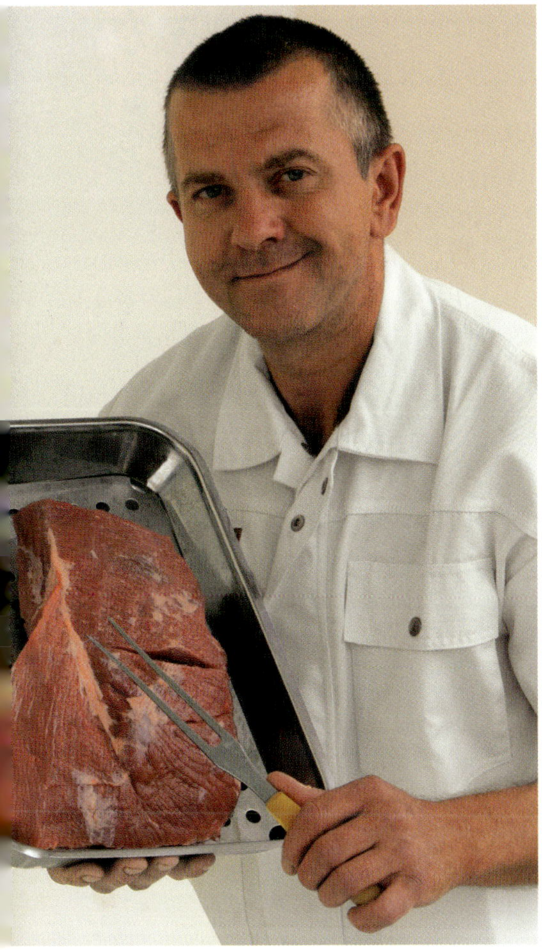

RIBNITZER FISCHHAFEN

Ribnitzer Fischhafen
Marlies Schuchardt

Am See 40
18311 Ribnitz-Damgarten

Telefon 0 38 21 / 39 07 11
oder 81 57 94
Telefax 0 38 21 / 39 07 20

Wer die Ostsee schmecken will, geht in das Ribnitzer Fischhafenrestaurant „Meeresbüfett“. Dort erwartet den Feinschmecker frischer Fisch aus dem Bodden und aus der Ostsee. Der Betrieb in der Bernsteinstadt Ribnitz-Damgarten liefert auch würzigen Räucherfisch aus der eigenen Räucherei. Die offene Küche im Restaurant macht jeden Besuch zum abwechslungsreichen Erlebnis. Unvergleichlich ist der Blick auf Hafen und Ostsee von der weiträumigen Terrasse aus, auf der der Fischgenuss zum kulinarisch-sinnlichen Konzert wird – umgeben von einer vielfältigen und bemerkenswerten Landschaft. Fischfrische in ästhetischer Form – die erleben Feinschmecker an der angeschlossenen „Meerestheke“, die die Regionalprodukte zum Mitnehmen anbietet und der verwöhnte Gaumen wohl kaum widerstehen können.
Essbare Landschaften – das kennzeichnet das kulinarisch-regionale Qualitätskonzept des „Meeresbüfett“, das mit fangfrischen

Fischspezialitäten auch den ausgesprochenen Feinschmecker umschmeichelt. Dahinter steckt die umtriebige Inhaberin Marlies Schuchardt mit ihrem Pioniergeist. Nach ersten Erfahrungen in der Logistik für Fischvertrieb hat sie die Fischerei-Genossenschaft in Ribnitz übernommen. Von Anfang an wollte sie nicht kleckern, sondern klotzen. Seit fünf Jahren dirigiert sie erfolgreich den Fischfang, die Zubereitung, die „Meerestheke“ und das „Meeresbüfett“. „Wir können Freunden des Ostseefischs einen geschlossenen Kreis anbieten – alles aus einer Hand. Fangfrisch vom Wasser auf den Teller“, bringt Marlies Schuchhardt ihre Geschäftsidee auf den Punkt. Dass dabei auch das Ambiente und Flair stimmt, ist für die gebürtige Duisburgerin in ihrem Perfektionsverständnis selbstredend.

Das „Meeresbüfett“ liefert dem Gourmet nicht nur einen traumhaften Blick auf Hafen und Ribnitzer See, sondern auch täglich frisch eingeholte Fischspezialitäten auf den Teller. Die offene Küche im Restaurant gewährt Einblicke in die kreative Zubereitung des leckeren Ostseefisches, kombiniert mit genüsslichen Beilagen wie frischem Gemüse: Dorschfilet angerichtet auf Rahmsauerkraut mit Speck und Zwiebeln zu knusprigen Bratkartoffeln. Die kunstvolle Hausspezialität ist ein Ostseebutt Räuchermeister gefüllt mit hausgeräuchertem Lachs. Mit dem Fischthema harmoniert bestens die ausgesuchte Weinkarte – der Schwerpunkt liegt auf dem Meißener Anbaugebiet mit seinen klassisch frischen Tropfen.

Fisch macht süchtig – jedenfalls im „Meeresbüfett“. Dagegen hilft dann nur ein Einkauf in der „Meerestheke“ nebenan. Dort erfährt der Fischfreund, wie ästhetisch Fisch präsentiert werden kann. Aus den Auslagen springt einem die Frische förmlich ins Gesicht. Dort gibt es alles rund um den regionalen Fisch – vom Matjes über Zander und Scholle bis zum Räucherfisch und feinsten Salaten und Marinaden. Der Catering-Service bringt das Fischvergnügen auch zur Party nach Hause. Das „Meeresbüfett“ besorgt alles selbst rund um den Fisch – vom Fang über die Verarbeitung, Räucherung und Zubereitung. In modern ausgestatteten Betriebsräumen wird der fangfrische Fisch fachgerecht und schnell vorbereitet für die Küche. In der eigenen Räucherei sind absolute Könner am Werk, die die Regionalprodukte zu würzigen Delikatessen erheben. Frischer geht's nicht!

Um ein aufwändig und liebevoll zubereitetes Menü auch tatsächlich zu kulinarischen Tafelfreuden werden zu lassen, dazu bedarf es einer ebenso stimmungsvollen Tischkultur. Frische, hausgemachte, kulinarische und regionale Köstlichkeiten der Jahreszeit sind so individuell wie handgemachte Möbel, edle Tischwäsche, ausgewähltes Geschirr und passende Accessoires. Eine gute Adresse für besondere Tischkultur ist im traditionsreichen Künstlerdorf Ahrenshoop zwischen Bodden und Meer zu finden.

Die edle Bank vor der weißen Holztür mit großen Fenstern lädt ein in den „Wohngarten". Leichtigkeit, Eleganz und Charme versprüht die Ladengalerie mit ihrem Angebot von schlichtem, aber raffiniert gearbeitetem Handwerk, erlesenen Wohnobjekten und sorgfältig arrangierten jahreszeitlichen Dekorationen. Ein ausgeprägtes Gefühl für Ästhetik strahlt der „Wohngarten" aus, ein Name, der gleichsam Programm ist. Die handgefertigten Möbel für Wohnraum und Garten aus eigener Werkstatt und nach eigenen Entwürfen bestechen durch ihren ganz eigenen Stil. Dafür steht der Innenarchitekt und Tischlermeister Bernd Niwa. Zeitlos, funktionell, hochwertig gearbeitet, im schlichten Design, das von großer Hochachtung vor dem Naturwerkstoff Holz zeugt, gehen seine Kreationen eine nahezu perfekte Harmonie mit Accessoires und Interieur ein. Schränke, Stühle, Tische und Bänke für Wohnraum und Garten erhalten einen eigenwilligen Charakter durch Materialkombinationen mit Leder, Bast, Glas oder Eisen. Die handwerklich gearbeiteten dezenten Massivholz-Küchenmöbel bestechen durch perfekt durchdachte und überraschend vielseitige Funktionalität. Hier gehen modernes Design und traditionelles Handwerk eine gelungene Synthese ein.

Gekonntes Design strahlt zurück. Die gestaltende Hand der Designerin Bärbel Dietrich ist überall im „Wohngarten" spürbar, sowohl

Wohngarten
Atelier für Design- & Gartenkunst
Bernd Niwa

Dorfstraße 18
18347 Ostseebad Ahrenshoop

Telefon 03 82 23 / 2 43
Telefax 03 82 23 / 5 93 34

mit dem Meister fachsimpeln. Im Garten lässt es sich gut träumen und das besondere Flair des großen, sorgfältig gestalteten Naturraumes, einer Stilmischung aus Experimentellem wie in Form geschnittenen Bäumen und Buchs, Bäuerlichem wie dem mächtigen Walnussbaum und der Romantik von wildrankenden Efeu an verwittertem Backsteingemäuer, duftendem Lavendel und edlen, pastellfarbenen Blumen genießen.

Wer mag, kann auf der alten wettergegerbten Bank unter der Trauerweide Stille atmen, bei Kaffee und kleinen kulinarischen Köstlichkeiten Inspirationen für das Wohnen drinnen und draußen finden. Auch hier in der weiten Landschaft am Bodden passend zu den schlichten schönen Gartenmöbeln wenige, aber gekonnt arrangierte Objekte – Blickpunkte mit dem Charme des Vergänglichen in Einklang mit modernem Design. Der Garten verwandelt eine ganz gewöhnliche Stunde in Poesie. Für Bärbel Dietrich und Bernd Niwa ist die unerschöpfliche Vielfalt der sie umgebenden Natur im Jahreslauf ein beständiger Kraftquell und Inspiration für ihre Arbeit.

Wie sagte es der indische Dichter und Philosoph Rabindranath Tagore: „Narren hasten, Kluge warten, Weise gehen in den Garten."

in der Ahrenshooper Ladengalerie als auch auf dem ehemaligen Bauerngehöft bei Saal. Bärbel Dietrich und Bernd Niwa haben ihren Traum vom ländlichen Leben, Wohnen und Arbeiten gemeinsam inmitten der reizvollen Boddenlandschaft mit dem weiträumigen Landschaftsgarten und der Tischlerwerkstatt in die Tat umgesetzt. Alljährlich von Mai bis September lädt das kreative Paar an den Wochenenden jene, die Natürliches mögen und einen unverwechselbar eigenen Stil schätzen, zur exklusiven Sommergartenausstellung auf ihren Hof bei Saal ein. Hier ist die nötige Muße, kompetente, individuelle Detaillösungen zu finden – auch bei der Einrichtung von Ferienwohnungen – angefangen von der Farb- und Fußbodengestaltung über die Möblierung bis zu Dekorationsempfehlungen. Interessierte können sich in der Scheunengalerie umfassend beraten lassen,

SUR LA MER

Der Blick kann ungehindert über den Westhafen von Barth vor den Toren von Fischland-Darß schweifen. Aber das neu erbaute Restaurant „Sur la Mer“ von Dana Brasch und Lars Kalisch bietet für die Gäste noch viele andere Annehmlichkeiten. Die geraden, klaren Linien im zeitlos südländischen Stil dominieren die Innenräumlichkeit und sprechen eine Formsprache der sachlichen Schlichtheit, die das Flair der Gestaltung ausmacht. Dazu trägt auch die ungehinderte Aussicht auf den Yachthafen von Barth bei. Die ehemalige Residenzstadt hat ihre Blüte als Standort von Reedereien längst überschritten. Doch für Segler hat das Barther Ufer nicht an Attraktivität eingebüßt, sondern gilt vielmehr als ein Eldorado. Die schnörkellose Formensprache der modernen Inneneinrichtung hat etwas von dem Quantum an Kühle, die unmittelbar anspricht, emotionale Nähe oder einfach Wohlgefühl. Hinter der Schlichtheit verbergen sich schicker Holzparkett-Fußboden, lederbezogene Armlehnstühle und viele kleine Einzeltische, die gemütliche Geselligkeit versprechen. Säulen als dezente Raumstruktur und im hinteren Teil ein Kamin mit gepolstertem Sofa davor unterstreichen nur die vorgefundene Attraktivität.

„Sur la Mer” – der Name lässt schwelgerisch an die mediterranen Füllhornküchen Frankreichs und der Toscana denken. „Sur la mer“ lässt es sich aber auch vom Restaurant oder der Sonnenterrasse aus blicken, bedeutet „mer“ doch auch Wasser, das nur rund 15 Meter entfernt ist, und so die Verbindung zu mediterran-südlichen Gefilden stiftet. Die Bezeichnung ist zugleich kulinarisches Programm. „Wir bieten eine frische Küche, die bezahlbar ist. Vor allem wollen wir unseren Gästen die südliche Mentalität des Genießens und Essens als geselliges Ereignis, als Lebensart und Lebenslust vermitteln – weitab von Alltagshektik”, lässt Lars Kalisch einblicken in die Geheimnisse von „Sur la Mer”.

Das Angebot umfasst jedoch nicht nur Fischrezepte der mediterranen Küche aus Frankreich und Italien oder internationale Fleischmenüs wie Argentinisches Entrecôte mit Dijonsenfsauce auf Ragout von dicken Bohnen und Rosmarinrisotto, sondern auch regionale Gaumenfreuden wie Heringsvariation mit Salat und Bratkartoffeln oder Scholle in Speckbutter. Dabei erwartet den

Restaurant & Pension
„Sur la mer“
Dana Brasch und Lars Kalisch

Am Westhafen 24
18356 Barth

Telefon und Telefax
03 82 31 / 7 75 36

Feinschmecker fangfrischer Genuss – vom Wasser direkt auf den Teller. Danach wird gern der Doppelkümmel „Mann und Fru" angeboten, ein Kümmel aus der Region. Die Einrichtung der Pension offeriert gehobenes Hotelniveau. Der Gast findet alles vor, was er für seinen individuellen Komfort benötigt. Neben Sonnenterrassen gibt es auch ein Zimmer mit Sauna. Wer will da noch in den Süden reisen?

Dorade im Ganzen gebraten mit Passe Pierre, Pfifferlingen und Rosmarinkartoffeln

Zutaten

4 küchenfertige Doraden à 300–400 g
300 g Passe Pierre (Meerfenchel)
300 g Pfifferlinge
4 mittelgroße festkochende Kartoffeln
Rosmarin, Thymian, Knoblauch
grobes Meersalz, grober Pfeffer
2 Zwiebeln, grob geschnitten
2 Zitronen, Olivenöl, etwas Mehl

Die Kartoffeln mit Schale fast gar kochen, dann pellen und längs in Viertel schneiden. Doraden mit einem scharfen Messer zwei- bis dreimal einritzen, mit Zitrone beträufeln, salzen, pfeffern und leicht mehlieren. Olivenöl in einer Pfanne erhitzen und die Doraden darin braten, beim mehrmaligen Wenden ab und zu mit püriertem Knoblauch, Thymian und Rosmarin bestreichen. In einer anderen Pfanne Kartoffeln und Pfifferlinge in Olivenöl anbraten, salzen und pfeffern. Jetzt Passe Pierre und Zwiebeln hinzugeben, Knoblauch und Kräuter hinzugeben. Vor dem Anrichten eine Hand voll Kirschtomaten zerquetschen und unterrühren.

HOTEL SPEICHER

Hotel „Speicher"
Frank Börgert

Am Osthafen 2
18356 Barth

Telefon 03 82 31 / 63-3 00
Telefax 03 82 31 / 63-4 00

Vinetastadt Barth als angeblich sagenumwobene Handelsmetropole und alte Getreidespeicher – beide haben etwas Geheimnisvolles. Das Hotel „Speicher" Barth hat sich einen Hauch dieser Stimmung bewahrt. Das ehemalige Speichergebäude im Osthafen von Barth ist konserviertes Industriedenkmal und außergewöhnliches Vier-Sterne-Hotel zugleich. Den stimmungsvollen Spagat dazu schafft eine bemerkenswerte, mehrfach ausgezeichnete Architektur, die viele bauliche Elemente des funktionalen Speichers in das Umnutzungskonzept pfiffig integriert hat.
Wer das monumentale, Ende des 19. Jahrhunderts erbaute Speichergebäude betritt, gelangt in das weiträumige Restaurant, das durch sein Lofthaus-Ambiente überzeugt. Dort befand sich früher der Abfüllbereich. Erhalten geblieben ist der Charakter der ursprünglichen Konstruktion beispielsweise durch die Wände aus rotem Backstein oder durch die Deckenbalken. Das hat was vom Charme des Althergebrachten. Auch in den Geschossen darüber sind die alten Schüttenwände mit ihrer spezifischen Oberfläche für die Appartements erhalten geblieben. Die signifikanteste architektonische Intervention macht aber das aufgesetzte Dachgeschoss mit zwölf tageslichtdurchfluteten Maisonettes aus, weiterhin ein verglaster Wintergartenbereich, der sich an der Schmalseite des Gebäudes herausschiebt.
„Unser Restaurant mit Wintergarten und rund 120 Sitzplätzen bietet den Gästen das Beste aus den Flüssen und Meeren des Nordens sowie von den fetten Weiden und Feldern Mecklenburg-Vorpommerns. Die Küche bereitet nach regionalen und internationalen Rezepten zu", kündigt Geschäftsführer Frank Börgert an. Dort wird gehobene Gastrono-

mie zelebriert, Flambieren oder Tranchieren machen schmackhafte Menüs zu einem kulinarischen Event der besonderen Art. Dass sich die Küche sehen und schmecken lassen kann, bestätigt nicht nur die Auszeichnung 2003 von Gault Millau, der das „Speicher"-Hotel in seinem Reiseführer für Genießer zu den 500 besten Restaurants der Welt führt. Auch ein konkreter Blick auf die Karte lässt genüssliche Gaumen-Vorfreuden zu. Einem kross gebratenen Boddenzander, auf der Haut gebraten, an jungem Babygemüse, Meerrettichrahm und Schwenkkartoffeln kann wohl kein Gourmet widerstehen. Die Empfehlung des Küchenchefs heißt Achorena Rumpsteak mit Café de paris, dazu grüne Bohnen und Bratkartoffeln.
In der Region weithin bekannt ist das Haus für sein edles und vielfältiges Weinsortiment. Ein südafrikanischer Merlot Saxenburg oder ein Piemonter Barolo Virna Borgognon, der sich am Gaumen mit einem Hauch von Mandeln und Nüssen bemerkbar macht, sprechen für sich. Der urige Weinkeller dazu ist eine Institution, der den richtigen Rahmen liefert für Degustationen und Smoker-Abende.

Das Beste von der Wachtel auf Selleriepüree und jungem Gemüse

Zutaten

2 Wachteln
Röstgemüse (1 Karotte, 1/2 Sellerie, 1/2 Lauch)
Tomatenmark
Rotwein
1 Sellerieknolle, 1 Zwiebel
Weißwein
150 g Butter
Marktgemüse (z. B. Romanesco, Karotten, Zuckerschoten, Cherrytomaten)
200 ml Sahne
2 Blatt Lorbeer, Salz, Pfeffer aus der Mühle
Thymian

Zubereitung

Wachtelbrust und Keule von der Karkasse trennen; Sellerie und anderes Gemüse putzen.
Von den Wachtelkarkassen eine Jus ansetzen. Karkassen scharf anrösten und das Röstgemüse hinzugeben. Leicht tomatisieren und dreimal mit Rotwein ablöschen, mit kaltem Wasser aufgießen und langsam köcheln lassen. Lorbeer und Pfeffer hinzugeben. Nach ca. 1 1/2 Stunde abseihen und die Flüssigkeit einkochen lassen, bis sie bindet.
Sellerie und Zwiebeln in feine Würfel schneiden. Die Würfel zusammen anschwitzen und mit Weißwein ablöschen. Das Ganze bei wenig Flüssigkeit weich dünsten. Zum Schluss einen Schuss Sahne und ein Stück kalte Butter hinzugeben und alles pürieren. Mit Salz und Pfeffer abschmecken. Das Marktgemüse in leichtem Salzwasser blanchieren.
Zum Anrichten durch Butter ziehen und mit Salz und Pfeffer abschmecken. Wachtelbrust und Keule in der Pfanne anbraten und bei geringer Hitze gar ziehen lassen.
Zum Anrichten das Selleriepüree mittig auf den Teller geben. Wachtelkeule und tranchierte Brust ansetzen. Das Marktgemüse ebenfalls anlegen. Zum Schluss die Jus annappieren und mit einem Thymianzweig garnieren.

BADEKULTUR IN VOLLENDETER FORM

Rügen – nicht nur Deutschlands größte Insel, sondern seit eh und je magischer Anziehungspunkt für Sonnenhungrige, Badefreunde, Kulturinteressierte oder Erlebnissucher. Noch heute spürt man in den berühmten Ostseebädern wie Binz oder Sellin der mondänen Badekultur nach, die sich in einer prachtvollen Bäderarchitektur offenbart. Mit Putbus, der Weißen Stadt, ist ein Stück Italien in den Norden gezogen. Die leuchtend weißen Kreidefelsen verewigte der berühmte Landschaftsmaler Caspar David Friedrich in romantischer Sichtweise. Die beiden Leuchttürme am Kap Arkona, das Nationalpark-Zentrum Königsstuhl, die Bernsteinpromenade Göhren oder Schloss Ralswieck sind nur einige von vielen Sehenswürdigkeiten, mit denen Rügen aufwartet und seine Gäste kurzweilig unterhält.

Der frühromantische Maler Caspar David Friedrich, ein Sohn Greifswalds, verewigte 1818 Rügen in Öl auf Leinwand mit dem Werktitel „Kreidefelsen auf Rügen". Noch heute wirkt die Perspektive am Bekanntheitsgrad der Insel, auch wenn sich ihr Nimbus längst popularisiert hat. Besonders Anfang des 20. Jahrhunderts war Rügen als eleganter Badeort der feinen Gesellschaft in aller Munde. Es war schick, dort seine Kur oder seine Badeferien zu verbringen – unter seinesgleichen. Schon lange hat sich Rügen jedoch allen Gesellschaftsschichten geöffnet und ist zu der Badeinsel schlechthin im nordöstlichen Deutschland geworden.

Sellin

Bei Saßnitz

Binz

Sassnitz, Binz, Sellin oder Göhren sind die großen Ostseebäder auf Rügen und besonders für Erlebnishungrige attraktive Anziehungspunkte. Prachtvolle Strandpromenaden, exzellente Gourmetrestaurants, eindrucksvolle Seebrücken, Villen in traditioneller Badearchitektur, luxuriöse Hotels, schöne weiße Strände, buntes Hafenleben und ein breites Unterhaltungsprogramm von Kultur bis Freizeit versüßen dort den Aufenthalt.

Buntes Leben ist überhaupt auf Rügen angesagt. Das Erlebnisspektrum ist breit und reicht vom abgeschiedenen Naturlaub über familiären Badespaß bis zum hippen Eventurlaub all inclusive. Mit der Deutschen Alleenstraße, die in Sellin beginnt, ist Rügen auf naturnahe Weise mit dem Rest von Deutschland verbunden – bis zum Bodensee.

Auch unter Feinschmeckern hat sich Rügen schon seit längerem einen Namen gemacht. Fisch, Wild, Kräuter, Gemüse und anderes Fleisch sind die Zutaten zu köstlichen Eigenkreationen Rügener Cuisiniers. Oft werden die Grundzutaten von Inselbetrieben in Bio-Qualität veredelt. Rügen – frisch wie eh und je.

Binz

Binz

Gingst

Saßnitz

Die Rügener Landschlachterei GmbH
Marcus Bauermann

Hauptstraße 6 b
18528 Gademow/Insel Rügen

Telefon 0 38 38 / 25 19 55
Telefax 0 38 38 / 20 94 95

Ausgeprägte Schinken- und Salamilust bewegt Metzgermeister Marcus Bauermann von der Rügener Landschlachterei in Gademow auf Rügen. Nach der Zeit ungezählter Experimente zählen seine Produkte heute zum Besten, was Deutschlands Wurstmarkt bietet. Vorbild seiner luftgetrockneten Salamis und Schinken ist italienische Machart. Der weiße Edelschimmel als symbolische Identifikation mit den Kreidefelsen Rügens ist das Markenkennzeichen der Landschlachterei.

Als vor sieben Jahren ein ehemaliger Banker und Hobbykoch aus Frankfurt ihn aufforderte, Salami und Schinken mit feiner italienischer Geschmacksnote zu produzieren, sei er angestachelt worden. Denn vermisst habe er auf Rügen die Delikatessqualität. So erzählt Metzgermeister Bauermann von den Anfängen der Landschlachterei, da er zuvor übers Land gezogen war als

Facharbeiter und Repräsentant von Klimatechnik für Lebensmittelhersteller. „Das war für mich eine Herausforderung", bekennt Marcus Bauermann mit verschmitzten Augen, deren Ausdruck vom Zwirbelbart noch unterstrichen wird. Vor allem war sein perfektes Geschmacks- und Qualitätsbewusstsein angestachelt. Seine Suche nach dem italienischen Geschmack auf Rügen erinnerte ihn an einen von ihm besuchten Betrieb bei Gera zu DDR-Zeiten. Die dort hergestellte Exportware hielt seinen Geschmacksansprüchen stand, doch der Betrieb war geschlossen. Der weite Weg zum absoluten Geschmack war gepflastert mit Rückschlägen, trotz des reich angelesenen Wissens und profunder Erfahrungsschätze.

„Meinen Urgeschmack habe ich zunächst mit der Leberwurst im Glas perfekt getroffen. Angerührt nach traditionellen sächsisch heimatlichen Rezepturen mit Majoran und Ingwer", gesteht Bauermann. An diesen Erfolg knüpfte er dann mit seinen luftgetrockneten Salamis und Schinken an. Grundlage seiner unverwechselbaren Geschmacksblüten ist Fleisch von naturbelassener Qualität aus eigener Schlachtung. Sein Geschmacksziel erreicht der findige Wurstmeister durch Erfahrung und handwerkliches Können. Langsames Absenken der Temperatur in den Kühlräumen für langsames Reifen von innen nach außen. Dazu ausgesuchte Rohwürze, verfeinert mit Würzmitteln je nach Geschmack, denn mittlerweile haben die Premiumsalamis nicht mehr nur mediterranes Flair, sondern auch ungarisches oder deutsches. Zu den Spezialitäten zählen beispielsweise die Rügener Süßdoldensalami, verfeinert mit dem Wildkraut Süßdolde, oder die Ummanzer Lammsalami mit ihrem kräftigen Wildaroma. Der natürlich wachsende Edelschimmel wirkt Aroma bildend und intensiviert den Eigengeschmack. Und nur weil die Schinken zu nah an den Salamis hingen, hat sich der Edelschimmel auf sie übertragen und ein qualitätsgesteigertes Zufallsprodukt ergeben. Doch auch die richtige Mischung aus Meer- und Steinsalz – ein gut gehütetes Betriebsgeheimnis – macht die Schinkendelikatesse aus. Darunter der Baron Beitzelscher Landschinken als Edelprodukt schlechthin. Der Jasmunder Hüftschinken ist das zarteste Stück vom Schinken, mild gesalzen und geräuchert. Bis zu drei Jahren reift der Schinken – Bauermanns liebstes Kind. Dann angeschnitten entfaltet er nicht nur sein erdiges Fleischaroma, sondern präsentiert sich von seiner besten Seite – dunkelrot unterbrochen von feinen Fettäderchen. „Spitzenqualität muss nicht teuer sein", vergleicht Bauermann mit Blick auf andere, weniger aufwändig erzeugte Produkte.

STADT PUTBUS

Putbus, selbst Kleinod auf „Deutschlands schönster Insel“ Rügen, wurde 1810 von Fürst Wilhelm Malte zu Putbus zur jüngsten Residenzstadt des Nordens ausgebaut. Die urkundliche Ersterwähnung fällt auf 1253, die Verleihung des Stadtrechtes auf 1960. Die Kommune beeindruckt mit italienischem Flair – ein Steckenpferd des fürstlichen Gründers – das ihr aufgrund der weißen klassizistischen Gebäude vor allem im Stadtkern den Beinamen „Weiße Stadt“ beschert. Den repräsentativen Rosenstöcken davor, ebenfalls eine fürstliche Wunschäußerung, verdankt sie die Bezeichnung Rosenstadt. Das Palais Lottum, das Pädagogium, das Rathaus, das Theater, die Orangerie oder der Schlosspark machen Putbus zu einer städtebaulich bedeutsamen Inselattraktion und zu einem erholsamen Kulturzentrum.

Das aufwändig renovierte Theater in Putbus ist bis heute das einzige auf der Insel und verhilft der Kommune zu dem Titel „Heimliche Kulturhauptstadt der Insel“.

Ohne Zweifel aber wurde in Putbus 1816 das erste Seebad auf Rügen eröffnet. 1818 folgte das zweite als „Friedrich-Wilhelmsbad“ im heutigen Stadtteil Lauterbach.

Am romantischen Schlosspark mit Wildgehege kommt keiner vorbei. Die Orangerie mit ihren Rundbogenarkaden dort ist Zentrum für Ausstellungen und zugleich architektonischer Blickfang.

Das traditionsreiche Erbe von Putbus – dazu zählt ebenso 1866 der Besuch des preußischen Ministerpräsidenten Otto von Bismarck, der dort an der Verfassung des Norddeutschen Bundes arbeitete – bedeutet heute eine Chance für den aufstrebenden Standort von Gewerbe und Wissenschaft.

Stadt Putbus
Putbus-Information

Orangerie/Alleestraße 35
18581 Putbus/Insel Rügen

Telefon 03 83 01 / 4 31
Telefax 03 83 01 / 6 09 63

Im Pädagogium ist ein IT-College unter Beteiligung von Universitäten und Fachhochschulen untergebracht. Der seit 1997 staatlich anerkannte Kurort zieht nicht allein Therapiegäste, sondern auch Urlauber und vor allem Dienstleistungsgewerbe an. Die naturgeschichtlich und kulturhistorisch bedeutsame Insel Vilm, zu Putbus gehörend, ist ein Naturparadies und bildet eine Kernzone im Biosphärenreservat Südost-Rügen. Dort befindet sich auch die Internationale Naturschutzakademie als Teilaußenstelle des Bundesamtes für Naturschutz. „Wir haben in der vergangenen Zeit rund 17 Mio. in nachhaltige Sanierungsmaßnahmen gesteckt, wovon unter anderem der Marktplatz, das Rathaus oder die Alleestraße profitiert haben. Putbus soll Bürgern, Arbeitgebern und Besuchern lebenswert bleiben und allen Anforderungen einer Kommune mit Zukunft gerecht werden", gibt Bürgermeister Harald Burwitz zusammenfassend einen Ausblick.

ANDERS KERAMIK

Anders Keramik
Im Torhaus an der Orangerie

Alleenstraße 35
18581 Putbus/Insel Rügen

Telefon und Telefax
03 83 07 / 4 02 38

Insel Rügen – Synonym für viele schöne Dinge des Lebens.
So auch für die handgefertigten Erzeugnisse aus dem Atelier „anders Keramik“ in der ehemaligen Residenzstadt Putbus. Das Atelier, die Orangerie und der Schlosspark in der „Weißen Stadt“ bilden eine geniale Symbiose des Schönen und des italienischen Flairs. War es doch Fürst Wilhelm Malte zu Putbus, der mediterranes Ambiente in die Rosenstadt brachte. Die Keramikgestalterin Johanna Knull erinnert mit den Motiven und Farben ihrer Gebrauchs- und Kunstkeramik noch heute daran.
Die unmittelbare Nähe zur Orangerie im Schlosspark ist der handwerklich arbeitenden Künstlerin dabei sehr willkommen. Schon die Architektur des 1824 errichteten fürstlichen Treibhauses mit seinen Rundbogenarkaden und Pilastern bietet dem Auge des Betrachters Ästhetik pur. Sie setzt sich im Innern des ehemaligen Gewächshauses fort, das 1996 zum Ausstellungszentrum der Insel Rügen erhoben wurde. Gegenwärtig sind dort „Schätze aus dem Schloss Putbus“ als Jahressonderausstellung 2005 zu bewundern.
Sozusagen als Pendant befindet sich gegenüber im Torhaus das Atelier „anders Keramik“. Dort entstehen zeitgemäße Gebrauchskeramik und künstlerische Unikate auf der Töpferscheibe und in filigraner Handarbeit. Mit der Fayence-Technik, benannt nach dem mittelitalienischen Ort Faenza südlich von Florenz, stiftet die Keramikkünstlerin wiederum eine Verbindung zu Italien.
„Meine bevorzugten Dekormotive sind Zitronen und Orangen“, erläutert die Künstlerin.

Damit baut sie eine weitere Brücke vom nördlichen Putbus an der Ostsee in das mediterrane Italien – dort wo die Zitronen blühen. Über den dominierenden Grundton Gelb hinaus versprühen die Gegenstände in ihrer üppigen Farbigkeit und Formenvielfalt einen heiteren Charme. Hierbei ist das Sprichwort: „Das Auge isst mit“ wörtlich zu nehmen – ein Service von „anders Keramik“ ziert jedes Menü und erhebt es zu einem Erlebnis der Sinne in besonderer Weise.

RÜGENER INSELFRISCHE

Rügener Inselfrische
Molkerei-Naturprodukt GmbH
Rügen

Poseritz-Hof 15
18574 Poseritz/Insel Rügen

Telefon 03 83 07 / 4 04 29
Telefax 03 83 07 / 4 04 02

Die Inselfrische von Rügen einfangen – das hat sich die dortige Molkerei-Naturprodukt GmbH zur Aufgabe gemacht. Weite Feld- und Graslandschaften, immer eine frische Brise, genau die richtigen Bedingungen für das Motto „Rügener Inselfrische". Der handwerkliche Produktionsbetrieb hat sich der Herstellung von tagesfrischen Milch- und Sanddornprodukten verpflichtet.

„Naturbelassenheit, Frische, arttypischer Geschmack und gesunde Nahrungsmittel – das sind Merkmale, die wir uns auf die Fahne geschrieben haben. Grundlage dafür ist die tagesfrische Qualitätsmilch eines ortsansässigen Landwirtschaftsbetriebs und Früchte regionaler Erzeuger. Die Rezepturen dazu sind in unserem Hause entwickelt worden", erläutert Geschäftsführerin Dr. Sylva Rahm-Präger.

Die gehaltvolle Frischmilch macht den Geschmack. Weiterverarbeitet zu Quark, Joghurt und Frischkäse, veredeln natürliche Zutaten sie zu schmackhaften Endprodukten. Der frische Naturjoghurt in cremig-milder Geschmacksvariante ist nicht nur in der Sommerzeit eine Wohltat. Die Dessertspezialitäten sind aus frischem Joghurt und Quark angemacht, dazu werden Vanille, Sanddorn oder Früchte eingerührt – und ergeben so ein Natur-Dessert in der gleichen mild-cremigen Gaumen-Qualität.

Das Highlight im Sortiment sind die deftigen Käsebällchen aus Frischkäse, an die sich gewürztes Öl gesellt. Je nach Geschmack gibt's dazu Kräuter, Knoblauch, Bärlauch oder Paprika und Tomate. Eine wirklich gediegene, aber kraftvolle Delikatesse aus der Region, besonders zu knackigem Salat, frischem Brot oder saftigen Tomaten.
Aus der Molkerei kommen aber auch verschiedene Gelees und Fruchtaufstriche in den Geschmackssorten Sanddorn, Holunder und Traubenkirsche. Der geringe Zuckeranteil und die vielen natürlichen Vitamine folgen dem Trend gesunder Ernährung und machen sie zu echten Wellnessköstlichkeiten, zum Naschvergnügen ohne Reue. „Quarkfrisch" ist die Neuheit unter den Naturprodukten der Molkerei – die gesündere Antwort auf Eis. Die vollmundige Quarkspeise wird kreativ angereichert mit Vanille, Kiwi, Banane und anderen Saisonfrüchten und erlangt so ihren unverwechselbaren, eben frischen Geschmack.
Die Herstellung aller Molkereiprodukte ist aufwändig – Frischmilch aus kontrolliert überschaubaren Herden, traditionelle und bewährte Herstellungsverfahren oder Feinabstimmung der milden Kulturen für Quark und Joghurt sind nur einige Merkmale davon. Die Molkerei ist nach EU-Richtlinien zugelassen und arbeitet nach dem anerkannten HACCP-Konzept zur Qualitätskontrolle. Die Mehrwegbehältnisse berücksichtigen einen relevanten Umweltaspekt im Vertrieb. Der hohe Nutzen wertvoller Produkte für die Verbraucher steht dem guten Marktimage und der unternehmerischen Wertschöpfung gegenüber. Die Molkereiprodukte gelangen in ausgesuchte Hotels, Cafés, Lebensmittelgeschäfte und an Großabnehmer aus der näheren und weiteren Umgebung.

DIE STRANDHALLE

Die Strandhalle an der Binzer Strandpromenade auf Rügen gehört zu dem Ostseebad wie die dortigen prachtvollen Häuser in bemerkenswerter Bäderarchitektur mit dekorativen Ornamenten, Erkern und Türmchen. Schon der erste Blick in die in gleicher Gestaltungssprache gehaltene Strandhalle – ehemals genutzt als Unterstellplatz für Strandkörbe – macht deutlich warum. Chef- und TV-Koch, Betreiber, Kunstflieger und unikater Tausendsassa Toni Münsterteicher hat dort ein harmonisches Sammelsurium alter Möbel und Gegenstände zusammengestellt – ein Gefühl wie in Omas gemütlicher Wohnstube kommt auf. Dazu überzeugt seine Küchenkunst, die vor allem auf regionale Produkte und Zubereitung setzt.
Wer die Strandhalle in Binz betritt, atmet noch die wechselvolle Vergangenheit des schwedischen Holzhauses – im Laufe der Zeit diente es als Sommertanzpalast, Lager und Kantine. Toni Münsterteicher hat daraus mit viel Eifer eine bekannte Adresse für gute, bodenständige Küche im Ostseebad Binz gemacht. „Das Außergewöhnliche an der ehrlichen Küche sind nicht die kostspieligen, sondern die kostbaren und einfachen Produkte“ – so das Credo des ambitionierten Kochkünstlers. Der Ostwestfale hat es aber auch auf die Küche in Mecklenburg-Vorpommern gemünzt, die er als gediegen und Kraft spendend einschätzt und auch so realisiert. Münsterteicher erhebt einen heimischen Zander zu einem Boddenzander, auf der Haut gebraten, zu dem sich grüner Meerrettich-Schaum auf Blattspinat und Moorkartoffeln gesellt. Aus Lammfleisch zaubert er getrüffeltes Gulasch, verfeinert mit Thymian, dazu harmonieren selbst gemachte Pommes und Backpflaumen im Bierteig gebacken. Dennoch, die „groß-bürgerlichen Portionen aus der fein-bürgerlichen Küche bleiben zu klein-bürgerlichen

Die Strandhalle
Toni Münsterteicher

Strandpromenade 5
18609 Ostseebad Binz/Insel Rügen

Telefon und Telefax
03 83 93 / 3 15 64

Preisen" erschwinglich, so der Münsterteicher Originalton.
Als Eurotoques-Chef, der unabhängigen Verbraucherinitiative für gesunde Ernährung mit natürlichen Lebensmitteln, achtet er dabei auf Frische und regionalen Bezug der Nahrungsmittel.
Der passionierte Kunstflieger und VKD-Küchenmeister legt Wert darauf, dass sich seine Gäste in der über 100-jährigen Strandhalle wohlfühlen. Speisen als sinn-reiches Erlebnis – die gediegene Küche und das originelle Ambiente geben den richtigen Rahmen ab für nachhaltigen Genuss, so wie es sich der gastgebende Chef des Hauses als Slow-Food-Mitglied auch wünscht.
Das reichhaltige internationale Wein- und Barsortiment vom französischen Cognac bis zum Rügen Royal Sekt mit Sanddorn lässt sich durch Münsterteichers Mitgliedschaft in der Sommelier-Union Deutschland erklären. Liebhaber von flüssigen Köstlichkeiten kommen in der Strandhalle „voll" auf ihre Kosten. Der TV-Koch mit eigener Sendung „Tonis Esszeit" empfiehlt einen Apfelschnaps von Obst aus Rügen ... und das renommierte Magazin „Der Feinschmecker" die Strandhalle als eines der besten Restaurants auf Rügen.

Binzer Kräuterfisch Ostseedorsch unter Kartoffel-Salbei-Kruste auf Wittower Minzgemüse mit Senf-Basilikumsauce

Zutaten

1/2 Kopf Wirsing
1 Zwiebel
1 Möhre
70 g Butter
0,1 l Wasser
0,3 l Sahne
Salz, Pfeffer
Muskat
Minze
2 Ostseedorsche
1 Zitrone
Mehl
2 EL Butterschmalz
400 g Kartoffeln
Salbei
4 Schalotten
Zucker
0,2 l trockener Riesling
0,1 l Noilly-Prat
1 EL grob gekörnten Senf
Balsamico-Essig

Zubereitung

Zwiebel würfeln, in Butter anschwitzen; in Streifen geschnittenen Kohl dazugeben, dann mit Wasser ablöschen. In Streifen geschnittene Möhren dazumischen, wenn das Wasser fast verdunstet ist, dann Sahne zufügen. Abschmecken mit Salz, Pfeffer und Muskat. Geschnittene Minze kurz vor dem Servieren dazugeben.
Filetierte Fische salzen und mit Zitronensaft marinieren. Geriebene Kartoffeln leicht ausdrücken, mit Salz und Muskat würzen. Fein gehackten Salbei untermischen. Filet beidseitig in Mehl wenden und eine Seite mit Kartoffeln leicht beschichten. Diese Seite zuerst lange in Butterschmalz braten, dann die andere Seite garen.
Fein gehackte Schalotten mit einer Prise Zucker in Butter anschwitzen, mit Riesling oder Fischfond ablöschen und reduzieren. Noilly-Prat dazugeben und reduzieren, mit Sahne oder Crème Double auffüllen, reduzieren bis zur sämigen Konsistenz. Sauce durch ein Sieb passieren. Senf mit Basilikum kurz vorm Anrichten untermischen. Mit Salz, Pfeffer und Balsamico-Essig abschmecken.
Fisch auf Wirsing-Sockel anrichten, mit Sahne umgießen und mit allen verwandten Kräutern dekorieren.

RESTAURANT MÜNSTERTEICHER

Restaurant Münsterteicher
Toni Münsterteicher

Strandpromenade 17–18
18609 Ostseebad Binz/Insel Rügen

Telefon 03 83 93 / 1 43 80
Telefax 03 83 93 / 1 42 09

Das Restaurant „Münsterteicher" an der Strandpromenade im Ostseebad Binz auf Rügen trägt nicht nur die gastronomische Handschrift des Wirtes und Chefkochs, sondern ganz offensichtlich auch seinen Namen. Das Schwerpunktthema seiner Küche heißt Steaks, Pasta und Wein. Toni Münsterteicher hat sich bereits mit der „Strandhalle" und seinem Konzept der „fein-bürgerlichen Küche zu klein-bürgerlichen Preisen" seit 1996 einen Namen auf der Insel gemacht.
Wer ihm nur eine halbe Stunde zuhört, ist beeindruckt von der Umtriebigkeit und Energie dieses Menschen. Ruhig sitzen und die Hände in den Schoß legen ist nichts für Toni Münsterteicher. Er ist ein gestandener Tausendsassa, ohne sich jedoch zu verlieren oder oberflächlich zu sein. Der Luftakrobat wirbelt nicht nur mit seiner alten „Saab Safir" allerlei Figuren in die Luft, sondern rührt auch kräftig in den Kochtöpfen. Dabei bleibt VKD-Küchenmeister Münsterteicher sozusagen immer auf dem gastronomischen Boden. „Carpaccio von der Babyerbse an Port au Feu von der Zwergwachtelkeule" nennt das Slow-Food-Mitglied ein affiges Getue. „Das ist dem Mecklenburger in der Küche fremd und hat hier keinen Bestand", ist die kulinarische Bodenständigkeit herauszuhören. Diese pflegt er auch im Münsterteicher. Das dort verwendete Fleisch stammt ausschließlich von der Insel Rügen, ist „strengstens kontrolliert und entspricht einem extrem hohen Qualitätsstandard", versichert der Chef des Hauses; als berufenem Eurotoques-Chef sind ihm diese Prinzipien zugleich Pflicht. In der Küche veredelt Toni Münsterteicher das hochwertige Rohprodukt zu Rinderfilet auf Ochsenschwanzragout mit Trüffelbutter und Moorkartoffeln. Das Beste vom rauwolligem pommerschen Landschaf komponiert er zur geschmorten Haxe, zum rosa gebratenen Rücken und zur Lammwurst mit Lavendeljus, Kartoffelgratin und grünen Bohnen. Münsterteicher schaut aber auch über den

regionalen Tellerrand. Seine Nudelgerichte sind weit über die Insel Rügen hinaus bekannt und richten sich an den Liebhaber feiner mediterraner Küche – eine gewollte Alternative zum verbreiteten Fischangebot auf der Insel. Ein Schwerpunkt der Rezepte dazu ist die geniale Phantasie des TV-Kochs. Spaghetti werden bei ihm geadelt durch gebratene Salbeiblätter in brauner Butter und italienischen Parmesan. Ein Blick in die Weinkarte eröffnet Vielfalt und entzückt den Kenner edler Tropfen.

„Die Mecklenburgische Küche war von jeher durch die Nähe des Meeres und die Weiträumigkeit der Felder geprägt", ist keine Landschaftsbeschreibung des Küchenmeisters, sondern eher der dezente Hinweis, dass es auch eine kleine Auswahl an heimischem Fisch gibt im „Münsterteicher" – nach dem Motto „Fangfrisch auf den Teller". Dass kulinarische Frische und Qualität erschwinglich sein können, davon ist überzeugt, wer das „Münsterteicher" nach einem ausgiebigen Genuss-Aufenthalt verlässt.

Lothars Leibgericht: Frischer Ostseedorsch von der Gräte gerupft unter Stampfkartoffeln und Erbsen gehoben, mit geschmorten Butterzwiebeln serviert

Zutaten

1/2 kg Poseritzer Kartoffeln (mehlig kochend)
gemischte Gartenkräuter nach Angebot
1 Stich Butter
etwas Milch
Salz
Pfeffer
Muskat
Kümmel
2 Äpfel
2 Ostseedorsche
Weißwein
Wasser
Zitrone
Salz
6 mittelgroße Zwiebeln
100 g Butter
Salz, Pfeffer

Zubereitung

Die ungeschälten Kartoffeln in Salzwasser mit Kümmel gar kochen, etwas abkühlen lassen, pellen und mit den gehackten Kräutern, der Butter, der heißen Milch und den Gewürzen grob zerstampfen. Die Erbsen pulen und kurz blanchieren. In der Zwischenzeit den Dorsch ohne Kopf und Schwanz in mit Salz, Zitrone und Weißwein aromatisiertem Wasser pochieren. Anschließend von der Gräte rupfen und unter die Kartoffelmasse heben. Die Zwiebeln pellen, halbieren und in Scheiben schneiden. In der Butter braten, würzen und über das Leibgericht geben – servieren. Zum Essen empfiehlt Chefkoch Münsterteicher den sortenreinen Apfelbrand aus Lieschow.

HOTEL-PARK AMBIANCE

Hotel-Park Ambiance
Rugia Touristik GmbH
Stefan von Heine

Wilhelmstraße 34
18586 Ostseebad Sellin/Insel Rügen

Telefon 03 83 03 / 1 22-0
Telefax 03 83 03 / 1 22-122

Kulinarisch nur „Das Beste von Rügen" ist das erklärte Qualitätsziel des Hotel-Parks Ambiance an dem Prachtboulevard Wilhelmstraße im Ostseebad Sellin. Stefan von Heine, Hotel- und Küchendirektor des Vier-Sterne-Hauses, steht innerhalb des Vereins Rügen-Produkte e.V. der Zertifizierungskommission vor, die hochwertige einheimische Produkte als das „Beste von Rügen" prämiert. Er selbst verbindet diese Produkte mit mediterraner Kochkunst und einem kulinarischen Hauch Asiens. Das Privathotel zählt zu den besten Adressen Rügens und zu den professionellen Wellnesshotels Deutschlands. Mit diesem Profil prägt es das Bild von der schönsten Insel Deutschlands, die ihrerseits mit einer einzigartigen Natur- und Kulturlandschaft ihren Gästen aufwartet.
Seit 2002 ist der exquisite Ruf des renommierten Hotel-Parks Ambiance mit dem Küchen- und Hoteldirektor Stefan von Heine verbunden. In seiner wechselvollen Funktion – häufig tauscht er Kochjacke gegen Anzug und umgekehrt – zeichnet er für die Qualität des Hauses, ein Gebäudeensemble aus fünf Villen in typischer Bäderarchitektur, verantwortlich, das von Gault Millau 2005 die zweitbeste Bewertung „Luxus" und weitere Auszeichnungen von dem etablierten Magazin „Der Feinschmecker" erzielte. Das Gütesiegel „Viabono" bescheinigt dem umweltbewussten Hotelbetrieb gastronomische Vielfalt und Regionalbezogenheit.
Von Heine greift auf regionale und jahreszeitlich übliche Produkte zurück wie Käse vom Hofgut Bisdamitz oder Milchprodukte von der Molkerei Poseritz. Auf der Speisekarte gehört die Entenbrust zum „Besten von Rügen". Stefan von Heine schätzt daran das sehr zarte Fleisch, die schöne Fleisch-

faserung und den arttypischen Geschmack. „Lebensmittel mit diesem Gütesiegel wurden von einem neutralen Labor lebensmittelchemisch untersucht," erläutert der Küchenchef. Selbstverständlich werden auch internationale und ausgefallene Gerichte serviert.

Rügen-Spezialitäten präsentieren sich als „essbare Landschaften" und zählen zum Standard der Geschmacksimpressionen in den Restaurants Ambiance, Clou und Le Jardin, die vom Feinschmecker, vom Varta-Führer und Schlemmer-Atlas gewürdigt wurden.

In der Kreativküche werden hausgeräucherte Stremelchen mit einer Vinaigrette aus Ingwer und Sanddornbeere veredelt. Eine Kartoffel-Steckrüben-Suppe wird geadelt durch Backpflaumen und feinen Speck oder Lachsforelle wird auf getrüffelten Kartoffelschnee gebettet. Kuchen und Torten aus der hauseigenen Pâtisserie bis hin zu Destillaten komplettieren das Sortiment an regionalen Speisen und Getränken. Im Weinkeller lagern deutsche und internationale Kreszenzen aus Toplagen. Die drei Restaurants verwöhnen Freunde der feinen Küche mit gepflegter Tafelkultur, deren Niveau zusätzlich vom sanften Gelb der lichtdurchfluteten Räume unterstrichen wird.

Einen ähnlichen Hochgenuss bietet die übrige Ausstattung des Luxushotels mit seiner modernen Bade- und Wellnesslandschaft, seinen stillvoll eingerichteten Komfortzimmern oder seinen exklusiven Arrangements und anderen Wohlfühlangeboten.

Dialog von Kalbsfilet mit Zander an mediterranem Gemüse

Zutaten

800 g Kalbsfilet, pariert
500 g Zanderfilet o. Gräten
2 Bund Frühlingszwiebeln
2 Bund Minimöhren
1 Staudensellerie
500 g Spargel
250 g Pilze
500 g Kartoffeln
1,5 l Grundfond vom Kalb
0,5 l Rotwein
100 g Zucker
4 cl Balsamicoessig, dunkel
1 Bund Rosmarin + Thymian
Salz, Pfeffer

Zubereitung

Kalbsfilet (150–180 g/Person) und Zander (100–120 g/Person) portionieren. Kartoffeln kochen. Möhren, Spargel und Staudensellerie in Salzwasser nach und nach blanchieren. Zucker karamellisieren und mit Balsamico, Rotwein und Grundfond ablöschen. Alles auf die Hälfte reduzieren und mit Rosmarin und Thymian verfeinern. Gewürztes Kalbsfilet beidseitig scharf anbraten und im vorgeheizten Ofen bei 180 °C ca. 12–15 Minuten garen. Zander beidseitig scharf anbraten und im Ofen ca. 6 Minuten garen. Gemüse mit aufgeschäumter Butter erhitzen und abschmecken. Kartoffeln anbraten und mit Rosmarin, Thymian, Salz und Pfeffer würzen. Alle Komponenten auf dem Teller anrichten.

HAUS LINDEQUIST

Restaurant und Hotel
„Haus Lindequist"
Familie Caprivi-Barzaghi

Von-Lindequist-Weg 1
18586 Sellin-Baabe/Insel Rügen

Telefon 03 83 03 / 95 00
Telefax 03 83 03 / 9 50 35

Haus Lindequist in Sellin verbreitet eine italienische Brise auf Rügen. Die historische Strandvilla mit Restaurant und Hotel liegt nur wenige Meter vom Strand entfernt, im Schutz der Dünen, umgeben von alten Kiefern, Buchen und Eichen. Ein idealer Platz, um das dolce vita auf der schönen Insel in Mecklenburg-Vorpommern zu erleben und zu genießen. Das traditionsreiche Ostseebad Sellin bietet dazu die nötige Kurzweil – Häuser in prachtvoller Seebad-architektur in der Wilhelmstraße, die alte Seebrücke oder weitere kulturelle Freizeit-angebote. Dabei hat es sich das Restaurant „Taverna" im Haus Lindequist zur Aufgabe gemacht, die kulinarischen Genüsse aus der mediterranen Küche Italiens auf raffinierte Weise zu interpretieren.

„Ich als Italiener ärgere mich, wenn ich im Ausland schlechtes Essen als cucina tipica italiana vorgesetzt bekomme. Dort wird größtenteils entweder nur die alta cucina, also die hohe Küchenkunst, oder die miserable angeboten", erklärt sich Juniorchef Carlo Barzaghi. Das klingt wie ein Programm und ist es auch. Er und seine Familie wollen auf der Insel Rügen den Gourmets einmal zeigen, was kulinarische Mittellage und damit gutbürgerliche Gastronomie- und Küchenkultur in gehobener Qualität aus Italien bedeutet. Das Land, wo die Olivenbäume gedeihen, ist also gar nicht so weit weg von Rügen – kulinarisch wenigstens.

Im Restaurant „Taverna" wird dann nicht nur Qualität, sondern auch die kreative Vielfalt der römischen Küche gepriesen und liebevoll angerührt. Cipolle ripiene ist so ein köstliches Gericht, das Zwiebeln zur Grundlage hat, gefüllt mit Eiern, Parmesan und Rosinen – eine interessante Geschmackskomposition. Nicht weniger raffiniert sind die hausgemachten Agnolotti – Ravioli nach Piemonter Art, gefüllt mit Fleisch und Spinat. Im Ausprobieren, im Experimentieren fühlt sich Küchenzauberer

Erasmo Fiorentino, Herr über Kochtöpfe und Team, wohl. Der Apulier versteht den kulinarischen Geniestreich, trendige und traditionelle Rezepte unter einen Hut zu bringen, ohne dass die genüsslichen Kompositionen an authentischem Geschmack verlieren. Die Innovationsküche der Taverna ist dann auch Ausgangspunkt für eine Entdeckungsreise durch das Schlemmerland Italien. „Unsere Karte wechselt regelmäßig. Dabei wird jedes Mal eine andere Region unserer Heimat vorgestellt – mit dem entsprechenden Wein", erläutert der Juniorchef des Hauses den Erlebnisfaktor in der Taverne. Da geht's dann mit Tintenfisch, gefüllt mit Semmelbröseln, Sardellen, Petersilie und Olivenöl, hinunter zur sizilianischen Südspitze. Ausgesuchte Weine von der Apenninenhalbinsel runden die Gaumenfreuden ab – selbst für verwöhnte Weinkenner.
Wer es bedauert, nach einem solchen Hochgenuss das Haus Lindequist wieder verlassen zu müssen, kann sich in eines der stilvoll eingerichteten Pensionszimmer einmieten. Erholen lässt es sich ebenso im hauseigenen Dünengarten mit dem Außenrestaurant „Absurdum" oder am Privatstrand.

Ravioli gefüllt mit Pilzen an Cherry-Tomaten-Salbei-Sauce

Zutaten

Füllung:
600 g Champignons
100 g getrocknete Steinpilze
2 Knoblauchzehen
1/2 Glas trockener Weißwein
frische Petersilie
extra-natives Olivenöl
Salz und Pfeffer
1 Ei
50 g Parmesan, 30 g Pecorino

Teig:
400 g Mehl, 3 Eier

Sauce:
25 Cherry-Tomaten,
1/2 Zwiebel, einige Blätter Salbei, etwas Brühe,
1 TL Butter, 20 g extra-natives Olivenöl

Zubereitung

Aus Mehl und Eiern einen glatten Teig kneten und 1 Stunde ruhen lassen. Getrocknete Pilze einweichen. Champignons in dünne Scheiben schneiden. Öl in einer Pfanne erhitzen. Knoblauchzehe hinzufügen und entfernen; sobald diese goldbraun wird. Eingeweichte Pilze abtropfen lassen, dabei das Wasser auffangen. Frische und abgetropfte Pilze in die Pfanne geben. Etwas Abtropfwasser dazu geben; dabei darauf achten, dass kein sandiges Wasser in die Pfanne kommt. Kräftig umrühren und auf hoher Flamme kochen lassen. Mit Wein ablöschen und auf kleiner Flamme solange kochen, bis das Wasser verdunstet ist. Mit Salz und Pfeffer abschmecken und mit einem Mixer bzw. Pürierstab pürieren. Ei, Parmesan und Pecorino, die zweite Knoblauchzehe und die fein gehackte Petersilie hinzufügen.
Die Teigmasse auf einem Holzbrett (oder mit der Nudelmaschine) zu 10 cm breiten Streifen ausrollen. Darauf die Füllung in kleinen Häufchen in regelmäßigem Abstand von ca. 7 Zentimetern setzen, einen weiteren Teigstreifen darüber legen und an den Seiten gut andrücken. Danach den Teig mit einem Messer oder Nudelrad in viereckige Ravioli schneiden.

Für die Sauce Butter und Öl in eine hohe Pfanne geben und darin die fein geschnittenen Zwiebeln anbraten. Salbei und etwas Brühe dazugeben. Die Zwiebeln glasig dünsten. Die in kleine Würfel geschnittenen Tomaten zufügen und alles einige Minuten kochen lassen.
In einem Topf Salzwasser zum Kochen bringen, Ravioli hineingeben und 5 bis 10 Minuten bei kleiner Flamme ziehen lassen; abgießen.
Auf einem Teller einige Ravioli verteilen, Sauce dazugeben und nach Belieben mit Parmesan und Pecorino verfeinern. Mit Salbei oder Petersilie und den restlichen frischen, geviertelten Cherry-Tomaten dekorieren.

RESTAURANT CASPAR'S

Sie haben nur noch Zeit für einen Snack im Stehen? Im Caspar's kein Problem: Neben dem SB-Bereich warten ein gemütliches Restaurant mit 75 Sitzplätzen und die herrliche Sonnenterrasse auf Sie. Und die Küche zaubert, was die Insel so bietet, kurz gesagt: Das Beste von Rügen. Das Restaurant „Caspar's" im Zentrum Königsstuhl des Nationalparks Jasmund auf Rügen gehört zum renommierten Hotel-Park Ambiance unter der Leitung von Hotel- und Küchendirektor Stefan von Heine. Das neue Nationalpark-Zentrum Königstuhl, wenige Meter vom Wahrzeichen der Insel Rügen, dem Königstuhl, inmitten von Rotbuchenwäldern, Wiesen und Mooren, umgeben vom Tiefblau der Ostsee, erwartet Sie mit einer spektakulären Natur-Ausstellung und Multivisionsschau. Ein emotionales Erlebnis für Jung und Alt, ein Abenteuer Natur mit interaktiven Ausstellungsstücken an Bildschirmen und Aquarien, wozu das Caspar`s das kulinarische Vergnügen liefert. Regional, ökologisch, biologisch – zum Genießen! Speisen und Relaxen in angenehmer Atmosphäre, dazu preiswert und familienfreundlich sein, das ist das erklärte Motto im Caspar's. Stefan von Heine und sein Team sprechen mit der Erlebnisgastronomie viele Freunde des guten Geschmacks an – vom Wanderer mit Snack und Imbiss bis zum Gourmet. Im neuen, frisch eingerichteten Restaurant bietet die Speisekarte

Restaurant Caspar's
im Nationalpark-Zentrum
Königsstuhl
Rugia Touristik GmbH
Stefan von Heine

Stubbenkammer 2
18546 Saßnitz/Insel Rügen

Telefon 03 83 92 / 6 79 57
Telefax 03 83 03 / 6 79 58

eine leckere Auswahl an verschiedenen Inselköstlichkeiten, beispielsweise vom Hofgut Bisdamitz und der Molkerei Poseritz, zum Teil vor den Augen des Gastes zubereitet. Das Logo „Regionale Esskultur“ würdigt das Engagement von Caspar's, seinen Gästen vor allem regionaltypische Speisen zu bieten. Das gleichnamige europaweite Projekt hat es sich zur Aufgabe gemacht, regionaltypische und in der Region erzeugte Produkte zu fördern, weiterzuentwickeln und besser zur vermarkten.

Manche nennen sie den „Balkon von Rügen" – die herrliche Sonnenterrasse des Nationalpark-Restaurants Caspar's, für dessen Namen der große romantische Maler Caspar David Friedrich Pate steht und dessen berühmtes Gemälde „Kreidefelsen auf Rügen" gerade dort entstanden sein könnte. Fischbrötchen, knackfrische Salate oder leckere Torten sind die kulinarischen Hauptdarsteller der köstlichen Kleinigkeiten, daneben genießen Sie erlesene und phantasievolle Caspar's-Spezialitäten – wie Meeresrauschen, ein leckeres Brötchen mit geräuchertem Stremel in Sanddorn-Honigglasur. Lassen Sie dort einen erlebnisreichen Tag ausklingen, genießen Sie als Wanderer, Nationalpark-Besucher oder als Gourmet die Ruhe, die abends am Königsstuhl einzieht und erleben Sie spektakuläre Sonnenuntergänge von der Terrasse des Caspar's aus.

Das innovative Restaurant bietet aber weit mehr. In der Kochschule werden die großen und kleinen Gäste in die Geheimnisse der Kochkunst des Hotel-Park Ambiance und von Caspar's eingeweiht. Das Zertifikat Viabono ist eine neue Umweltdachmarke für natürliches Reisen und steht für kulinarische Vielfalt, beispielsweise mit regionalen Bioprodukten, verbunden mit Erholung und Erlebnis, Natur und Gesundheit. Lustvoll schlemmen im Caspar's liefert Vitalität rundum – ein Besuch lohnt allemal.

Caspar's Burger

Zutaten

4 Sesambrötchen
600 g Rindersteak
150 g Zwiebeln
Salz, Pfeffer
2 EL Senf
1 Bund Schnittlauch
1 Bund Thymian
150 g geröstete Weißbrotwürfel
4 Eier
1 kl. Kopf Weißkohl
2 kl. Zwiebeln
4 cl Essig
6 cl Öl
4 EL Sahnemeerrettich
Salz, Zucker, Pfeffer

Deko:
1 Kopf Salat
4 Tomaten
200 g Kräuterschmand
1 Glas Cornichons, klein

Zubereitung

Weißkohl vierteln, in Streifen hobeln, mit Salz, Pfeffer, Essig, Öl und Sahnemeerrettich marinieren und durchkneten. Zwiebeln fein würfeln, Schnittlauch fein schneiden. Rinderhack mit

Salz, Pfeffer, Zwiebeln, Schnittlauch, Senf und Eiern vermengen, abschmecken und ziehen lassen. Weißbrot ohne Rinde würfeln und in Butterschmalz mit Thymian rösten. Abtropfen lassen, zum Rinderhack dazugeben, durchmengen und abschmecken. Diese Masse in Bouletten (à 150 g) formen, beidseitig anbraten und im vorgeheizten Ofen bei 180 °C ca. 6 Minuten garen. Sesambrötchen halbieren und beidseitig toasten. Mit Kräuterschmand bestreichen und mit Salat, Tomaten und Krautsalat belegen. Rinderhacksteak und Cornichonscheiben zwischen die Brötchenhälften legen und auf einem ausgarnierten Teller anrichten.

RÜGENER INSELLAMM RUDENLAMM

Rügener Insellamm
Rudenlamm
Nils-Torsten Volk

Försterei 14
18586 Göhren/Insel Rügen

Telefon 03 83 08 / 66 68 88
Telefax 03 83 08 / 66 68 82

Ob die Schafe von Nils-Torsten Volk die Bootsfahrt auf die alte Lotseninsel Ruden vor Rügen genießen? Auf alle Fälle genießen die Rauwolligen Pommerschen Landschafe auf dem Eiland das freie und wilde Leben. Und das natürliche Futter dort. Das Pflanzenangebot auf dem Inselfleckchen ist einmalig und macht auch den besonderen Geschmack der Rudenlämmer aus, den Feinschmecker so schätzen. „Wobei sie Hagebutten- und Brombeersträucher ganz besonders mögen", versichert Schafzüchter Volk vom Ostseebad Göhren im Biosphärenreservat Südost-Rügen. Dort befindet sich auch sein Zuchtbetrieb, der Ökohof „Ranch am Torfmoor". Die Erzeugnisse werden unter der Bezeichnung „Rügener Insellamm Rudenlamm" als geschützte Marke nach Gäa-Kriterien ökologisch hergestellt. Das Fleisch wird nach eigenen Rezepten zu gehaltvollen Wurst- und Rauchwaren veredelt.

Seit 1981 züchtet Nils-Torsten Volk am Südhang von Göhren heimische Rauwollige Pommersche Landschafe. Damals kaufte sich der ehemalige Bootsbauer von seinem ersten Gesellengehalt zwei Landschafe. Er schaute seinem Bruder, einem gelernten Schäfer, über die Schulter und eignete sich nach und nach sein Wissen an. Heute ist

Volk ein Experte in Sachen Schafzucht, der seit 1998 mit „Rügener Insellamm Rudenlamm“ seine eigene Marke etabliert hat. Die „Ranch am Torfmoor“ ist der erste Biobetrieb seiner Art im Biosphärenreservat Süd-Ost-Rügen.

Wild und frei wachsen die Muttertiere seit 1994 auf der Rügen vorgelagerten Insel Ruden auf. Sie zeichnet sich durch eine besondere Flora aus, die den Tieren als natürliches Nahrungsangebot dient. Salzwiesen mit Schilf und Strandaster, Sumpfgräser, Trockenrasen mit Zwergschneckenklee, Süßgras, Grasnelkengewächse, Wacholder, Karthäusernelken, wilde Rosen und wilder Dorst sind eine einmalige Delikatesse für die Tiere. Die Rudenlämmer werden einmal im Jahr mit dem Boot nach Göhren gebracht. An den kräuterreichen Südhängen des Ostseebades Göhren weidet ein anderer Teil der Schafherde, die dort den gleichen Bodenbewuchs wie auf Ruden vorfindet. Durch ihr Weideverhalten betreiben die Tiere wichtige Landschaftspflege in den Schutzgebieten. Der Ökohof „Ranch am Torfmoor“ ist nicht nur wegen seiner Lage ein Anziehungspunkt für Radler- und Wanderer. Die Herstellung der Wurstwaren erfolgt direkt auf dem Ökohof, und zwar selbstverständlich nach ökologischen Kriterien. Im eigenen Hofladen können die Erzeugnisse aus der Schafzucht erworben werden. Dort gibt es unter anderem die Mönchguter Edelsalami, eine Lammsalami aus dem Buchenrauch, Mönchguter Gourmetschinken, Lammmettwurst oder Hausmacher Leberwurst im Glas. Selbstverständlich wird die Schafwolle ebenfalls zu hochwertigen Wollprodukten verarbeitet.

Aber nicht nur vor Ort kann man es sich schmecken lassen, die „Ranch am Torfmoor“ beliefert auch ausgesuchte Gourmetrestaurants, auf deren Speisekarte das Rügener Insellamm einen festen Platz einnimmt. Dass Volk selbst etwas vom Kochen versteht, machen seine Teilnahmen an Kochwettbewerben bis hin zur Deutschen Meisterschaft deutlich.

Landgasthof zur Linde

Landgasthof zur Linde
Familie Leistert

Dorfstraße 20
18586 Middelhagen/Insel Rügen

Telefon 0 3 83 08 / 5 54-0
Telefax 0 3 83 08 / 5 54-90

Schon vor mehr als 500 Jahren war der heutige „Landgasthof zur Linde“ in Middelhagen auf Rügen eine gastliche Stätte und ist damit der älteste Gasthof auf der Insel. Er liegt auf der malerischen Halbinsel Mönchsgut, dem einstigen Domizil der Zisterzienser Mönche, die die Insel mit Bauern, Fischern und Seefahrern besiedelten. Das rustikale Ambiente des Landgasthofes in historischer Sprache harmoniert mit dem Stil der prämierten Küche, die vor allem regionale Grundzutaten zu feinen Gaumenfreuden veredelt. Dazu passt auch das selbstgebraute Landbier in Öko-Qualität. Zur Übernachtung bietet das Drei-Sterne-Hotel komfortable Zimmer und zwei Ferienwohnungen.

Wer den „Landgasthof zur Linde“ betritt, taucht ein in ein Stück Geschichte Rügens, die von dort aus durch die Zisterziensermönche ihren Lauf nahm. Aber die altehrwürdige Gaststätte erzählt auch von der Tradition des Wohnens, der Tafelkultur und der Geselligkeit. Ihre Räumlichkeiten präsentieren sich ohne Heizkörper und andere moderne Technik und unterstreichen somit das historische Bild. Die sichtbare Holz- und Backsteinarchitektur verbreitet die angenehme Behaglichkeit vertrauter Wohnzimmeratmosphäre. Im oberen Geschoss vermittelt die freie Holzkonstruktion das Ambiente eines Speichers – so wie es früher eben war. Die abwechslungsreiche Raumaufteilung und jeweilige Themeneinrichtung macht neugierig – auf die vornehme Mönchsgutstube, auf den Schankbereich oder im oberen Stockwerk auf die Jägerecke und die Fischerecke.

Steffen Leistert ist als Vollmatrose zur See gefahren. Nachdem der gelernte Restaurantfachmann sesshaft geworden war, leitete er ab 1994 den Landgasthof, der in dieser Zeit rekonstruiert und als Hotel erweitert wurde. Im Jahr 1998 übernahm er mit seiner Familie den Betrieb als Eigentümer.

„Ich möchte meinen Gästen gutbürgerliche Küche anbieten und ihnen vermitteln, wie die Leute früher gelebt haben“, umschreibt Leistert sein Geschäftskonzept, das er vor allem mit Qualität verbindet.

Dazu zählt unter anderem Bio-Fleisch, das in den Kochtöpfen verarbeitet wird. Cross over ist der Stil in der Küche. „Regional angelehnt, international orientiert“ bringt es Küchenleiter Roger Pistor auf den Punkt. Viele Wildkräuter, die auf Rügen wunderbar gedeihen, gehen in die Rezepte ein und halten die Frischeküche hoch. Darüber hinaus halten moderne ernährungsphysiologische Erkenntnisse Einzug – cholesterinfreies Öl und andere Zutaten oder Zubereitungsmittel machen die Speisen verträglich. Zu den gefragten Spezialitäten gehören Wildschwein vom Spieß, Aal oder Zanderfilet mit Sauerkraut überbacken auf Möhrenschaum.

In Bio-Qualität gelingt auch das süffig leichte Landbier nach Brauart der Mönche. Dazu werden nur Rohstoffe aus ökologischem Anbau verwendet. Ungefiltert kommt so der volle Geschmack an die Kehle – im Biergarten des Hauses während der warmen Jahreszeit ein besonderes Vergnügen.

Rügen ist immer einen Urlaub wert. Warum nicht im Landgasthof zur Linde übernachten? Dazu stehen 20 gut ausgestattete Doppelzimmer und zwei großzügige Ferienwohnungen zur Verfügung. Für Kurzweil sorgen zahlreiche Arrangements des Hauses wie Kurangebote, Brauseminare, Wellness, Sauna oder Wanderwochen.

Variation von Zander auf Tomatenschnee und weißer Charlottensauce

Zutaten

800 g küchenfertiges Zanderfilet
3 Karotten
20 g Chiliöl, 50 g Olivenöl
Butter, Zucker

Fond:

40 ml Nolly Prat, 40 ml Blue Curaco
100 ml Weißwein
Knoblauch, Rosmarin, Thymian
Salz, Pfeffer

Tomatenschnee:

800 g Kartoffeln, 180 ml Sahne
30 g Butter, 40 g Tomatenmark
Salz, Pfeffer

Charlottensauce:

20g Butter, 2 Charlotten
5 cl Nolly Prat, 250 ml Sahne
25 ml Weißwein, 10 ml Selters
Salz, Pfeffer, Zitronensaft

Zubereitung

Den Zander in acht gleich große Rauten schneiden. Vier Stück mit Salz, Pfeffer würzen und in Chili-Olivenöl anbraten. Die anderen vier Rauten in dem vorbereiteten Fond pochieren.

Für das Püree die Kartoffeln kochen, pressen und mit heißer Sahne übergießen. Nun mit Muskat, Salz und Pfeffer abschmecken. Mit Butter und Tomatenmark abrunden.

Die Karotten schälen und tournieren, blanchieren und in etwas Butter und Zucker anschwenken.

Zwiebeln in Butter glasig anschwitzen. Mit Weißwein und Nolly Prat ablöschen. Mit Sahne auffüllen und etwas köcheln lassen. Nun mit Salz, Pfeffer und Zitronensaft abschmecken. Wenn gewünscht mit Mehlbutter abbinden. Selters zugeben und aufmontieren.

RÜGEN RAUCH – RESTAURANT ALTE BOOTSWERFT

Wer den Geschmacksolymp des Lachses erklimmen will, kommt an der „Alten Bootswerft" im Hafen von Gager auf Rügen nicht vorbei. Schon die maritim-rustikale Einrichtung des neu erbauten Restaurants hüllt in Wohlbehagen. Aus der Auslage lachen frische Fischspezialitäten wie Alaska Wildlachs oder Wildaal. Im Sommer lockt die Hafenterrasse mit romantischem Blick auf den Greifswalder Bodden. Zu dem Unternehmen zählt die hochmoderne Räucherei Rügen Rauch, die absolute Premiumqualität in Sachen Lachs liefert.

Die charakteristischen Schornsteine der „Alten Bootswerft" – den Abzügen alter Bornholmer Heringsräuchereien nachempfunden – signalisieren schon von weitem, was es dort Gutes gibt. Vor allem feinsten Fisch in bester Machart von Eurotoque Chefkoch® Holger Mootz. Die Auslage präsentiert das satte Rote des Alaska-Lachses, Krustentiere und andere Meeresköstlichkeiten. Der traditionelle Altona-Räucherofen macht die „Alte Bootswerft" zur Erlebnisgastronomie. Und unter dem Motto „Nirgendwo auf Rügen genießen Sie so nah am Wasser" ist die Sonnenterrasse idealer Wohlfühlort für höchste Gaumenblüten. Dort wird ein Duett aus Boddenzander und Lachs auf Kräutersauce, zu dem sich Speckwirsingkohl und tomatisiertes Kartoffelgratin gesellen, zur kulinarischen Symphonie. Die kompromisslose Einstellung zur Qualität lässt sich schnell herausschmecken und soll das Fischrestaurant in den nächsten drei Jahren zum führenden Genusstempel von Rügen machen. „Wir sind auf dem besten Weg dahin, denn wir bieten eine kreative und gehobene Frischküche mit raffinierten Zubereitungsvariationen, aber bleiben bodenständig im Preis-Leistungsverhältnis. Darüber hinaus gibt es ausgesuchte Fleischspeisen wie z. B. vom Insellamm mit vielen saisonabhängigen Regionalprodukten", kündigt der Herr der Kochtöpfe, Holger Mootz, an. Er nennt es eine ehrliche, frische Küche, die der Gast versteht.

Rügen Rauch –
Restaurant „Alte Bootswerft"
im Port Gager
Wolfgang Wand

Hafen
18586 Gager/Insel Rügen

Telefon 03 83 08 / 6 64 70
Telefax 03 83 08 / 66 47-10

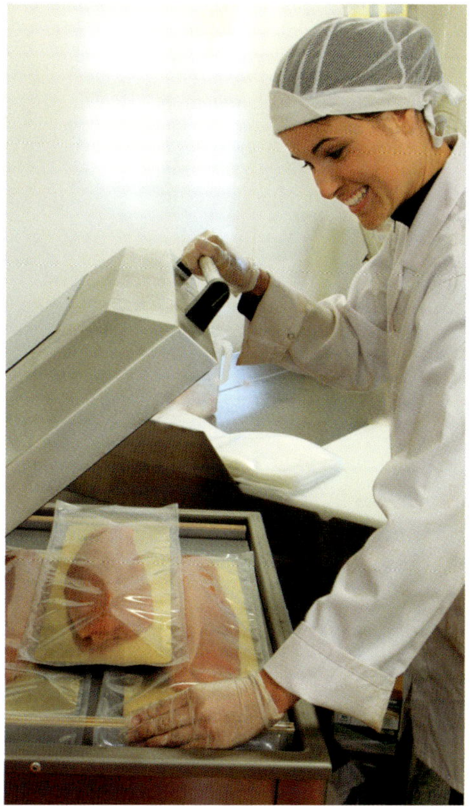

Gleich nebenan steht die dazugehörige Räucherei Rügen Rauch, die nicht nur das Restaurant beliefert, sondern Gourmets weltweit. Wer befürchtet, vom Räucherrauch eingenebelt zu werden, wird angenehm überrascht. Modernste Ausstattung erlaubt die rauch- und geruchsfreie Veredelung mit Flüssigrauchtechnologie und Reiberaucherzeugung auf traditioneller Buchenholzbasis – ein gern gelebtes Zugeständnis an den Standort im Herzen des Biosphärenreservats Südost-Rügen.
Rügens einzige Lachs-Manufaktur verarbeitet unter anderem leinengeangelte Rohware im Premiumsegment. In gekonnter Handarbeit werden Alaska Wildlachs und andere Lachsarten wie schottischer und irischer Salm aus den besten Fanggründen der Welt zu unwiderstehlichen Geschmackspoesien veredelt – wie Graved Lachs mit frischem Dill, Pfefferkörnern, Senf, Zitrone und Honig oder in Basilikum bzw. Estragon gereift. Erklärtes Ziel ist, den Namen Rügen Rauch™ als Endverbrauchermarke auf dem nationalen wie internationalen Markt weit oben zu positionieren.
Hinter all dem steht witzigerweise kein Mensch, der sein ganzes Berufsleben auf hoher See verbrachte, sondern Wolfgang Wand aus dem internationalen Rückversicherungsgeschäft. „Ich muss eben immer was tun", bringt es Wand auf den Punkt, der wirklich nicht der Typ „Hände in den Schoß" ist. Er empfindet den Standort, der sich in der Bezeichnung „Alte Bootswerft" widerspiegelt, als ideal, denn dort werden auch andere Sinne aufs angenehmste berührt – beim Blick von der Terrasse auf den Sonnenuntergang über dem Mönchgut.

Gebeizter Estragon-Lachs (Graved Lachs)

Zutaten

1000–1200 g frisches Lachsfilet (vorzugsweise schottischer oder irischer Lachs – Salmo-Salar), enthäutet
Achten Sie beim Kauf darauf, dass das Blutdreieck auf der Unterseite herausgeschnitten wird (oder mit einem scharfen Filetiermesser sorgsam entfernen).

Marinade:
20 g geröstete Kürbiskerne, 4 g Estragon
2 g Kerbel, 40 ml weißer Portwein
15 ml Pinienkernöl, 25 g Meeressalz
25 g Zucker, 15 ml Kürbiskernöl
20 ml weißer Balsamicoessig
25 ml trockener Weißwein

Zubereitung

Die Kerne im Mörser zerstoßen und die Gewürze zerkleinern. Mit Portwein, Pinienkernöl, Meeressalz, Zucker, Kürbiskernöl, Balsamicoessig und trockenem Weißwein vermischen. Die Marinadenmischung gleichmäßig auf die Lachsoberseite auftragen.
Den Lachs in einer luftdichten Frischhaltebox verschlossen im Kühlschrank bei 4° C für 48 Stunden reifen lassen.

GASTMAHL DES MEERES

Küche zubereitet wird. Der Weg ins „Gastmahl des Meeres“ bahnt sich leicht, liegt es doch direkt an der Strandpromenade am Fuße der Mole, mit knapp 1500 Metern die längste Europas. In ganz unmittelbarer Nähe ist die Betriebsamkeit der Fischerboote im Hafen zu spüren und lässt Seemannsromantik aufkommen. Prägten einst strohgedeckte Fischerhäuschen das Bild der Fährstadt, so dominiert heute die Bäderarchitektur mit Holzkonstruktionen. „Mein Mann war Schiffskoch und wir haben nach seiner aktiven Zeit auf See mit der Gastronomie angefangen“, erzählt Barbara Kursikowski vom Werdegang, an dessen Ende der Familienbetrieb „Gastmahl des Meeres“ steht. Doch bis dahin gab's noch viel zu tun. Bevor 1996 mit Hotel wieder

Hotel und Restaurant
„Gastmahl des Meeres“
Barbara Kursikowski

Strandpromenade 2
18546 Saßnitz/Insel Rügen

Telefon 03 83 92 / 5 17-0
Telefax 03 83 92 / 5 17 33

Morgens aufwachen, die wogende Ostseebrandung rauschen hören und ein üppiges Frühstück in Ruhe genießen – dieses Vergnügen und noch vielmehr vermittelt das traditionsreiche Restaurant und Hotel „Gastmahl des Meeres“ in der Hafenstadt Sassnitz auf Rügen. Die gastliche Stätte lockt mit maritimer Atmosphäre, die von der ausgesuchten Einrichtung ausgeht oder vom Ostseefisch, der fangfrisch in der

eröffnet wurde, standen umfassende Sanierungs- und Umbauarbeiten an. Heute wird das Haus, nunmehr schon in der zweiten Generation, vom Sohn Thomas Kursikowski geführt.
Im Restaurant finden selbst verwöhnteste Fischfreunde den richtigen Ankerplatz. Damit wird an die Tradition der exzellenten Fischgastronomie anknüpft, für die es seit mehr als 25 Jahren weit über die Insel-

Hausspezialität heißt Labskaus mit Rollmops; sie ist genauso beliebt wie die Rügener Spezialität: Bratheringe mit Schusterstippen, Speckbohnen und Petersilienkartoffeln. Auch für Fleischfreunde wird genauso professionell in der Schiffskombüse gezaubert. Da steht beispielsweise Wildgulasch mit Wacholder-Preiselbeerrahm, Apfelrotkohl und Petersilienkartoffeln auf der Karte. Im „Gastmahl des Meeres", das versteht sich von selbst, kocht die Saison mit – für bekömmlichen Frischegenuss beispielsweise von Pfifferlingen im Sommer. Die mit viel Sachverstand ausgesuchten Weine auf der üppigen Karte korrespondieren mit den kulinarischen Themen und machen die Tafel im „Gastmahl" zu einer aufregenden Geschmackssymbiose.
Wem's gefällt, der bleibt länger. Und dafür stehen zwölf komfortable und ganz individuell eingerichtete Hotelzimmer zur Verfügung – mit Blick auf die Ostsee, wohin sonst!

grenzen hinaus bekannt ist. „Vom Wasser in die Pfanne" heißt das Frischemotto, das in der Kombüse regiert – neben absoluten Spezialisten der Fischverarbeitung und -zubereitung. Die Rezeptur ist regional, traditionell und bodenständig. Dennoch – wer in die Karte schaut, dem fällt die Wahl schwer, denn im „Gastmahl des Meeres", so erkennt der Gast schnell, versteht man sich auf vielfältigste Zubereitungsarten. Das ist Kochkunst pur – aus einfachen Grundzutaten variationsreiche Gerichte auf hohem Genussniveau komponieren. Da empfiehlt Seniorchefin Kursikowski den Kutterdorsch als eine von mehreren Spezialitäten – auf Rahmwirsing, als Sassnitzer Pfannenfisch mit Bratkartoffeln oder gedünstet auf Streifen von Wurzelgemüse mit Petersilienrahmsauce. „Was ordentlich aufm Teller", heißt es da. Aus der Küche wird Sassnitzer Pfannensprott mit dem Zusatz „nur original" empfohlen: Sprotten kross gebraten oder sauer eingelegt mit Beilagen. Die

Gebratenes Zanderfilet in der Kartoffelkruste auf Rahm-Senf-wirsing und Petersilienkartoffeln

Zutaten

4 Zanderfilets
2 Zitronen
4 cl Weißwein
Pfeffer, Salz, Mehl zum Anstäuben
200 g Bratfett
4 große Kartoffeln
2 Eier

Für das Gemüse
1 kleiner Wirsingkohl, 1–2 Karotten
Butter, 60 g magere Schinkenwürfel,
2 mittelgroße Zwiebeln, Küchenkräuter,
Mehl zum Anstäuben
100 ml ungeschlagene Sahne, Petersilie, Senf

Zubereitung

Zanderfilets mit Zitrone und Weißwein marinieren und 1 Stunde kalt stellen. Schinkenwürfel und Zwiebeln glasig anschwitzen, geschnittene Wirsingstreifen zugeben. Mit Mehl anstäuben und mit etwas Sahne auffüllen, dann Karottenstreifen und kurz vor dem Servieren die Kräuter hin-zufügen. Abschmecken mit Salz, Zucker, Muskat, Kümmel und Senf. Die Zanderfilets werden jetzt leicht gesalzen und gepfeffert in Mehl gewendet, durch geschlagenes Ei gezogen, dann in Kartoffelstreifen gewälzt und in heißem Butterfett goldgelb gebraten. Dazu reichen wir mehlig kochende Petersilienkartoffeln.

HOFGUT BISDAMITZ

Hofgut Bisdamitz

Dorfstraße 1
18551 Lohme/Insel Rügen

Telefon 03 83 02 / 92 07
Telefax 03 83 02 / 9 01 99

Die Insel Rügen hat viel zu bieten – alte Leuchttürme, romantische Kreidefelsküsten, exklusive Badeorte, einmalige Naturlandschaften ... und das mit dem ökologischen Landbau-Preis der Schweisfurt-Stiftung prämierte Hofgut Bisdamitz im Jasmunder Nationalpark. Das Anwesen im gleichnamigen Ort gehört dem ökologischen Anbauverband Bioland an und erzeugt auch nach EU-Bioland-Verordnung landwirtschaftliche Urprodukte und hochwertige Lebensmittel. Die Frischware wird direkt im eigenen Hofladen als Bio-Vollsortimenter und in der Hofgastronomie sowie deutschlandweit und international vermarktet. Die frisch zubereiteten Mahlzeiten schmecken noch nach dem, was drin ist – eben original arttypisch. Das Naturgemäße steht auf dem Hofgut Bisdamitz konzeptionell im Mittelpunkt und im handwerklichen Alltag die Käserei, in der täglich aus der Milch hofeigener Schafe und Kühe Käse frisch hergestellt wird. Im Mittelpunkt steht auch Geschmacksvielfalt – so beispielsweise der mild-aromatische Stubnitzer mit Bärlauch oder der handgeschöpfte Kleine Störtebecker, ein mild-würziger Schafmilchkäse. „Neben leckeren Frischkäseprodukten reift dort mit Rotschmierekulturen versehener deftiger Weich-, Schnitt- und Hartkäse. Alle unsere Produkte werden noch handwerklich hergestellt," klärt Rolf Hauck auf, der sich vor Ort um die Vermarktung kümmert. Diese Aufgabe sowie die Verarbeitung liegt in den Händen von RügenBio GmbH. Die Biolandhof Bisdamitz GmbH & Co. KG zeichnet verantwortlich für die Landwirtschaft dort.
Auf Hofgut Bisdamitz werden die landwirtschaftlichen Urprodukte Kuh- und Schafmilch, Rind-, Schweine- und Lammfleisch

sowie Getreide, Mehl und Kartoffeln erzeugt als Grundlage für weitere hochwertige Lebensmittel in Bio-Qualität. Das urtümliche Geschmackserlebnis überzeugt nicht allein Gesundheitsbewusste, sondern selbst verwöhnte Feinschmecker. Im Hof-Restaurant im modernen Niedrigenergie-Gewand können Sie es ausprobieren. Aus der offenen Küche kommen kräftige Suppen, vegetarische Gerichte, Käseplatten, leichte Menüs, deftige Mahlzeiten, Wurst, Brot, Bier, Wein, erfrischende Getränke, Imbisse mit allerlei Salaten und Antipasti oder eine Bockwurst mit hausgemachtem Kartoffelsalat und selbstverständlich alles, was Kinder mögen. Natürlich fehlt auch nicht der selbst gebackene Kuchen. Im Hofladen können Bisdamitz-Produkte und andere ökologische Qualitätswaren für zu Hause eingekauft werden. So die Stubnitzer Hirschsalami, zu der das Wildfleisch frisch aus dem Jasmunder Nationalpark kommt, oder der zarte, acht Wochen gereifte Bisdamitzer Lachsschinken. Das Hofgut ist eine gute Adresse für Feinschmecker von Bio-Lebensmitteln mit der besonderen Geschmacksnote und wird empfohlen vom renommierten Magazin „Der Feinschmecker & Wein Gourmet“, ist Mitglied in der internationalen Vereinigung fröhlicher Genießer „Slow Food“ und lässt sich darüber hinaus vom Verein „Rügen Produkte“ qualitätsüberwachen.

SCHLOSS SPYKER

Schloss Spyker
Jean-Luc Robert

Schlossallee 1
18551 Spyker/Insel Rügen

Telefon 03 83 02 / 77-0 & 5 33 83
Telefax 03 83 02 / 5 33 86

Durch seine rote Farbe, aber auch durch seine mächtige Gestalt sticht es hervor aus seiner Umgebung – Schloss Spyker im Nordosten von Rügen am Rande des Nationalparks Jasmund. Umgeben von hohen Buchsbäumen und Eschen, die dem Renaissancebau an Höhe nachzueiefern scheinen, liegt das romantische Schloss aus dem 17. Jahrhundert versteckt nahe dem Spykersee. Hotelgäste genießen in den Zimmern nicht nur das Flair italienischer Möbel, sondern auch sonstigen Komfort. Kulinarisch verwöhnt werden nicht nur eingemietete Feinschmecker im Gourmetrestaurant „Vier Jahres Zeiten". Etwas zünftiger, wenn auch nicht weniger gehoben in Ausstattung und auf dem Teller geht's im urgemütlichen Gewölbekeller „Zum alten Wrangel" zu.

Mit Schloss Spyker, einem der ältesten erhaltenen Profanbauten, ist eine über 750-jährige bewegte Geschichte verbunden.

Als Speichergebäude (wohl vom niederdeutschen Spieker für Speicher abgeleitet) von der Stralsunder Kaufmanns- und Bürgermeisterfamilie von Kulpen erbaut, bewohnte es ab 1649 der legendäre Generalfeldmarschall Graf Carl Gustav von Wrangel, nach dem heute auch das Gewölberestaurant benannt ist. Er ließ das wehrhafte Gebäude 1650 zum Schloss in seiner heutigen Form umbauen. Zwei Jahre später ließ er die im gesamten baltischen Raum einmaligen, frühbarocken Stuckdecken von Antonius Lohr in die Bel Etage einarbeiten. Noch heute adeln sie das Schloss und rufen ungeteilte Bewunderung bei den Gästen hervor.

Kulinarisches Refugium ist das Restaurant „Vier Jahres Zeiten" im Schoss Spyker, in dem eine aufregende Gourmetküche mit französischen Akzenten gepflegt wird.

Wer den Gourmet-Tempel betritt, taucht ein

in die Geschichte adliger Tafelfreuden. Goldgewirkte Tapeten, Deckenstuck und kristallene Kronleuchter vermitteln feinstes Ambiance. Das richtige Umfeld für delikate Menüs, die auch gehobenen Ansprüchen vollauf genügen. Champagne Laurent Perrier Brut als Apéritif könnte dazu den Auftakt bilden, gefolgt von Matjestatar auf Schwarzbrot als Amuses-bouche. Der perfekte Service kommt auf elegantem Holzfußboden daher und kredenzt ein Carpaccio von Entenbrust, das das sinnliche Vergnügen fortsetzt. Nach der Vorspeise spielt ein französisches Charolais-Entrecôte vom Grill mit Sauce Bordelaise die Hauptrolle an der Tafel. Dazu ein roter Côte du Rhone. Vor dem Finale mit Tarte Tatin mit Calvados flambiert setzt ein Rohmilchkäse aus Frankreich spannende Akzente.

Das mächtige Gewölbe im „Alten Wrangel“ macht die Stimmung, unterstützt vom rustikalen Holzmobiliar. Dort kann der verwöhnte Gast seinen Appetit auf regionale Produkte, vielfach verfeinert durch französische Komponenten, stillen. Da empfiehlt der Küchenchef ein leckeres Wildschweinragout mit Apfelrotkohl und Schlosskartoffeln.

Schloss Spyker erfüllt nicht nur Gaumenfreuden der besonderen Art, sondern zugleich den Wunsch nach magischer Behaglichkeit. „Für das Wohl unserer Gäste stehen 35 Zimmer unterschiedlicher Kategorien zur Verfügung. Vom weiträumigen Doppelzimmer, auch mit Turmerker, über romantische Maisonettes bis zum Luxuszimmer oder Hochzeitszimmer“, unterbreitet Geschäftsführer Jean-Luc Robert das Angebot. Mit seiner charmant-französischen Art sorgt er dafür, dass sich die Gäste von Anfang an wohl fühlen.

Lachstatar mit rosa Pfeffer

Zutaten

400 g Lachsfilet
100 g Schalotten
3 Tomaten
80 g Kapern
80 g schwarze Oliven
frischer rosa Pfeffer
Olivenöl
1 bis 2 Zitronen
Salz
schwarzer Pfeffer

Zubereitung

Lachs filetieren, Gräten, weiße Flecken und graues Fleisch entfernen. Lachs, Schalotten, Kapern und schwarze Oliven klein schneiden, ebenso das Tomatenfleisch. Alles zusammenmischen, Olivenöl dazugeben, mit Salz und Pfeffer abschmecken. Erst kurz vor dem Servieren mit Zitronensaft beträufeln und mit rosa Pfeffer bestreuen. Guten Appetit!

TRADITIONS-FISCHRÄUCHEREI

Die Räucherei in Lietzow ist nicht nur eine der ältesten Räuchereien auf Rügen, sondern ein besonderer Erlebnisort mit Hofladen für regionale Qualitätsprodukte, Rügener Pilzmuseum und Museum für Ur- und Frühgeschichte auf dem Scheunenboden, Streichelgehege, Ferienwohnungen und Kinderspielplatz.
Ein kurzweiliger Ort, ein Muss auf allen Rügen-Tripps.
Tiefschwarz wie der Eingang zum Höllenfeuer präsentieren sich die alten Öfen der Lietzower Traditionsräucherei, aus denen ein doch so appetitlich-würziger Rauch in die Nase dringt. Und auch der Inhalt ist viel sympathischer, viel delikater als der äußere Anblick, der doch von der Tradition der Altona-Öfen, die vor allem mit Buchenholz aus der Region befeuert werden, zeugt.

Traditions-Fischräucherei
Harald Schewe

Spitzer Ort 7
18528 Lietzow/Insel Rügen

Telefon 03 83 02 / 5 69 66
oder 5 69 64
Telefax 03 83 02 / 5 69 63

Es dampft aus den alten Öfen und riecht delikat nach frisch geräuchertem Fisch in der weithin bekannten Lietzower Traditions-Räucherei auf Rügen. Den Appetit danach kann man in dem rustikalen Fischrestaurant „Uns Röckehus" stillen. Der besonders feine Geschmack der Räucherfische rührt von der handwerklichen Räuchermethode in Altona-Öfen und mit Buchenholz her.

„Wir hier in der Lützower Räucherei arbeiten noch handwerklich und traditionell – wie eine Manufaktur vor 100 Jahren. Der Räucherablauf wird von Erfahrung und Handarbeit bestimmt, im Gegensatz zur modernen Technik industrieller Räuchereien", klärt Räuchermeister Manfred Geier auf.
So versichert er auch, dass diese handwerkliche Methode den delikaten Geschmack hervorbringt, der seit 1910 Fische veredelt.

Fischfreunde schätzen den zarten Biss der dort kaltgeräucherten Spezialitäten wie Lachs, Heilbutt, Thunfisch und Merlin. Auch wenn Fisch aus anderen Gewässern angeboten wird, ist die bekannte Fischräucherei hauptsächlich regional ausgerichtet. Dafür steht die Auszeichnung „Regionale Esskultur“, die regionaltypische Produkte fördert. „Mir ist an diesem Betrieb wichtig, die regionale Tradition von der Architektur bis zur Küche zu erhalten“, betont Harald Schewe, der mit der Schewe-Gruppe noch andere Rügener Gastronomiebetriebe innehat. Der erfolgreiche Gastronom ist selbst ein Könner am Kochtopf. 2001 wurde er mit dem „Herforder Preis – dem deutschen Gastronomie-Preis“ zum Gastronom des Jahres gekürt, in Zusammenarbeit mit dem DEHOGA-Bundesverband. Das Erstaunliche an Harald Schewe ist seine Karriere als Quereinsteiger in die Branche. Sein Erfolgsweg nach einem technischen Studium begann – bemerkenswerterweise – mit selbst gemachter Pizza noch zu DDR-Zeiten. „Die war immer gefragt“, kommentiert Schewe.

Das Restaurant „Uns Röckehus“ ist betont rustikal und signalisiert Bodenständigkeit. Dass die auf Rügen von besonderer Qualität ist, davon überzeugen die feinen Frischfischspezialitäten auch verwöhnte Feinschmeckerzungen.

Im „Fischers Sonntagsschmaus“ geben gebratene Filets vom Dorsch, Boddenzander, Ostseeaal und Hering auf Wittower Schmorkohl eine genüssliche Symphonie ab. Hausdelikatesse ist die Fischschinkenplatte von geräuchertem Fisch.

Die Regionalverbundenheit zeigt sich ebenso an Schewes Kartoffelschnaps oder an anderen Rügener Produkten vom Schinken bis zum Sanddorn aus dem Hofladen. Das Störtebecker-Essen ist nur eines von vielen Events, die nicht nur für kulinarische Kurzweil in der Lietzower Traditionsräucherei sorgen.

ORTE ERHOLSAMER NATURRUHE

Wo liegt eigentlich „dat söte Länneken"? Als „das süße Ländchen" bezeichnen die Bewohner liebevoll ihre Insel Hiddensee – der Insel Rügen vorgelagert und Teil des Nationalparks Vorpommersche Boddenlandschaft.
Eine Entdeckungsreise auf der 17 Kilometer langen, autofreien Insel mit ihren Ortschaften Vitte, Grieben, Kloster und Neuendorf führt zu einer der wenigen noch intakten Naturlandschaften Mitteleuropas mit natürlicher Küste. Bodden, Nehrungen, Strandseen, ein hoch aufragendes Kliff und Flachküsten prägen das Inselbild. Das Vogelparadies Hiddensee ist Heimat sowie Brut- und Rastgebiet einer Vielfalt von Tieren. Ebenso gedeiht dort mit 650 verschiedenen Blütenpflanzen ein ungewöhnlicher Pflanzenreichtum auf engstem Raum. Charakteristisch ist der Sanddorn, der den Kliffrand und die Steilküste mit seinen orangefarbenen Beeren schmückt und Grundlage für den heimischen Sanddornsaft oder andere Produkte ist.
Die Natur und ihre wundervolle Lebendigkeit auf Hiddensee haben prominente Persönlichkeiten gelockt – Gerhard Hauptmann und der Stummfilmstar Asta Nielsen erwarben dort Häuser. Thomas Mann und Joachim Ringelnatz schauten vorbei.
Der alte, 28 Meter hohe Leuchtturm, Wahrzeichen der Insel, macht Hiddensee von weit her erkennbar. Und in dem Kriminalroman „Hühnergötter" von Birgit Lautenbach und Johann Ebend ist sie ein Ort spannenden Kribbelns.
Gleich nebenan liegt die Halbinsel Ummanz, mit 20 Quadratkilometern viertgrößte Insel Mecklenburg-Vorpommerns. Neben einer ebenso unberührten Natur bietet das Fleckchen noch anderes Sehens- und Erlebenswerte. Die Inselkirche in Waase, erbaut aus Backstein im 15. Jahrhundert, beherbergt einen der schönsten gotischen Schnitzaltäre Norddeutschlands. In Ummanz befindet sich die Erste Rügener Edeldestillerie.
Die alten stilvollen Rohrdachhäuser geben einen Einblick in die Tradition, zu der auch die unverwechselbaren dort lebenden Menschen mit ihrer Zurückhaltung und ihrem Humor zählen.

Gellen-Leuchtturm auf Insel Hiddensee

Wetterstation

Ummanz

Dornbusch auf Insel Hiddensee

Schaproder Bodden

BAUERNHOF KLIEWE

Bauernhof Kliewe
Susanne und Holger Kliewe

Mursewieck 1
18569 Ummanz / Rügen

Telefon 03 83 05 / 81 30
Telefax 03 83 05 / 5 55 69

Landwirtschaft und Tiere zum Anfassen, das gibt es bei Bauer Kliewe auf Rügens Nachbarinsel Ummanz. Die natürliche Idylle im Nationalpark Vorpommernsche Boddenlandschaft ist die richtige Umgebung für das Freilandgeflügel vom Bauernhof Kliewe. Die Jungtiere gedeihen auf satten Wiesen und sind Grundlage für zum Teil prämierte Wurst- und Fleischprodukte von hoher Geschmacksgüte. Darüber hinaus bietet das landwirtschaftliche Anwesen einen Hofladen und komfortable Ferienwohnungen mit Blick auf den See.
Guter Geschmack und hohe Qualität sind für jeden Feinschmecker auf Hof Kliewe nicht nur auf der Zunge nachvollziehbar. Der Gütesiegelverein Rügen Produkte zeichnete die Rügener Landente, die geräucherte Entenbrust und andere Kliewe-Produkte mit dem Prädikat „Das Beste von Rügen“ aus.

Diplom-Agraringenieur Holger Kliewe versteht sein Handwerk, das er zusammen mit seiner Frau Susanne und rund 18 Mitarbeitern mit viel Spaß und Verstand betreibt. Aus dem ehemaligen Altbauernhof, schon seit 1840 landwirtschaftlich genutzt, hat Kliewe einen modernen Betrieb geschaffen. Bereits seine Eltern haben dort Rassegeflügel gezüchtet. Das Geflügel hat Holger Kliewe fest im Griff. Trotz eines 14-, 15-Stunden-Arbeitstages findet er noch Zeit, die Geschicke des örtlichen Geflügelzuchtvereins zu leiten.

Der Hof umfasst 55 Hektar Nutzfläche, auf denen sich Kühe, Schweine, Pferde und als Schwerpunkt Enten, Gänse und Hühner tummeln – neben einigen Katzen. Selbstverständlich werden dort auch Getreide und Raps angebaut. Vom Ei in der eigenen Brüterei bis zum Frischfleisch legt das Freilandgeflügel seinen Weg auf dem Bauernhof zurück. Die Küken werden anfangs mit Spezialgeflügelfutter für optimalen Knochenaufbau und Fleischansatz aufgezogen. Es handelt sich dabei vor allem um pflanzliche Komponenten wie Weizen, Mais, Soja, Erbsen, Grünmehl und speziell abgestimmte Mineralstoffe und Vitamine. Mit etwa vier Wochen schnattern die Jungtiere dann in freier Haltung auf den saftigen Wiesen direkt am Ummanzer Bodden. „Die Freilandhaltung erzeugt qualitativ und geschmacklich besseres Fleisch, ist aber auch etwas aufwändiger“ klärt Kliewe auf, der als Züchter weit über Rügens Grenzen einen guten Ruf genießt. Ist das Fleisch voll ausgereift, werden die Tiere geschlachtet. „Dass wir auf dem Hof schlachten können, gehört zu unserem Qualitätsmanagement. Es fallen keine Transportwege an und für die Tiere kein Stress“, nennt Holger Kliewe die Vorteile. In traditioneller Handarbeit und mit viel Fachwissen wird das Schlachtgeflügel veredelt zu Geflügelwurst, Sülze oder den gefragten Räucherwaren. Erlesene Geflügelleberwurst, delikate Geflügelsalami, pikantes Sauerfleisch oder Spickbrust & Räucherkeulen zählen zu den Spezialitäten.

Einen Besuch ist der Bauernhof Kliewe allemal wert. Besonders Kinder finden dort ein Tier- und Erlebnisparadies vor. Im Hofladen werden die Qualitätserzeugnisse angeboten. Wem's dort und auf der schönen Insel gefällt, bleibt länger. Familie Kliewe bietet großzügige und gut ausgestattete Ferienwohnungen für vier bis acht Personen – alle mit Seeblick. In Kürze ist der neue, großzügigere Hofladen fertig gestellt. Im Rundum-Gastronomiebereich können die deftig-feinen Produkte gleich probiert werden.

SANDDORN-KISTE

Sanddorn-Kiste
Rüdiger Nachtwey

Königsberg 22
18565 Neuendorf/Insel Hiddensee

Telefon 0 38 93 00 / 5 05 62
und 0174 / 8 25 80 43

Sanddornkiste, das ist mit neun Quadratmetern Verkaufsfläche wörtlich zu nehmen. Rüdiger Nachtwey betreibt sie in Neuendorf auf Hiddensee. Der voll gestopfte Laden hat Tante-Emma-Qualität, die vor allem vom Ladenbetreiber getragen wird. Er bietet nicht nur zahlreiche Naturprodukte rund um den Sanddorn an, sondern bei ihm sind auch Fruchtgelees, Körperpflegeöle oder Liköre erhältlich. Das eigentliche Verkaufserlebnis ist ein Gespräch mit Rüdiger Nachtwey – und das ist immer drin. Gartenstühle, Blumen und Fischernetze begrüßen den ankommenden Gast der „Sanddornkiste". Den nächsten Blick zieht eine kleine, handbeschriebene Tafel am Eingang auf sich: „Bitte ohne Rucksack in den Laden". Spätestens beim Einblick in die gute Stube weiß jeder die Notiz zu deuten. Dreht

sich der Rucksacktourist um die eigene Achse, so kann es passieren, dass er mit seinem Gepäck die aufgestellte Ware umreißt. Bei einer begehbaren Kundenfläche von vielleicht drei mal einem Meter ist dies sehr wahrscheinlich.

Nun beginnt das Sichumschauen, denn dazu fordert das enge, aber liebevolle Nebeneinander der Waren geradezu heraus. Schnell fallen die vielen Sanddornprodukte auf, die Rüdiger Nachtwey in seiner gleichnamigen Kiste anbietet. „Viele selbst gemachte Sanddorn-Produkte wie Marmelade, Tee oder Likör sind hausgemacht, garantiert frei von Zusatzstoffen, ganz naturbelassen, eben eigne, um Süßspeisen wie Eis, Pfannkuchen oder Apfelkuchen zu verfeinern. Salat mit Sanddornbeeren angemacht bekäme einen etwas nussigen und betont säuerlichen Geschmack, gibt Nachtwey seine Kenntnisse und Erfahrungen gern an seine Kunden weiter. In der Sanddornkiste wird der Einkauf zum Erlebnis der anderen Art. Dabei

ehrliche Produkte", versichert der gebürtige Lübecker glaubhaft. Bei zugekauften Produkten vergewissert er sich, dass sie von gleicher Qualität sind. Neben der Reinheit ist Vielfalt geboten – fruchtige Bonbons, hausgemachter Likör mit einem außergewöhnlich zitronigen Geschmack, leckere Saucen oder Wein vom Sanddorn oder je nach Produkt in Kombination mit anderen Früchten. Besonders seine Tees mischt er vielfach mit anderen Früchten wie Hagebutten oder Apfel und die Gelees mit Zimt oder Schlehen – für eine ungewöhnliche Geschmacksvielfalt.

Jeder Kunde der Sanddorn-Kiste wird umfassend beraten. Das ist die Stärke von Rüdiger Nachtwey. Mit angenehm gleichbleibender Stimme erklärt er, dass sich die Sanddorn-Holunderbeeren-Sauce prima nimmt man nur gute Sachen mit. „Ich will keine Souvenirs von Hiddensee im üblichen Sinne verkaufen", stellt er dazu fest. Es sind stilvolle Mitbringsel. So wie das wertvolle Massage- und Körperpflegeöl gegen empfindliche Haut oder die Sanddornseife gegen beanspruchte Hände. Darüber hinaus umfasst das Warensortiment auch andere Dinge von Tassen bis zu Teelichtern.

Rührig wie Rüdiger Nachtwey selbst ist seine Lebensgeschichte. Vor acht Jahren landete er auf Hiddensee und wurde am Hafen der Insel herzlich begrüßt – ein Initialerlebnis und beste Voraussetzung, sich hier wohl zu fühlen. Nach einem Job im Fahrradverleih hat er in der Sanddornkiste seine Erfüllung gefunden. Das spüren auch seine Kunden.

HOTELANLAGE HEIDEROSE

Die Hotelanlage Heiderose bezieht inmitten einer romantischen Heidelandschaft zwischen Neuendorf und Vitte auf der Insel Hiddensee einen besonderen Standort. Doch die gastliche Stätte hat noch viel mehr zu bieten. Im rustikalen Hotelrestaurant genießen Feinschmecker hausgeräucherte Leckerbissen aus Fisch und Fleisch sowie andere Köstlichkeiten mit regionalem bis mediterranem Akzent. Hiddensee gefällt und lädt ein zum Bleiben – in den individuell eingerichteten Hotelzimmern und den reetgedeckten Appartementhäusern lässt es sich dazu komfortabel logieren. Fitness- und Wellnessangebote im Haus vermitteln körperliches und geistiges Wohlgefühl. Grillparties, Kutschfahrten und andere Specials machen den Aufenthalt kurzweilig. Die Hotelanlage Heiderose steht für Harmonie zwischen Kultur- und Naturlandschaft inmitten des Nationalparks Vorpommersche Boddenlandschaft. Der Einklang zwischen Hotellerie- und Gastronomiebetrieb und Natur ist ein erklärtes Ziel von Kristina und Carsten Berlin von der Geschäftsführung. Dass dies funktioniert, zeigt die Auszeichnung „Nationalparkfreundliches Hotel" vom Nationalparkamt, die dem Haus für positive Einstellung zum Nationalpark und die Umsetzung verliehen wurde.
Aber auch in der kulinarischen Mitte der Heiderose wird Bezug auf die Region genommen – genüsslicher Bezug. Im Vordergrund steht die bodenständige Küche, die von Marco Frehle dirigiert wird. Seine beruflichen Stationen in Korsika und Griechenland bringen es mit sich, dass die Zubereitungen mit mediterranen und internationalen Akzenten gelingen. Der experimentelle Kochstil bringt auch Nudelgerichte und knackige Salate auf die Tafel.
Kulinarische Geographie auf der Speisekarte – vom Mecklenburger Schweinebraten gefüllt mit Backpflaumen, Äpfeln auf Altbiersoße und Semmelkloß bis zur Variation vom Ostseehering mit Curryhering nach Schwedischer Art, hausgemachtem Pfefferhering und Matjes an Bratkartoffeln. Im Räucherofen garen delikate Spezialitäten der würzigen Art – ob Fisch oder Entenbrust.
An Deftigkeit kaum zu überbieten ist der selbst gemachte Aal in Aspik. Mit den tadellosen Speisen korrespondieren internationale Weine. Und der Hiddenseer, Lübzer oder Köstritzer Gerstensaft zollt wieder dem Regionalverständnis geschmackvollen Tribut.
Die Grillabende des Hauses vermitteln Open-air-Genuss, besonders dann, wenn aus dem Steinbackofen dampfende Brote wie zu Uromas Zeiten kommen. Geschmack hat auch das „Feinschmecker"-Magazin an der Heiderose gefunden und das Haus zu einem der

Hotelanlage Heiderose

In den Dünen 127
18565 Vitte/Insel Hiddensee

Telefon 03 83 00 / 6 30
Telefax 03 83 00 / 6 31 24

Überbackener Steinbutt

Zutaten

Steinbutt (ca. 1,5 kg)
Zitrone, Salz, Pfeffer, Mehl
Olivenöl
300 g Tomaten, 200 g Zwiebel
3 Zehen Knoblauch
Butter, Kartoffeln, Petersilie

Zubereitung

Zuerst den Steinbutt enthäuten, indem beide Seiten mit Salz bestreut werden, kurz abwarten, dann mit einem scharfen Messer am Schwanzende flach unter der Haut einschneiden und die Haut abziehen. Den Fisch waschen, abtupfen und mit Zitrone beträufeln, mit Salz und Pfeffer würzen. Das Olivenöl in der Pfanne erhitzen und den in Mehl gewendeten Fisch kurz anbraten. Während der Fisch in der Pfanne brät, die Tomaten, Zwiebeln und Knoblauchzehen in Würfel schneiden. Nun den Steinbutt auf ein gebuttertes Backblech geben und die gut durchmischte Tomatenmasse darauf verteilen. Bei 200 °C 20–30 Minuten in der Backröhre garen. (Angaben für einen Umluftherd). Die Butter zerlassen, bis sie eine zarte bräunliche Farbe bekommt. Die fertig gekochten Kartoffeln dazugeben und mit frisch gehackter Petersilie bestreuen. Die Kartoffeln auf einem schön garnierten Teller anschwenken und die braune Butter darüber geben. Einen guten Appetit wünscht Carsten Berlin.

besten Hotels Deutschlands ausgelobt. Das Schlemmerlexikon von Aral schließt sich mit einer Empfehlung an.
Nach so viel Schlemmerei tut Bewegung Not und gut – für das körperliche Wohlsein. Von Fitness über Fahrradfahren bis zum Volleyball reicht das Heiderose-Angebot, inklusive eines Solariums. Oasen der Ruhe und des Komforts sind die individuell eingerichteten Hotelzimmer und Ferienhäuser. Das Angenehme mit dem Nützlichen zu verbinden fällt in dem gut ausgestatteten Tagungs- und Bankettbereich für vielfältige Veranstaltungen nicht schwer. Auch wenn die Bezeichnung Heiderose aus einem Druckfehler zu „Das Heidehaus“ hervorgegangen ist – sie ist ein Highlight auf Hiddensee.

„Godewind“ – Guter Wind. Ein Wunsch, den man jedem Segler gern mit auf den Weg gibt. Auf der Ostseeinsel Hiddensee, in Vitte, ist „Godewind“ der Tipp, den man jenem gibt, der eine unverwechselbare Gaststätte oder Herberge sucht. Auf der Insel findet sich kaum ein Ort, der auf so elegante und unangestrengte Weise Szenekneipe und erstklassiges Restaurant miteinander verbindet – hier ziehen sich die Gegensätze an, ohne dass dem Gast so ein Kontrastprogramm überhaupt gewärtig sei. Da ist auf der einen Seite Gediegenheit in gepflegtem Ambiente, in welchem aber dennoch der große Weidenkorb mit dem Holzspielzeug für die Kinder keinesfalls stört. Da ist andererseits, zwischen Säulen aus rotem Backstein und im dunkelbraun getäfelten Raum, viel Platz für diejenigen, die nur mal schnell ein Bier gegen den Durst trinken wollen – und da findet sich zugleich, im Schein der Kerzen bei vorzüglichem Service, die entspannte Ruhe für ein gepflegtes, niveauvolles Essen. Da ist der urige Tresen, an dem dezent aufgerauhte Musik aufgelegt wird und von dem ausgehend sich gewissermaßen das Flair von Bar und Kneipe verbindet – und da ist der weiß gedeckte Gaststättenteil speziell für Nichtraucher.

Hotel Godewind
Andreas und Thomas Meinhof

Süderende 53
18565 Vitte/Insel Hiddensee

Telefon 03 83 00 / 66 00
Telefax 03 83 00 / 66 02 22

„Godewind", schon 1910 als Gaststätte gegründet, wird seit 1991 von den Brüdern Andreas und Thomas Meinhof geführt. Sie beide verleihen dem Haus Gemüt und Seele und bleiben familiär, ohne auf Weltläufigkeit in Stil und Angebot zu verzichten.
Im „Godewind" werden die Wünsche der Tagesgäste mit denen der Nachtschwärmer vereint. Hier trifft sich gleichsam alle Welt, Segler und Schiffer vom nahen Hafen, Familien und Strandläufer. Diese bunte Mischung macht die einmalige Aura des Hauses aus. Wenn man von Hiddensee als einer Künstlerinsel spricht – im „Godewind" trifft man diese nicht nur, hier ist jeder sofort einbezogen in das Fluidum der Lebenskünstler und Lebenskunst. Das Restaurant – vom Ostseestrand nur durch einen bebauten Wiesengrund getrennt – hat Stimmung und weckt Stimmung. Es hat ein Geheimnis, das man nicht erklären, sehr wohl aber genießen kann. Die Meinhofs und ihr Servicepersonal sind eine aufmerksame und gutgelaunte Truppe. In Restaurant und Hotel stehen sie jederzeit mit Rat und Tat für individuelle und außergewöhnliche Wünsche bereit. Was die Kunst der Gast-Freundlichkeit ausmacht, das kann man hier studieren. So lässt es sich der Chef des Hauses nicht nehmen, seine Gäste jeden Abend persönlich zu begrüßen.
„Godewind" bietet auf der Speisekarte inseltypische Fischgerichte und andere Speisen regionaler gastronomischer Kultur. Auch hier findet sich das richtige Gespür für die Harmonie des scheinbar Unvereinbaren wieder. Der Sinn für's Einheimisch-Pommersche ist verknüpft mit Ausflügen ins Mediterrane. Neben den hausgemachten Heringsspezialitäten wie Aalrauch-Matjes auf Kartoffelpuffer mit Meerrettichsahne, zarten Fleischgerichten – das Rumpsteak zergeht auf der Zunge! – und vegetarischen Köstlichkeiten aus dem Wok gibt es auch exzellente Nudelgerichte. Gebraten, gekocht, auf dem Teller angerichtet wird im „Godewind" nach hoher Kultur, die dennoch immer bodenständig, unverschnörkelt bleibt.
Komfortabel ausgestattete Zimmer und Ferienwohnungen mit insgesamt 140 Betten bestimmen ebenfalls den Ruf des Hauses; die großzügigen Räumlichkeiten eignen sich für die unterschiedlichsten Feiern. Im Angebot sind auch Specials zu Weihnachten, Silvester und anderen Festtagen, womit eine weitere Selbstverständlichkeit in der Philosophie der Brüder Meinhof angesprochen sei: Nicht nur, dass es im „Godewind" keine Sperrstunde gibt – es gibt auch keine Saison. Das Haus ist ganzjährig geöffnet; und ist das Restaurant im Sommer das quirlige Geselligkeitszentrum der Insel, so schimmern die Kerzenlichter des Hauses dem einsamen Herbst- und Wintergast wie kleine Leuchtfeuer, die ins gemütliche Warme locken.
Es macht Spaß, auf Hiddensee die Nase in den Wind zu stecken. Wer dann im „Godewind" landet, hat eine wirklich gute Nase.

Sherry-Hering auf Mango-Sahne an Pellkartoffeln

Zutaten für 6 Personen

Matjes
400 ml saure Sahne
Saft von einer Limette
1 Bd. Frühlingszwiebeln
1 scharfe Pepperoni o. Kerne
1 walnussgroße Ingwerknolle
1 reife Mango
1 Prise Salz
1/2 TL braunen Zucker
1/2 TL Curry
Cherry (70 Jahre)
geröstete Sesamkörner
Kartoffeln

Zubereitung

Matjes in Cherry einlegen und drei Tage ziehen lassen. Peperoni ganz fein würfeln. Ingwerknolle und Mango in kleine Würfel schneiden. Zwiebel in feine Ringe schneiden. Alle übrigen Zutaten, ausgenommen Kartoffeln und Sesamkörner, gut vermengen. Kartoffeln kochen. Anrichten und mit Sesamkörnern und Zwiebelringen dekorieren.

DAS LAND DER DOPPELKÜSTE

Neubrandenburg

Neubrandenburg

Vorpommern – zweiter Bestandteil des Landesnamens Mecklenburg-Vorpommern, Deutschlands nordöstlichster Region. Vorpommerns Küstenlandschaft umfasst den größeren Teil des gesamten Küstenstrichs von Mecklenburg-Vorpommern und prägt damit diesen Landstrich. Touristische Zentralen sind die beiden Inseln Rügen und Usedom, die zugleich die beiden größten deutschen Eilande sind. Weithin bekannt ist die Tradition von Rügen mit seinen Badeorten Binz, Sellin oder Sassnitz.
Stralsund ist eine ehemals mächtige Hansestadt, in der heute noch die Schifffahrt lebt.
Das Tor zu Rügen ist nicht nur die größte Stadt in dem Landstrich, sondern zugleich wirtschaftliches Zentrum. Die nahe Stadt Greifswald dagegen bildet mit ihrer Ernst-Moritz-Arndt-Universität den geistigen Mittelpunkt. Im Hinterland von Vorpommern herrscht die Landwirtschaft vor.
Westlich von Ahrenhoop auf Fischland-Darß-Zingst beginnt Vorpommern, das Teil der historischen Region von Pommern ist und im Osten an Polen grenzt. Vorpommern bezeichnet heute den deutschen Teil von Pommern, das geografisch und historisch eine Region im nördlichen Polen und Deutschland umfasst, an der Südküste der Ostsee gelegen. Begrenzt von den Flüssen Weichsel und Oder, im Westen von der Recknitz und im Süden von der Netze.
Pommern bezeichnet die geografische Lage und ist eine Ableitung von „po more", was bedeutet: am Meer. Im Polnischen heißt es „po morze" – „am Meer" und ist gleichbedeutend mit Land am Meer.
Vorpommern hat geografisch eine ausgeprägte Besonderheit – seine Doppelküste. Dem Festland sind zahlreiche Inseln vorgelagert wie z. B. Usedom. Durch diese entsteht ein Boddengewässer, an das wiederum die Insel anschließt und zur Ostsee hin einen weiteren Küstenstrich bildet.
Neben den beiden größten deutschen Inseln Rügen und Usedom bietet Mecklenburg-Vorpommern auch noch weitere attraktive Urlaubsregionen. So zum Beispiel die Strelasunder und Vorpommersche Boddenlandschaft. Kurzweilige Ausflüge in die Hansestadt Stralsund oder ein Besuch und Bummel in der historischen Altstadt von Grimmen sind Pflichtprogramm.
Im maritimen Stralsund warten nicht nur ein Rundgang durch den Hafen mit seinen Speichern, Anlegestellen und Kanälen, sondern gleichfalls farbenfrohe Giebelhäuser, das beeindruckende Rathaus, schöne Kirchen oder mittelalterliche Klosteranlagen.

Ueckermünde

Neubrandenburg

Neubrandenburg

Prächtige Bauten der Bachsteingotik prägen das Gesicht der Altstadt von Stralsund. Zeugnisse der Hanse- und Schwedenzeit sind dort bis heute präsent und liefern ansehnliche Impressionen.
Im Greifswalder Bodden und Peenestrom liegt das Seebad Lubmin mit seiner 350 Meter langen Seebrücke. Der Naturerlebnispark Gristow in der Nähe von Greifswald ist ein anderes beliebtes Ausflugsziel in Vorpommern. Weiter östlich beginnt die Region Stettiner Haff und Ueckermünder Heide, in der sich unberührte Natur und Urlaub nicht ausschließen. Ueckermünde ist staatlich anerkannter Erholungsort mit einem vielseitigen Angebot. Dort befindet sich auch eines der schönsten Segelreviere Deutschlands.
Im Landesinneren liegt Vorpommerns größter Binnensee, der Kummerower See im Naturpark Mecklenburgische Schweiz. Die Flächengröße von knapp 45 Quadratkilometern erlaubt die Ausflugsschifffahrt, aber auch sonst ist der See beliebter Anziehungspunkt der Region.

Spielt am Küstenstrich Vorpommerns vor allem Fisch eine kulinarische Hauptrolle, so übernehmen dies im Hinterland landwirtschaftliche Feld-, Garten- und Tiererzeugnisse. Wie im übrigen Bundesland liefern auch die reichhaltigen Wälder Vorpommerns zahlreiche Wildspezialitäten. Zusammen ergeben sie die Grundlage für die bodenständige und deftige Küche Mecklenburg-Vorpommerns. Diese ist geprägt von Grünkohl, Rüben, Kartoffeln – oft auch als Tüften bezeichnet – in unterschiedlichen Zubereitungen und der süß-sauren Geschmacksrichtung wie zum Beispiel durch Backpflaumen. Solten Hiring, Braden Maischull, Kloppschinken, Pommersche Hefeplinsen oder Schwarzbrotpudding zum Nachtisch bezeichnen einige typische Gerichte. Die eine oder andere Speise lässt dann auch noch den vorpommerschen Dialekt des Ostniederdeutschen durchschimmern, der heute noch gepflegt wird und auch im Titel der Grimm'schen Märchengeschichte „Von dem Fischer und syner Fru“ Eingang gefunden hat.

Neubrandenburg

Ueckermünde

BACK- UND BRAUSCHEUNE RUMPELSTILZ

Back- und Brauscheune „Rumpelstilz"
Burkhardt Steinfurth

Dorfstraße 1
18442 Krummenhagen

Telefon 03 83 27 / 6 13 34
Telefax 03 83 27 / 6 13 46

So eine Scheune könnte viel erzählen, wenn es denn ginge. Anders in der Back- und Brauscheune „Rumpelstilz“ von Burkhardt Steinfurth in Krummenhagen. Dort wird viel erzählt, denn der umtriebige Gastwirt hat das alte Nutzgebäude stilvoll umgestaltet zu einem Gasthof mit Lofthauscharakter. Die belassene Holzfassade des Baus lässt von außen noch gut erkennen, welchen Zwecken er früher diente. Das ländliche Ambiente setzt sich innen fort – scheunenhohe Ausmaße nach oben, Lehmwände, offener Kamin oder Brotbackofen vermitteln urige Bodenständigkeit.
Back- und Brauscheune – das evoziert Handwerkliches, Urtümliches oder vertraute Verlässlichkeit. Und tatsächlich erfüllt sie die Erwartungen beim Eintreten vom ersten Augenblick an. Der Steinboden, das alte Mobiliar aus Vollholz, das benutzte Butterfass oder andere landwirtschaftliche Geräte als Deko verbreiten den Charme des Ländlichen.
Rumpelstilz ist ein ureigenes Kind von Inhaber und Betreiber Burkhardt Steinfurth. „Ich habe den Bau so weit wie möglich

selbst umgestaltet. Nur noch die blauen Balken sind original", versucht er das umfangreiche Arbeitsvolumen anzudeuten. Heute wird die gemütliche Gastlichkeit innen von Tageslicht beleuchtet – hohe Glasanteile machen's möglich. Der groß dimensionierte offene Kamin – knisternde Behaglichkeit ist garantiert – bewahrt die Verhältnismäßigkeit zu den übrigen Ausmaßen der Innenräumlichkeit und wirkt insofern keineswegs wuchtig. „Besonders im Winter sind die Plätze unmittelbar davor gefragt", weiß Steinfurth. Am anderen Ende schließt sich nahtlos eine Remise an. Die innen erfahrbare Lehmbauweise und die sichtbaren Holzanteile des Fachwerks lassen ein längst vergangenes Zeitgefühl aufkommen, in das sich die Gäste nur zu gern hineinversetzen.

Der Name Rumpelstilz ist gastronomisches Programm – heute brau' ich, morgen back' ich, heißt es bei den Gebrüdern Grimm. Die Beliebtheit des obergärigen Bieres zwingt Burkhardt Steinfurth oft zweimal am Tag an die hauseigene Brauanlage „in Schreibtischformat" – zum Vergnügen der Gäste, die ihm beim Brauen über die Schulter schauen. Die Küchenkunst im Rumpelstilz definiert sich über die pfiffige Delikatesse einfacher Speisen wie saftigem Kesselgulasch oder bekömmlichem Kartoffel- Gemüse-Auflauf. Frische ist dabei ein wichtiges Geschmacksmerkmal – wie beim fangfrischen Hornfisch. „Die Soßen machen's", verrät der Wirt am Tisch eine weitere Erfolgsrezeptur. Und tatsächlich, so ein Mecklenburger Rippenbraten wird kulinarisch geadelt durch ein feines Sößchen. Beim Hirschbraten und anderen heimischen Wildgerichten heißt das Frischemotto: vom Wald direkt auf den Teller.

Das selbst gebackene Rumpelstilzbrot gibt's zum Käse als Spezialität vom Biohof.

Die kulinarische Bodenständigkeit im Rumpelstilz lässt Feinschmecker der ländlichen Küche abheben. Dazu werden in der Back- und Brauscheune oft musikalische und andere künstlerische Leckerbissen zelebriert.

Wildschweinschnitzel auf Schwarzbiersauce

Zutaten

800 g Wildschweinrücken in Scheiben
Pfeffer, Salz
etwas Gin

Panade:
3 Eier
3 EL Mehl

Schwarzbiersauce:
1/4 l Schwarzbier (Hausmarke)
50 g Butter
3 Schalotten
400 g Waldpilze
Pfeffer
Salz
1 TL Honig
1 Zweig frischer Thymian
1 Knoblauchzehe

Rosmarinkartoffeln:
junge, kleine, fest kochende Kartoffeln
1/2 Stück Butter
frischer Rosmarin

Zubereitung

Fleisch mit Gin beträufeln, würzen, in Mehl wenden, durch das geschlagene Ei ziehen und im Semmelmehl wenden. Dann im Butterfett nicht zu scharf anbraten.

Fein gewürfelte Knoblauchzehe und Schalotten in ausgelassener Butter anschwitzen. Waldpilze dazugeben und frisch gehackten Thymian darüber verteilen. Gut durchschwenken und mit Bier auffüllen. Honig unterrühren, mit Pfeffer und Salz abschmecken, bei kleiner Hitze 10 Minuten köcheln lassen. Kartoffeln bissfest kochen, halbieren und in Butter mit frisch gehacktem Rosmarin anschwenken. Wildschweinschnitzel auf der Sauce anrichten, Rosmarinkartoffeln dazugeben und mit einem kleinen Zweig Rosmarin dekorieren.

HOF ZANDERSHAGEN

Ursprüngliches Leben genießen – nach diesem Motto entstehen auf dem bäuerlichen Familienbetrieb Hof Zandershagen im gleichnamigen Ort hochwertige Lebensmittel nach den strengen Richtlinien des Markenzeichens Demeter. Gaby Fiebig und Ture Gustavs gelingt es durch den kontrolliert biologisch dynamischen Anbau eine hohe Produktqualität und einen ursprünglichen Geschmack zu gewährleisten.
Auf Hof Zandershagen, in ländlicher Idylle rund 20 Kilometer südlich von Stralsund bei Richtenberg gelegen, ist das Bild von der artgerechten Haltung der Tiere noch stimmig. Angefangen hatte alles einmal mit nur einer Milchkuh. „Der ursprüngliche Gedanke dabei war, dass wir uns selbst versorgen wollten. Die übrig gebliebene Tagesproduktion an Milch gaben wir weiter. Schnell kamen immer mehr Abnehmer auf

den Geschmack, da reichte dann schon eine Kuh nicht mehr aus. Und so wuchsen wir rasch in die Landwirtschaft hinein. Bio-Produktion war von Anfang an ein Muss für uns“, erzählt Ture Gustavs. Er kommt aus der Landwirtschaft und versteht sein Handwerk. Zur Ausgewogenheit zwischen

Hof Zandershagen
Gaby Fiebig und Ture Gustavs

Dorfstraße 19
18461 Zandershagen
Telefon und Telefax 03 83 22 / 445

Produktion und Tiergesundheit kreuzt Bauer Gustavs milchintensive Jersey-Kühe mit Fleisch lieferndem Allgäuer Braunvieh.
Die Vorteile für die vielen Kunden des Hofladens liegen nicht nur in der Frische und einwandfreien Qualität der biologisch wertvollen Erzeugnisse, sondern auch in einem einmaligen Genusserlebnis aufgrund des

erhalten gebliebenen arttypischen Geschmacks. Das kleine, aber feine Ladengeschäft bietet unterschiedliche Produkte aus der Käserei und Fleischerei. Ein externer Metzger bereitet die hochwertige Wurst- und Fleischware nach Demeter-Richtlinien zu. Aus der Frischmilch der Jersey-Kühe mit ihrem höheren Fett-, Eiweiß- und Karotingehalt wird Doppelrahmfrischkäse in zehn Geschmacksrichtungen hergestellt – rein handwerklich. Kräuter aus dem biologischen Anbau, Milchsäurekulturen, Labextrakt und Meersalz sind die natürlichen Geschmacksdesigner und sonst nichts. „Die gehaltvolle Milch mit 6 Prozent Fett und 3,8 Prozent Eiweiß lässt den Käse besonders sahnig im Geschmack gelingen“, erklärt Gaby Fiebig. Eine Kräuterhülle oder Kräuteröl verfeinern die Frischkäsebällchen. Der probiotische Joghurt schmeckt cremig-mild. Die Rindersalami vom Hof schmeckt deftig und frisch ebenso wie die Kräuterbratwurst, das

Rindfleisch im eigenen Saft oder andere Wurstprodukte vom Hof Zandershagen.
In dem Hofladen, der Freitag nachmittag geöffnet ist, sind aber weit mehr biologisch wertvolle Lebensmittel erhältlich – regionales Frischgemüse, Brot, Obst, Südfrüchte, Saft, Getreideprodukte, Bier und Wein. Auch Kosmetika werden angeboten.

Omelettröllchen mit Kräuterfrischkäse

Zutaten

750 ml Milch
4 Eier
300 g Dinkelvollkornmehl
frisch gehackte Kräuter
1 Prise Salz
Kräuterfrischkäse

Zubereitung

Aus 750 ml Milch, 4 Eiern, 300 g Dinkelvollkornmehl, frischen gehackten Kräutern und einer Prise Salz Omeletts backen, abkühlen lassen, mit Kräuterfrischkäse bestreichen. Anschließend zusammenrollen, in ca. 1 cm dicke Röllchen schneiden, auf Tellern anrichten und entweder mit Kräutern und Salat garnieren oder für den exklusiven Geschmack mit einer leicht gepfefferten Himbeersauce servieren. Guten Appetit!

ALTER PFARRHOF

Alter Pfarrhof ÖBIK e.V.
Claudia Resthöft

Schulstraße 12
18510 Elmenhorst

Telefon 03 83 27 / 8 00 90
Telefax 03 83 27 / 50 50 0

Der Alte Pfarrhof in Elmenhorst im Landkreis Nordvorpommern, zehn Kilometer südlich von Stralsund gelegen, wird seit zehn Jahren nach den Richtlinien der ökologischen Landwirtschaft bewirtschaftet. Als Teil der Ökologischen Beschäftigungsinitiative Krummenhagen (ÖBIK) wurde die historische Hofanlage in Nachbarschaft zu Pastorat und Dorfkirche saniert und zum Mittelpunkt eines vielseitigen Agrarbetriebs mit Ackerbau, Viehzucht, Milcherzeugung und Hofkäserei ausgebaut. Die Gebäude weisen die in der Region sonst kaum noch vorkommenden typischen Bauformen auf. Seit der Umstellung der einstigen LPG-Ländereien auf biologischen Landbau sind im Bereich der Wiesen und Äcker des Alten Pfarrhofs wieder Laubfrosch, Wachtel und viele weitere sonst seltene Tierarten heimisch geworden. Der nach den Richtlinien

des Erzeugerverbandes Demeter geführte Agrarbetrieb fügt sich hervorragend in die Naturlandschaft Vorpommerns zwischen Stralsund und Greifswald ein, in der Störche, Kraniche und der Schreiadler zu Hause sind.

Der geschlossene Betriebskreislauf ist Kernstück der biologischen Landwirtschaft, die laufend kontrolliert wird. „Nach Möglichkeit soll in der Tierhaltung kein Futtermittel dazugekauft werden", erläutert Betriebsleiterin Claudia Resthöft. Die gebürtige Lübeckerin, die in Kürze den Betrieb erwerben will, leitet den Hof seit 1996. Im Milchviehbestand herrscht das Schwarze Niederungsrind vor, die robusten Tiere sind wenig krankheitsanfällig und geben viel Milch. Die Tiere werden im Freilaufstall und auf dem Grünland des Hofes gehalten. Neben Futterpflanzen werden auf den Äckern des Hofes Roggen und Weizen als Brotgetreide angebaut.

Die Biomilch wird in der hofeigenen Käserei verarbeitet. Dort wird aus der Rohmilch in bewährter Handarbeit saftiger Schnittkäse hergestellt. Dabei werden nur naturreines Lab, Milchsäurekulturen und Salz verwendet. Als Spezialität wird Kräuterkäse mit Gewürzen aus biologischem Anbau produziert. „Für den Käse mit einem Mindestfettgehalt von 45 Prozent wird die Milch entrahmt. Nach sechs Wochen Reifezeit ist er sozusagen verkaufsfertig", erklärt Claudia Resthöft, die nach einer landwirtschaftlichen Lehre in Schleswig-Holstein ein Studium als Agraringenieurin absolviert hat. Aus der Käserei kommen noch andere Bio-Produkte wie Joghurt, Butter und Quark. Zum Sortiment gehört auch Fleisch. Neben Rindfleisch wird auch Schweinefleisch angeboten und teilweise zu Biowurst verarbeitet. Wie die Rinder werden die Schweine auf dem Hof nach Richtlinien der biologischen Landwirtschaft gehalten.

Die Erzeugnisse, zu denen auch auf dem Hof gebackene Bio-Vollkornbrote zählen, werden ab Hof oder über Naturkostläden, Großhandel und Gaststätten vertrieben. „Besonders im Bereich der regionalen Gastronomie mit einheimischen Spezialitäten wünsche ich mir eine umfangreichere Geschäftsbeziehung" lässt die Landwirtin durchblicken.

„Auf dem Alten Pfarrhof soll nicht alleine Bio-Anbau betrieben werden, sondern er soll auch dem Tourismus geöffnet werden", so Claudia Resthöft, in deren Betrieb auch landwirtschaftlicher Nachwuchs ausgebildet wird und örtliche Arbeitskräfte beschäftigt werden. Geplant seien beispielsweise auch Kremserfahrten, außerdem seien Besichtigungsgäste willkommen, auf die Kostproben der feinen Erzeugnisse warten.

SOS-DORFGEMEINSCHAFT

Die SOS-Dorfgemeinschaft Hohenwieden, gelegen vor den Toren der Kreisstadt Grimmen, wird bewohnt und bewirtschaftet von einer Lebens- und Arbeitsgemeinschaft, in deren Mittelpunkt erwachsene Menschen mit Beeinträchtigungen im Lernen und Denken stehen. Die Dorfgemeinschaft bietet den betreuten und betreuenden Menschen zum Teil ein Zuhause, allen einen abwechslungsreichen Arbeitsplatz sowie einen Ort der Kultur. Die betreuten und betreuenden Mitarbeiterinnen und Mitarbeiter dieser vom SOS-Kinderdorf e.V. betriebenen Einrichtung der Behindertenhilfe bewirtschaften ihren landwirtschaftlichen Betrieb und die Gärtnerei ökologisch nach den Richtlinien des Demeter-Verbandes. Auch ein kleines Hofladencafé namens QUH gehört zur Einrichtung. Der Buchstabe Q steht für Qualität und weist in seiner ungewöhnlichen Schreibweise nicht nur auf den hohen Anspruch der Betreiber hin, sondern versteht sich auch als Hinweis auf das wichtigste Tier des Hofes. Die Kuh liefert nicht nur Milch und Fleisch, sondern ermöglicht es, in der hofeigenen Käserei den leckeren „Hohenwiedener" zu produzieren. Den gibt es selbstverständlich neben all den anderen Produkten aus den dorfeigenen Werkstätten im QUH zu kaufen. Die Bandbreite reicht von allerlei Gemüse über Eier aus Freilandhaltung, Käse, Topfen und Wurst bis hin zu geschnitzten Holzartikeln und Heimtextilien. Künstlerische Arbeiten, entstanden in Workshops und Kunsttherapie, runden das Angebot ab.

Die am Hof erzeugten Bioprodukte werden zum großen Teil über die Vertriebsgesellschaft „Biofrisch Nordost" vermarktet und an Hotels, Gaststätten und Bioläden der

SOS-Dorfgemeinschaft
Grimmen-Hohenwieden

Hohenwieden 9
18507 Grimmen

Telefon 03 83 26 / 65 44-0
Telefax 03 83 26 / 65 44-32

Region geliefert. Einen Teil ihrer Erzeugnisse verkaufen die Bewohner selbst auf den Wochen- und Kunsthandwerkermärkten in der Umgebung. Großen Zuspruch findet das im Mittelpunkt des Dorfes liegende Hofladencafé QUH. Das QUH bietet im Innenraum Platz für 20 Besucher. Die Kapazität nimmt bei gutem Wetter sprunghaft zu. Man sitzt im Hof beschaulich unter einer alten Linde, schaut den Katzen beim Spielen und den Kälbern bei ihrer Langeweile zu. Der angrenzende Spielplatz will bespielt werden, mit Glück lässt sich das Storchenpaar beim Großziehen des Nachwuchses beobachten. Der Hofladen bietet zusätzlich zu den Eigenprodukten ein ausgewähltes Naturkost- und Drogeriesortiment.

Das Café, das schwerpunktmäßig an den Wochenenden geöffnet ist, hat stets selbst gebackenen Kuchen im Angebot. Selbstverständlich übernehmen die betreuten MitarbeiterInnen der Dorfgemeinschaft den Service im Café. Sie sind teilweise auf die verständnisvolle Unterstützung der Kunden angewiesen. Integration wird hier als aktive Teilnahme der Gäste am Leben der Gemeinschaft verstanden. Der erweiterte Integrationsansatz beschert dem Dorf im Jahreslauf zahlreiche künstlerische Veranstaltungen wie Musikdarbietungen, Bildhauerworkshops und Kunstausstellungen. Weithin bekannt ist das klassische „Konzert(chen)" an jedem letzten Freitag im Monat. Die Saison läuft jeweils von Oktober bis Juni. Jedermann und jede Frau ist jederzeit recht herzlich eingeladen, die für die Öffentlichkeit bestimmten Angebote dieser etwas anderen Dorfgemeinschaft für sich zu nutzen.

ESSBARE LANDSCHAFTEN

Wenn sich ein Spitzenkoch und ein Gartenbauingenieur zusammentun, blühen nicht immer essbare Landschaften. Im Falle von Ralf Hiener und Olaf Schnelle ist das anders. Letzterer hat sich als 17-Jähriger für den Überlebenskünstler Rüdiger Nehberg begeistert und ihm nachgeeifert. Schnelles Survivaltour – mit dem Vorsatz, essen, was die Flora hergibt – ging von Erfurt an die Ostseeküste. Und endete an der Imbissbude, an der er hängen blieb und sich Würmer (Würste) ins Kraut holte. Doch das Interesse an Wildkräutern ist bis heute geblieben. Bescheiden startete er nach seinem Studium mit einem Fahrradanhänger und bot seine frischen Wildkräuter feil. Eine Mitarbeiterin vom Stralsunder Arbeitsamt brachte ihn auf die Idee, nicht zu kleckern, sondern zu klotzen. Er tat sich dann 2000 mit Ralf Hiener zusammen – als Koch für frischen und gesunden Genuss genau der richtige Mann.

Heute ist das Unternehmen „Essbare Landschaften" längst etabliert, wenn man so sagen kann, denn der Markt gibt seinesgleichen nicht her. Wen wundert's bei der Tätigkeit, die ja nun darin besteht, Unkraut zu kultivieren. „Dazu bedarf es vor allem der Erfahrungswerte, denn in der einschlägigen Literatur ist ja nicht nachzulesen, wie Unkraut gezüchtet, sondern wie Beete und Felder frei davon gehalten werden. So haben wir bis heute noch nicht das Ackerhellerkraut innerhalb eines

Essbare Landschaften GmbH
Olaf Schnelle und Ralf Hiener

Gutshaus Boltenhagen
18516 Süderholz

Telefon 03 83 26 / 53 57 80
Telefax 03 83 26 / 53 57 81

Was viele Hobbygärtner eher mit Siegerfreude auf dem Komposthaufen werfen, landet bei zahlreichen Feinschmeckern und Spitzenköchen als hochwertiger Aromaträger im Kochtopf. Nämlich Unkraut, das sich die beiden Bosse von „Essbare Landschaften", Olaf Schnelle und Ralf Hiener, zum Geschäft gemacht haben. Die zwei Experten schätzen viele Unkräuter als Wildkräuter, die genussvolles Gaumenglück vermitteln und viel mehr als das Salz in der Suppe sind.

Produkte schon vielfach prämiert. Neben dem CMA Spezialitätenpreis 2001 und Gold beim Lebensmittel-Innovationspreis des Landes „food&health" ist der Existenzgründerpreis 2004 der Ostseezeitung die neueste Krone – dagegen ist kein Kraut gewachsen.

Beetes zum Gedeihen bringen können, obwohl es in den benachbarten Feldern wuchert und bekämpft wird", beschreibt Olaf Schnelle die natürlichen Gegenkräfte so mancher Kultivierungsversuche, die die Sache spannend machen.
Dennoch, heute blühen auf rund 2,5 Hektar Fläche etwa 100 Wildkräuter, die gezüchtet und gepflegt werden. Nach der Ernte werden sie küchenfertig zubereitet – alles in mühevoller Handarbeit – und im Kühltransport versendet. Auf der Angebotsliste stehen bekannte bis – für viele – unbekannte Pflanzen wie Brennnessel, Vogelmiere und Sauerampfer oder das leicht bittere Würzkraut Ysop. Für Epazote oder Anis-Basilikum ist der zertifizierte Bioland-Betrieb einziger Anbieter in Deutschland. „Besternte" Spitzenköche, Großkantinen wie die von Volkswagen oder Feinschmecker-Haushalte lassen sich Kräuter, Blüten, Pesto, Gemüse und Saatgut von „Essbare Landschaften" liefern. „Komplette, fertig gemixte Wildkräutersalate sind ein Renner", verrät Olaf Schnelle. Im Winter, der ruhigeren Zeit, stehen dann selbst zubereitete Gelees im Vordergrund oder das Schreiben von Kräuter- und Kochbüchern, von denen es bereits zwei gibt.
„Essbare Landschaften" wurde als pfiffige Unternehmeridee und aufgrund seiner

Wildkräutersalat „Essbare Landschaften"

Zutaten

120 g Wildkräuter-Mischung aus Geißfuß, wilder Malve, Vogelmiere, Hirtentäschel, Taubnessel, Löwenzahn, Leimkraut, wilder Rauke usw.
Blütenmischung aus Veilchen, Malve, Glockenblumen, Gänseblümchen, Vergissmeinnicht
4 EL gute Gemüsebrühe
2 EL weißer Balsamicoessig
2 EL Haselnussöl
2 EL Sonnenblumenöl
1 TL Honig
Salz, Pfeffer aus der Mühle
1 Spritzer Zitronensaft

Zubereitung

Alle Zutaten gut vermischen und kräftig abschmecken. Die Kräuter marinieren, auf Tellern anrichten und mit den Blüten garnieren.

PARK HOTEL SCHLOSS RATTEY

„Worpsweder Botschaft" – mit Originalgemälden aus der Künstlerkolonie –, genießt der Gourmet erlesene und traditionelle Speisen und Getränke. In der warmen Jahreszeit steht dafür die weiträumige Sonnenterrasse mit Blick auf die nahe Kultur- und Naturlandschaft zur Verfügung.
Die Zubereitung der Köstlichkeiten auf der Speisenkarte ist zum Teil auf das Weinthema ausgerichtet. „Wir wollen auch durch unsere Speisen den Wein unterstreichen und sichtbar machen", so Geschäftsführerin Marion Hentschel. Dazu passt ein Winzerbraten aus zart geschmortem Rouladenfleisch mit Schinken, Zwiebel-Petersilien-Mischung und Weintrauben gefüllt, der den

Leben und genießen wie ein Schlossherr, wer möchte das nicht einmal. Das Park Hotel Schloss Rattey bietet dieses Vergnügen auf höchstem Niveau. Das Anwesen liegt inmitten der alten Parkanlage mit 700 Jahre alten Eichen am Fuße der Brohmer Berge im nordöstlichen Mecklenburg-Strelitz. Es ist als ausgesprochenes Hochzeitsschloss weithin bekannt und macht in jüngster Zeit als Weingut mit seinem Mecklenburger Landwein auf sich aufmerksam. Gourmets genießen dort die klassisch gehobene Küche in feudaler Umgebung. Dass sich die Gäste auch sonst dort wohlfühlen, dafür sorgen der Schlosspark mit seinen Ratteyer Gutseichen, die stilvoll eingerichteten Zimmer des Hotels, die wertvollen Antiquitäten in den Räumlichkeiten, die gelungene Restaurierung im Empirestil oder der Wellnessbereich.
Schloss Rattey ist ein ausgesprochenes Kulturgut, in dem nicht nur die Gastlichkeit und exzellente Küche gepflegt werden, sondern auch mecklenburgische Hochzeitsbräuche. Der Schlosswein und weitere auserlesene Tropfen harmonieren bestens zur Gutsküche. In den stilvollen Salons des Schlosshotels, unter anderem im Kabinett

Park Hotel Schloss Rattey

Rattey 21
17349 Rattey

Telefon 0 39 68 / 25 50 10
Telefax 0 39 68 / 25 50 50

Gaumen des ausgesprochenen Feinschmeckers umschmeichelt. Ein anderer kulinarischer Schwerpunkt ist Fisch aus der Region. Das gebratene Zanderfilet wird in kurzweiligen Variationen angeboten – mit Pfeffersauce, in Butter geschwenkten Tagliatelle, in pikanter Senfsauce und mit feinem Kartoffelpüree oder in Balsamicoessig-Butter. Feiern wie ein Schlossherr können auf Rattey im stilvollen Ambiente besonders standesgemäßer Kleidung über Galabüfetts und festliche Dekorationen bis zur Make-up-Beratung und zum Hairstyling. Der Hochzeitsweg „Rosa Wolke" führt in die romantischen Ecken des Schlossparks und ist ausgelegt mit Platten, die Paare mit ihren Insignien selbst gestalten können.
Schloss Rattey verführt zum Bleiben. Das fällt in den mit wertvollen Antiquitäten ausstaffierten Hotel- und sonstigen Räumlich-

Hochzeitspaare. Das Anwesen ist als Hochzeitsschloss bestens ausgestattet – mit einem eigenen Trauzimmer und einem Service, der keine Wünsche offen lässt.
Die Arrangements reichen von regionalen Hochzeitsbräuchen mit Pferdekutsche und keiten nicht schwer. Im Wellnessbereich unter dem stimmungsvollen Renaissancegewölbe können die Gäste die Seele baumeln lassen. Die Konferenz- und übrigen Räume eignen sich bestens für Tagungen, Festlichkeiten und andere Veranstaltungen.

Winzerbraten

Zutaten

4 große, dünne Scheiben Rouladenfleisch
1 Bund Petersilie
4 Zwiebeln
4 EL scharfer, grober Senf
4 Scheiben Kochschinken
300 g Weintrauben
1/2 Liter Weißwein
2 EL Butter
Salz, Pfeffer

Zubereitung

Zwiebeln in kleine Würfel schneiden. Petersilie klein schneiden. Beides mischen. Rouladenfleisch trocken tupfen, würzen, mit grobkörnigem Senf bestreichen. Schinken und Zwiebel-Petersilien-Mischung darauf verteilen. Weintrauben halbieren, entkernen und bis zu 2/3 auf die Füllung geben. Für den Winzerbraten Fleischscheiben aufrollen, mit Rouladennadeln zusammenstecken, kräftig anbraten, ablöschen, mit Weißwein verfeinern. Zugedeckt bei geringer Hitze ca. 1 1/2 Stunden schmoren lassen. Gelegentlich umrühren, Braten wenden, herausnehmen, kurz ruhen lassen und in Scheiben schneiden. Die restlichen Weintrauben in Butter dünsten, in die Sauce geben und mit dem Braten auf Tellern anrichten. Dazu passen Kartoffelpüree oder Kartoffelklöße. Wir empfehlen unseren Mecklenburger Landwein.

MECKLENBURGER LANDWEIN

Park Hotel Schloss Rattey

Rattey 21
17349 Rattey

Telefon 0 39 68 / 25 50 10
und 01 70 / 5 84 72 58 (Winzer)
Telefax 0 39 68 / 25 50 50

Das Park Hotel Schloss Rattey hat sich vor allem als Hochzeitsschloss einen Namen gemacht. In jüngster Zeit widmet es sich engagiert dem Weinanbau und lässt diese 800-jährige Tradition im sonnigen Mecklenburg-Vorpommern wieder aufleben. Dort am Fuße der Brohmer Berge im nordöstlichen Mecklenburg-Strelitz gedeihen um das Schloss unter Einfluss des Kontinentalklimas die Trauben. Initiator des Weinanbaus auf dem Schloss ist der Verein der Privatwinzer zu Rattey. Heute entsteht in der eigenen Weinkellerei guter Mecklenburger Landwein.
Adel und guter Wein – beides findet man auf Schloss Rattey, wenigstens noch adlige Wohnkultur in dem umfangreich sanierten Schlossbau. Seit 2000 fließt dort auch wieder selbst an- und ausgebauter Wein – seit 2004 in gewerblicher Form. Mit der Gründung des Vereins der Privatwinzer zu Rattey knüpft man dort an eine 800-jährige Tradition des Weinanbaus an. Der letzte Weinberg wurde 1855 aufgegeben, nachdem durch Eisenbahn und andere Verkehrswege preiswerter Südwein in der Region in Umlauf kam. Man wollte sich wohl nicht mehr die harte Arbeit antun, dem Boden mühselig Tropfen für Tropfen abzuringen. An den

Südhängen vis-à-vis des Parks, links und rechts vom Schloss, gedeihen heute wieder auf einer Fläche von 3,5 Hektar insgesamt sieben Sorten Weiß- und Rotwein – Portugieser, Regent, Spätburgunder, Müller Thurgau, Ortega, Phönix und Huxelrebe. Die Anbauflächen und der Park mit seinen alten Ratteyer Gutseichen gestalten und prägen das nahe Landschaftsbild des Anwesens. Die hohe Sonnenscheindauer, vom Kontinentalklima beeinflusst, lässt die Trauben an den Hängen so gedeihen, dass daraus ein spritziger, säurebetonter Landwein gekeltert werden kann. „Wir wollen auf unseren Anbauflächen und in der eigenen Weinkellerei unter fachlicher Anleitung einen guten Mecklenburger Landwein etablieren", unterstreicht Geschäftsführerin Marion Hentschel die engagierten Weinbautätigkeiten. Der selbst angebaute Tropfen wird den Schlossgästen angeboten und im Gutsladen „Weinkanne" verkauft.
Henri Ebert wacht als Winzer auf Schloss Rattey über die insgesamt über 13 000 Reben und wird von Vereinsmitgliedern tatkräftig unterstützt. Wissenschaftlich beraten über Anbau, Pflege und Ausbau des Weins wird er von Dr. Gerhard Flick, Professor der Agrarwissenschaft an der FH Neubrandenburg. Der Verein hält im Haus regelmäßige Winzerstammtische ab und führt dabei natürlich Winzergespräche rund

um den Weinbau. Der Traubensaft wird in der eigenen Weinkellerei ausgebaut, lagert und reift in den alten Gemäuern zu fruchtigem Mecklenburger Landwein. Für das Winzergeschäft ist Schloss Rattey entsprechend ausgestattet mit modernen Edelstahltanks, 1000-Liter-Presse, Spezialtraktor und umfangreicher Technik für den Weinbergeinsatz. „Wir setzen nicht auf Masse, sondern auf Klasse. Unsere Zielvorgabe lautet 1,5 Liter Wein pro Rebstock", erläutert Geschäftsführerin Hentschel. Die Ratteyer Weinberge sollen einmal ein Gesamtvolumen von bis zu 20 000 Liter Wein abwerfen, damit noch mehr Genießer den Mecklenburger Wein kennenlernen können.

POMMERNYACHT

Hafenhotel und Restaurant Pommernyacht
Martin Wünscher

Altes Bollwerk 1b
17373 Ueckermünde

Telefon 03 97 71 / 21 50
Telefax 03 97 71 / 2 15 39

Hafenluft schnuppern – das und noch viel mehr können Gäste im Hafenhotel Pommernyacht und maritimen Restaurant in Ueckermünde, denn unmittelbar davor fließt die Uecker vorbei und vis-à-vis liegen die Ausflugsschiffe neben den Seglern im lebendigen Stadthafen. Die Verbindung zur Seefahrt ist nicht nur geographisch gegeben. Das Haus ist in seiner äußeren Gestalt einem Schiff nachempfunden. Auf der großen Terrasse unter dem Sonnensegel kann der Feinschmecker nicht nur das Fluidum des Ueckermünder Hafenbetriebs genießen, sondern auch regionale Fischspezialitäten. Das Restaurant der „Pommernyacht" empfängt den Gast in großzügiger, lichtdurchfluteter Atmosphäre. Originaldetails wie gespannte Segel, Galionsfigur und Fischernetz erinnern an die Geschichte des ehemaligen Schiffstyps, dem das Haus seinen Namen verdankt.
Willkommen an Bord – heißt der frisch gekürte Kapitän Martin Wünscher seine Gäste. Nach Abschluss an der Heidelberger Hotelfachschule ist der Gastwirt in den elterlichen Betrieb zurückgekommen. Hier nun schwingt Küchenmeister Wünscher den Kochlöffel und verwöhnt mit leichter, frischer Küche. Doch versteckt er sich nicht in seiner Kombüse: „Der persönliche Kontakt ist mir besonders wichtig, ich spreche gern mit meinen Gästen, bevor ich für sie koche. Und sofort wird die Arbeit in der Küche eine ganz persönliche Angelegenheit,

schließlich kocht man nicht für Irgendjemand!", erläutert der leidenschaftliche Koch seine Art von Qualitätsmanagement, das sich motivierend auf das gesamte Küchenteam und dessen Arbeit auswirkt. Dazu zählt auch die Auswahl ausschließlich hochwertiger Produkte und frischester Zutaten wie Gemüse, das er täglich erntefrisch bezieht, oder selbst gezogene Kräuter. Nicht zuletzt stehen die Mitarbeiter für die gastronomische Güte im Betrieb. „Wir sind gut besetzt mit unserem Team, das den Spaß bei der Arbeit auch rüberbringt", so Wünscher, der sich in ausgezeichneten Sterne-Küchen sein praktisches Wissen aneignete. Schloss Hubertushöhe am Storkower See in der märkischen Seenlandschaft oder das Genießerhotel Hubertus von Johanna Maier im salzburgischen Filzmoos zählen zu seinen Stationen.
Das familiär geführte Hotel bietet kurzweilige Arrangements wie Segeltouren oder Ausflüge mit dem Rad in die Ueckermünder Heide an, die sympathische Stadt mit fast endlosem Sandstrand lädt ein, die Region am Stettiner Haff von ihrer schönsten Seite kennen zu lernen.

Damwildrücken mit Fliederbeeren und gebackenem Kartoffelstrudel

Zutaten

1,2 kg Damwildrücken
3 Zwiebeln, 2 Karotten, 1/2 Sellerie
400 ml Rotwein
500 g Fliederbeeren
200 ml Rotwein
2 EL Zucker
5 große Kartoffeln
2 Schalotten, 1 Knoblauchzehe
1 Thymianzweig
1 Hand voll Petersilie
20 g Butter

Für den Strudelteig:
300 g Mehl
150 ml warmes Wasser
50 ml Pflanzenöl, 5 g Salz

Zubereitung:

Damwildrücken auslösen und von Sehnen befreien, aus den Knochen und Abschnitten, Zwiebeln und dem Wurzelgemüse eine Sauce herstellen, das Fleisch rosa braten.
Die Fliederbeeren (Holunder) waschen, von den Stielen trennen, die Hälfte der Beeren mit Rotwein bedeckt und mit etwas Zucker kochen, durch ein feines Sieb passieren. Die andere Hälfte der Beeren nun mit dem Holundersaft aufsetzen, abschmecken, evtl. etwas abbinden.
Für den Kartoffelstrudel die Kartoffeln schälen, in Stäbchen schneiden, mit Schalotten in Butter anschwitzen, würzen und gar schmoren.
Die Kartoffelfüllung abschmecken mit Kräutern, je nach Belieben auch mit Pilzen oder Speck ergänzen, die Masse dann kalt stellen. Für den Strudelteig Wasser, Mehl, Öl und Salz zu einem glatten Teig verarbeiten.
Die Füllung in Strudelteig einschlagen, mit Butter bestreichen und im Ofen ausbacken.

Anders als andere – 3 x A. Nach diesem Motto der Original Bauernmanufaktur in Ferdinandshof stellen Ilona und Harald Brenneiser ihre delikaten hausgemachten Fruchtaufstriche, Chutney's, und Relish's her. Das bedeutet vor allem ungewöhnliche Kompositionen wie „Ingwer mit Zitonenmelisse". Auf Produktqualität legt Ilona Brenneiser besonders großen Wert, denn schließlich preist sie ihre süßen und würzigen Verführungen als gesundheitsbewusste Erzeugnisse an. Verarbeitet werden fast nur regionale Früchte, Gemüse und Kräuter, die sozusagen vor der Haustür gedeihen.
Die drei „A" im Motto „Anders als andere" sind nicht allein ein Qualitätsanspruch von Ilona und Harald Brenneiser, der sich durch immer frische Regional- und reine Naturzutaten erfüllt. Auch das Rezept steht damit in Verbindung. Ilona Brenneiser will der Feinschmeckergemeinde nicht nur einfache Fruchtaufstriche, Chutne's und Relish's bieten. Es kommt stets eine weitere Zutat ins Glas, so dass eine anspruchsvolle Geschmackskomposition entsteht – so zum Beispiel „Rhabarber-Ingwer" oder „Weißwein-Kräutergelee". Wie komplex die Mischungen sein können, zeigt das „Karotte-Zucchini-Chutney" aus so spannenden Zutaten wie Ingwerwurzel, Apfelessig, Orangensaft, Koriander, Zwiebel, Curry, Salz und Pfeffer. Die Mixturen sind kreativ und phantasievoll. Im ersten Moment mögen sie provozieren, so wie Kürbis-Kokos. Spätestens nach der ersten Probe kommt ein lang gezogenes, genussvolles Mmhh über die Lippen als Zeichen der Akzeptanz. Die Rezeptur ist gelungen – ohne Zweifel – und dabei ernährungsbewusst, denn mit dem Zucker wird sparsam umgegangen. „Aromen, Farb- und Konservierungsstoffe bleiben außen vor. Nur die reine Natur wird

Original Bauerngarten
Manufaktur GbR
Ilona und Harald Brenneiser

Dr. Allende Straße 35
17379 Ferdinandshof

Telefon 03 97 78 / 2 82 94
Telefax 03 97 78 / 2 82 96

im Glas eingefangen“, bestätigt Harald Brenneiser.
Fachfrau Ilona Brenneiser steht beratend zur Seite, wohl auch ein Muss bei rund 40 Sorten. Sie weiß nicht nur die Geschmacksmischungen treffend zu beschreiben, sondern kennt sich auch in der Verwendung bestens aus. „Meine hausgemachten Produkte dienen in der Küche als fruchtig-würzige Begleiter, die Brötchen, Brot, Joghurt, Wild- und andere Braten, Geflügel, Fisch oder Fondue und andere Grundzutaten genussvoll verfeinern“, macht sie auch die variablen Einsatzmöglichkeiten aufmerksam. Doch sie lassen dem Feinschmecker oder der Hausfrau auch genügend Raum für eigene kulinarische Experimente. Dabei sind nicht nur Ilona Brenneisers Geschmackskombinationen pfiffig, sondern auch ihre Idee zur Gründung der „Original Bauerngarten Manufaktur“. Arbeitslosigkeit und ihre Kochleidenschaft haben sie zur Unternehmerin werden lassen. Dabei kann sie sich auf ein ausgeprägtes Gespür für den besonderen Geschmack verlassen. „Allein wenn ich die eine oder andere Pflanze beim Sammeln nur sehe, weiß ich schon im Voraus, was daraus werden könnte – auch aus den Mischungen. Ich spüre dann schon gewissermaßen den Geschmack auf der Zunge“, beschreibt sie ihre außergewöhnliche Fähigkeit. Dann, in ihrer Betriebsküche legt sie los und realisiert alte, vergessene Rezepte aus „Omas Küche“, schafft aber auch eigene neue, kreative Kompositionen.
Neueste Kreation, deren Zuspruch auf regionalen Märkten erprobt wird, ist der Fruchtaufstrich „Quitte-Holzapfel“. Nach dem Motto „Qualität, die sich sehen und schmecken lässt“ können alle Produkte verkostet werden.

GUT OWSTIN

Ein langer Hals und zwei frech dreinschauende Augen – ein gewohntes Bild auf Gut Owstin, dem Straußenzuchtbetrieb rund 20 Kilometer vor Usedom. 2001 fiel der Startschuss, doch zuvor hatten Eigentümer Jan Büschgens und seine Frau Ursula noch viel zu tun. Das heruntergekommene Gut, um 1700 entstanden, musste umfassend saniert und restauriert werden, zum Teil entstanden neue Gebäude, damit es als Sommerwohnsitz der Krefelder Unternehmerfamilie dienen konnte. Als solches war es ursprünglich geplant und ist der Grund dafür, dass die fünf Rheinländer – die Kinder Jan (15), Sophie (11) und Lutz (10) gehören dazu – viel Zeit in Mecklenburg-Vorpommern verbringen. Doch ein bloßes Urlaubsdomizil, das zwei-, dreimal im Jahr besucht wird, erfüllte Büschgens nicht. Tourismus oder Landwirtschaft standen zur Auswahl und in Zeiten von BSE gab die Rinderkrankheit den entscheidenden Ausschlag. „Straußenfleisch ist eines der magersten, wenn nicht sogar das magerste rote Fleisch, das es gibt. Es ist außerordentlich zart, schmeckt wie bestes Rinderfilet, hat jedoch alle Vorzüge von Geflügelfleisch: geringer Fett- und Cholesteringehalt, viel Eiweiß, wenig Kalorien. Das ideale Nahrungsmittel für eine gesunde Ernährung", gibt der Straußenzüchter bekannt.

Er arbeitet eher im Hintergrund, verwaltet wird das Gut von Jörg Steindorff und einem Team. Eine verlässliche Crew ist für Büschgens wichtig, ist er doch nur wenige Wochen vor Ort – zum Urlaub der anderen Art, der ihm und vor allem seinen Kindern aber viel Spaß macht.

Gut Owstin, Mitglied im Berufsverband deutsche Straußzucht artgerecht e.V. ist deutschlandweit nicht nur der größte Zucht-

Gut Owstin
Jan Büschgens

Am Storchennest 8
17506 Owstin

Telefon 03 83 53 / 6 68 43
Telefax 03 83 53 / 6 68 45

betrieb seiner Art, sondern auch ein Vorzeigebetrieb, der streng nach ökologischen Grundsätzen wirtschaftet. Dazu gehören Futtermittel auf natürlicher Grundlage. Der Betrieb ist vollständig ausgestattet nach dem Motto „Vom Ei bis in die Pfanne". Von der Brutstätte gelangen die gut behüteten Jungtiere auf die großzügigen Gehege und werden dann mit zwölf bis 15 Monaten geschlachtet. Einzigartig ist die eigene

Schlachtanlage, aus der das portionierte Frischfleisch kommt. „Sie ist Teil unseres Qualitätsmanagements, denn Transportwege, die für die Tiere Stress bedeuten, fallen nun ganz weg", erläutert Jan Büschgens.
Vorteil der Straußenart Zimbabwe Blue ist nicht nur das besonders delikate Fleisch und das rasche Wachstum der Tiere, sondern auch das exklusive und strapazierfähige Leder, das ebenso auf Gut Owstin verwertet wird. Bis 2006 soll der Zuchtbetrieb auf 1000 Zweibeiner verdoppelt werden. Dazu wurden extra 30 Hektar Land zu 40 Hektar bestehendem erworben.
Im gutseigenen Hofladen werden Salami, Pfefferbeißer, Leberwurst, Filets, Braten, Gulasch oder Rouladen direkt vertrieben, ansonsten gelangen die gefragten Spezialitäten über Feinkostläden, namhafte Hotels und Gaststätten auf die Teller der Feinschmecker. Oft wird Jan Büschgens danach gefragt, ob die Tiere das mitteleuropäische Wetter vertragen: „Die Erfahrung zeigt, dass sie gerade im gemäßigten mitteleuropäischen Klima besonders gut gedeihen. In Afrika sind sie größeren Klimaschwankungen ausgesetzt", entgegnet er und verweist auf den Straußentanz, den die Tiere auf Gut Owstin oft vorführen, weil sie sich dort wohl fühlen.

GUTSHAUS STOLPE & STOLPER FÄHRKRUG

Der „Stolper Fährkrug" in Stolpe an der Peene beeindruckt mit seinem mächtigen Reetdach und der liebevoll restaurierten roten Backsteinfassade samt Fachwerk. Keine obligate Brauereiwerbung lässt von außen erahnen, was es Deftiges drinnen und überhaupt noch gibt – nämlich regionale, frische Küche mit Peeneblick und Biergarten. Der Gasthof gehört zum erstmals 1136 urkundlich erwähnten Gutshaus Stolpe mit Relais & Chateaux Hotel und Restaurant. Dort erwarten den Feinschmecker hohe Gourmetküche, fürstliche Unterkunft und feine Lebensart. Exklusive Antiquitäten und international ausgesuchtes Interieur in den Gästezimmern und Suiten lassen Wohnkomfort auf hohem Niveau aufkommen. Tafelkultur nach Gutsherrenart genießen Feinschmecker im nobel ausgestatteten Restaurant mit seiner prämierten Sterne-Küche.
Am Stolper Fährkrug, seit rund 300 Jahren eines der traditionsreichsten Gasthäuser Mecklenburg-Vorpommerns, legt noch immer die Fähre über die Peene an und ab. Ohne den modischen Gastro-Schick fühlt sich der Gast tatsächlich in die Tage des plattdeutschen Heimatdichters Fritz Reuter zurückversetzt. „Er hat dort einige Zeit gezecht und gearbeitet", weiß Gutshaus-Direktor Markus Kinzel.
Kulinarisch lädt der Fährkrug ein zu frischen Regionalprodukten wie Gemüse, Kräuter, Wild, Fisch und anderem Fleisch, die zu deftigen Köstlichkeiten zubereitet werden. Wer dann ein Pommersches Sauerkrautgulasch im Kartoffellaib mit Essiggurken genießt, fühlt sich Land und Leuten ein bisschen näher verbunden. Im Sommer erfrischt ein kühles Blondes im Biergarten mit wunderbarem Blick auf die Peene.
Wer die hohe Tafelkultur und einen exklusiven Urlaub genießen möchte, diniert und logiert im Gutshaus Stolpe mit Hotel und Restaurant. Die Qualität der ausgezeichneten Delikatessküche hat sich weit über die Landesgrenze hinaus herumgesprochen. Gourmetführer Michelin zeichnete die Kochkreativität von Küchenchef Renee Rischmeyer mit einem Stern aus. Schon das fürstlich ausstaffierte Restaurant vermittelt Hochgenuss und bildet den angemessenen Rahmen für aufregende Tafelfreuden. Ein Degustationsmenü wird zur kulinarischen Noblesse, die beispielsweise mit einer Flusskrebssülze an Mozzarella und Tomate startet, gefolgt von der spannenden Kombination aus gebratenem Störfilet auf Chinakohl-Senf-Gemüse. Die Hauptrolle spielt der Pommersche Rehrücken an frischen Steinpilzen und Kartoffelravioli, der seinen Ausklang findet bei gefüllten Trauben mit hausgemachter Schokolade und Rotweineis.

Hotel und Restaurant
Gutshaus Stolpe

Dorfstraße 37
17391 Stolpe bei Anklam

Telefon 03 97 21 / 55 00
Telefax 03 97 21 / 55 0 99

Stolper Fährkrug

Dorfstraße 25
17391 Stolpe bei Anklam

Telefon 03 97 21 / 5 22 25

„Unser Hauskonzept orientiert sich an kleinen Landhotels, wie man sie in England oder Frankreich findet. Dort wie bei uns ist der Hotelier mehr freundschaftlicher Gastgeber als profitorientierter Dienstleister", beschreibt Markus Kinzel das Leitmotiv. Im Gutshaus werden die Gäste anders als sonst begrüßt – nicht an der üblichen Empfangstheke, sondern stilvoll am antiquarischen Sekretär sitzend bei einer Tasse Kaffee. Auch sonst keine Wünsche offen lässt das herrschaftliche Anwesen, das durch die exquisite Einrichtung, die intime Überschaubarkeit und den aufmerksamen Service seine persönliche Atmosphäre gewinnt. Holzgetäfelte Bar, Gartensalon, üppig ausgestattete Zimmer und Suiten mit historischem oder maritimem Flair versüßen den Aufenthalt. Im ehemaligen Pferdestall lässt es sich tagen und feiern.

Müritz-Stör mit Avocado und Kaviar

Zutaten

120 g geräucherter Stör
100 g marinierter Stör
100 g roher Stör
60 g Kaviar
4 sehr reife Avocados
120 g Schmand
Salz, Pfeffer, Sesamöl
4 Limonen
20 g Sesam, schwarz und weiß
4 Mini-Chilischoten, rot

Zubereitung

Törtchen:
Marinierten Stör zu Tatar schneiden. Mit Salz, Pfeffer, Sesamöl und Limonensaft verrühren und als Boden in 4 kleine Ringe geben.
Avocados schälen, entkernen, in gleicher Größe wie die Böden zuvor ausstechen, mit Salz, Pfeffer würzen und auf den Tatar schichten.
In gleicher Größe wie bisher Kreise aus dem geräucherten Stör ausstechen und auf die Avocadoscheibe legen. Schmand mit Salz und Pfeffer verrühren, auf die Törtchen aufstreichen. Kaviar als letzte Schicht auf dem Schmand verteilen.

Avocadocrème:
1/3 der restlichen Avocados durchsieben. 2/3 der restlichen Avocados würfeln, mit Salz, Pfeffer, Schmand, Sesam, Limone und Chili zur Crème verrühren.

Anrichten:
Chilischoten hacken, mit Sesam, Salz und Limonenresten zur Salzmischung vermengen und als Linien im oberen Tellerdrittel anrichten. Störtörtchen aus den Ringen lösen, unterhalb der Salzlinie an eine Seite der Teller setzen, daneben die Avocadocrème als Dreieck geben.
Rohen Stör grillieren und an die Avocadocrème-Dreiecke anlegen. Tupfen aus Limonen-Schmandcrème im unteren Drittel dazu anrichten.

EINE WAHRHAFT „KAISERLICHE" INSEL

Ahlbeck

Wo scheint in Deutschland die Sonne am meisten? Auf Usedom – nicht nur die östlichste deutsche Insel, sondern auch das Sonnenparadies schlechthin. Dort strahlt die gelbe Scheibe durchschnittlich 1906 Stunden im Jahr. Die herrliche Lage an der Ostsee in der Pommerschen Bucht, die feinsandigen Strände, die vielfältige Naturlandschaft und die gut ausgebaute Infrastruktur machen sie zudem zu einem beliebten Urlaubsparadies. Und noch etwas Bemerkenswertes zu Usedom. Zwei Staaten, Deutschland und Polen, teilen sich die Insel. Der größere Teil mit knapp 450 Quadratkilometer Fläche gehört zu Deutschland und der mit etwa 73 Quadratkilometer Fläche kleinere Inselteil ist polnisches Staatsgebiet. Der größere deutsche Teil wird „nur" von etwa 31 500 Menschen besiedelt, während sich auf dem mehr als sechsmal kleinerem polnischen Teil immerhin 45 000 Menschen tummeln.

Schluss mit den Kuriositäten. Usedom hat mehr zu bieten. Geschichte, Theater, Museen, Kultur, Sport, Baden Spaß, kulinarische Genüsse, die Inselbahn oder den Grenzübergang Swinemünde nach Polen und vieles, vieles mehr.

So zum Beispiel die berühmten drei Kaiserbäder Bassin, Ahlbeck und Heringsdorf als Zentrum der Inselbadekultur. Sie verdanken ihre Zusatzbezeichnung dem Besuch von Kaiser Wilhelm II, der sich vor allem in Heringsdorf aufhielt. In seinem Tross schleppte er viele Adlige und Wohlhabende mit sich und auch später flanierten

dort die Oberen der Gesellschaft. Die Orte stellten sich schnell auf den prominenten Besuch ein. Mondäne Villen in typischer Bäderarchitektur, aber auch Hotels und Restaurants in klassizistischer Bauweise entstanden und kamen dem erlesenen Geschmack entgegen. Zur glanzvollen Vergangenheit der drei Kaiserbäder zählen auch die Besuche und Aufenthalte von Künstlerpersönlichkeiten. Johann Strauß, Maxim Gorki, die Gebrüder Mann oder Thomas Mann schauten vorbei und genossen die Zeit an der Ostsee dort mit all ihren Annehmlichkeiten und Vergnügen.
Ahlbeck liefert das Wahrzeichen der Insel Usedom – die Seebrücke, die durch ihre vier grünen Türme, das rote Dach und dem knapp 300 Meter langen Landungssteg viel hermacht. Sie wird auch die Hundertjährige genannt, weil sie im Jahr 1998 ihr 100-jähriges Bestehen feiern konnte. Die Heringsdorfer Kaiser-Wilhelm-Brücke stellt einen anderen Rekord auf. Sie ist mit 508 Metern das längste Bauwerk ihrer Art im kontinentalen Europa, nur noch übertroffen von einer Seebrücke in England. 1893 erbaut, brannte sie im Jahr 1958 nieder und wurde 1995 wieder aufgebaut. Sie bietet Platz genug für zwei Museen, Restaurants, Cafés, Ladenpassagen und eine Kunstgalerie.
Dort kann man kurzweiliges Flanieren und Shopping gut miteinander kombinieren.
In eher schlichter Ausführung präsentieren sich der Landungssteg und die Flaniermeile von Bansin.
Nach Heringsdorf schließt gleich der Grenzübergang Swinemünde, so benannt nach dem Fluss Swine, an. Hinter der Grenze erwartet den Besucher ein bunter polnischer Bazar, der in die Stadt hinein begleitet. Usedom hat eine vielfältige Natur zu bieten. Der 40 Kilometer lange Strand mit seinem feinen weißen Sand gehört dort zum Badespaß. Verschiedene Küstenformen, Wälder, Wiesen, Felder, Dünen, Seen oder das Achterwasser prägen das geografische Bild.
Seit 1999 ist Usedom Naturpark.

Eine Besonderheit ist der Übergang des Peenestroms in die Ostsee, wodurch sich auch Süß- und Salzwasser miteinander vermischen.
Usedom kann mit der Inselbahn erschlossen werden – von Züssow bis nach Ahlbeck. Aber auch ein gut ausgebautes Radwegenetz und die eigene Muskelkraft eignen sich, um das Eiland zu erobern und die Schönheiten hautnah zu erleben. Usedom ist aber auch gut für andere sportliche Aktivitäten wie Wandern, Segeln, Surfen, Golfen oder Tennis.

Zu den Bernsteinbädern zählen Koserow, Ückeritz, Loddin und Zempin. An der Küste von Koserow soll die sagenhafte Handelsstadt Vineta untergegangen sein, weil die Bewohner vor Gier nicht genug bekommen konnten.
Der Norden der Insel macht mit Ortschaften wie Zinnowitz, Trassenheide, Krummin oder Peenemünde auf sich aufmerksam und ist das ruhigere, aber nicht weniger attraktive Pendant zum Inselsüden.

Ahlbeck

RESTAURANT PLONSKY

Den Blick über die Ostsee schweifen lassen bei Wildkräutersalat auf Hummerkrabben – eine sinnliche Sinfonie, die Feinschmecker im „Plonsky", im Promenadenhotel „Admiral", genießen können. Das Restaurant von Michael Plonsky am Fischerstrand im Seebad Bansin ist längst kein Geheimtipp mehr unter der Feinschmeckergemeinde, aber immer ein Tipp wert wegen seiner leichten und kreativen Delikatessküche, die es versteht, regionale, aber auch internationale Produkte durch inspirative Zubereitung zu adeln. Die maritim-elegante Schlichtheit der Ausstattung gefällt, die großzügige Platzierung der Einzeltische lässt angenehm Luft zum Atmen in jeder Hinsicht – Wohfühlen auf allen Sinneskanälen.

Einen fast einmaligen Blick kann der Gast im „Plonsky" über den Strand und die Ostsee schweifen lassen – schon das ist ein Genuss auf dem optischen Kanal und eines von mehreren besonderen Merkmalen des Restaurants am Fischerstrand vom Kaiserbad Bansin. Auf Usedom hat es den Berliner Michael Plonsky vor 16 Jahren verschla-gen, als der gelernte Koch das Hotel „Norddeutscher Hof" in Usedom übernahm. Kochen ist für ihn eine Berufung, die der Viel- und Weitgereiste selbst bei Urlauben in Mexiko, Trinidad oder Venezuela nicht ablegen kann, wo er einheimischen Köchen nicht nur in die Töpfe schaut, sondern selbst den Kochlöffel schwingt, um mal wieder pfiffige Rezepte und hierzulande unbekannte Mixturen mitzunehmen. Davon profitieren dann seine Gäste im „Plonsky", das er zusammen mit Tina Frost führt.

„Ich lege Wert auf regionale Produkte beispielsweise vom Fisch und Wild, dennoch biete ich keine typische Regionalküche.

Es werden auch Hummer, Jakobsmuscheln und andere internationale Zutaten verar-

Restaurant Plonsky
Michael Plonsky

Strandpromenade 36/37
17429 Kaiserbad Bansin/Insel Usedom

Telefon 03 83 78 / 66 15 66

beitet", lässt sich Michael Plonsky über die Schulter schauen. Die Zutaten sind von einwandfreier Qualität, denn ein Menü gelingt nur so gut, wie seine Zugaben sind. Vor allem kreativ ist Plonskys gehobener Rezeptstil, durch den internationale Geschmacksakzente einfließen. Die sind offensichtlich, wenn die Karte „Cappuccino von Waldpilzen mit Wildravioli, Süppchen vom Muskat-Kürbis mit original luftgetrockneter italienischer Salami oder Lammkarree, gefüllt mit Ziegenkäse, und Portweinjus ankündigt. Am Herd ist Küchenmeister Plonsky eben international zu Hause. Da halten auch die einfallsreich komponierten Pastaspezialitäten einer feinen Zunge stand. So edel wie sich die Menüs im "Plonsky" lesen, so raffiniert kitzeln sie auch den Gaumen – Karotten-Ingwer-Süppchen gefolgt von Canneloni von Zander und Flusskrebsen mit Hummerschaum auf Fenchel-Tomaten-Gemüse. Dann ein Gurkensorbet, an das sich ein Lammrücken in roter Paprika mit Thymiansauce und Knoblauchkartoffeln reiht. Das Genussfinale besteht aus weißem Mokkaparfait und Erdbeerschaum. „Die Gerichte können auch einzeln aus den Menüs bestellt werden", weist Plonsky auf die pfiffige Idee hin. Das nennt sich Gästeorientierung, die Servicelandschaft Deutschland baut sich langsam auf. Und mit mehr Plonskys noch schneller. Überhaupt sucht der leidenschaftliche Gastgeber gern die Nähe seiner Gäste, kommt mit einem üppigen Stück Fisch aus der Küche und präsentiert es. Die Transparenz gefällt den Gästen, die das Plonsky häufig mit einem Folgebesuch belohnen.

Lachs und Zander im Schinkenmantel mit Riesengarnelen, Rosmarinschaum und Selleriespagettinis

Zutaten für 4 Personen

300 g Lachsfilet (enthäutet)
300 g Zanderfilet (enthäutet)
8 Riesengarnelen (entdarmt, mit Schale)
40 g dünn geschnittener, geräucherter Schinken
5 g Rosmarin (fein gehackt)
30 ml Olivenöl
50 g Butter
50 g Schalotten, Knoblauch
1 Zitrone
200 ml Fischfond
200 ml Weißwein
150 ml süße Sahne
Meersalz, Pfeffer, frisch gemahlen
400 g Sellerie (in feine Streifen geschnitten)

Zubereitung

Die entgräteten Fischfilets mit Frischhaltefolie abdecken und plattieren. Die gesalzenen, gepfefferten und mit Rosmarin gewürzten Fischstücke übereinander legen und mit dem Schinken zu einer Rolle wickeln. Vorsichtig bei mittlerer Hitze in Olivenöl gleichmäßig anbraten, Knoblauch und Rosmarin zugeben, bei 80 °C in den Backofen schieben.
Für die Sauce Schalotten in etwas Butter glasig anschwitzen, mit Weißwein ablöschen und auf die Hälfte reduzieren lassen. 100 ml Sahne dazugießen und auf die Hälfte reduzieren lassen. Fischfond und Rosmarin zugeben und leicht köcheln lassen. Den Sellerie in Butter anschwitzen, mit Salz und Pfeffer würzen, Sahne dazugeben und auf kleiner Flamme garen lassen. Die Riesengarnelen mit Salz, Pfeffer, Zitrone würzen, anschließend in heißem Olivenöl anbraten, Zitronensaft und Knoblauch dazugeben und abgedeckt an einen warmen Ort stellen. Sauce durch ein Sieb passieren, aufkochen, mit der restlichen Butter aufmontieren und mit Salz und Pfeffer abschmecken. Den Fisch in 4 gleichgroße Stücke schneiden, auf dem Sellerie anrichten, Garnelen anlegen und die, mit dem Pürierstab aufgeschäumte, Sauce dazugeben. Guten Appetit.

EIS-VILLA STEIN

Eis und Seebad – das gehört einfach zusammen. Das coole Vergnügen im Seebad Heringsdorf auf Usedom liefert die Eis-Villa Stein. Seit 35 Jahren macht Helga Stein Eis und seit elf Jahren auf Usedom – das zeichnet sie als ungekrönte Eiskönigin aus. Allein schon wegen der hohen Qualität und des hervorragenden Geschmacks, denn in ihrer Rezeptur hebt sie sich von der Masse klar ab. Die Eis-Villa mit ihrem großen Garten zum Sitzen bietet dazu den Rahmen, der stimmt.

Die Eis-Villa Stein liegt nicht an der Strandpromenade und dennoch ist oft kaum ein Platz zu ergattern, um sich löffelweise an der cremig-coolen Köstlichkeit zu verlustieren. „Die Leute kennen uns und unsere Qualität“, bringt es Helga Stein auf den Punkt. Ohne Zweifel demonstriert die Vielzahl der Gäste einen Qualitätsmaßstab, da in der Eis-Villa seit nunmehr elf Jahren die frostige Köstlichkeit selbst hergestellt wird. Nach Usedom gekommen ist Helga Stein 1993 per Zufall. Die Insel mit ihrer herrlichen Naturlandschaft hat ihr gefallen und mitgebracht hat die Unternehmerin eine große Portion Energie. „Hier wollte ich einen Neuanfang machen“, bekennt die

Eis-Villa Stein
Helga Stein

Kulmstraße 4
17424 Seebad Heringsdorf/
Insel Usedom

Telefon 03 83 78 / 2 84 52
Telefax 03 83 78 / 4 76 86

Fachfrau, die in Hagen auch ein Eiscafé betreibt. Angefangen hatte alles 1970 mit einer Milchbar, da hieß das Eis noch Milchfrost und besonders beliebt waren Shakes. Ein zweiter Hebel sozusagen ist ihre Vorliebe zum Backen, für das sie in ihrem Bekannten- und Freundeskreis bekannt und noch vielmehr gefragt war und noch ist.

Cremig-sahnig – das ist die unverwechselbare Geschmacksnote des Stein-Eises. „Die Grundzutaten für unser Eis sind Milch und Sahne – und sonst nichts. Wir verwenden weder Aroma- noch Farbstoffe. In unser Eis kommen frische und hochwertige Zutaten – von ganzen Früchten bis zur guten Schokolade“, verrät Helga Stein ihr Erfolgsrezept.

Die Kunst des Eismachens ist also nicht allein den Italienern vorbehalten.
Die umfangreiche Karte bietet an Milch- und Fruchteis alles, was der Feinschmeckergaumen in der Eis-Villa Stein begehrt. Von der kleinen Portion über pfiffige Kreationen wie Pizza-Eis und Schwarzwälder-Kirsch-Becher als Eisklassiker bis zu toll dekorierten Eistorten. Oder einen liebevoll komponierten Krokant-Becher, in dem zart schmelzendes Milchspeiseeis auf Krokant „steht“ und darauf Sahne, darüber läuft feine Karamellsauce, zu der sich hausgebakkenes Krokantgebäck gesellt.
Ernährungsbewusste wählen Müsli mit hausgemachtem Vanillequark, Erdbeeren, Eis und Sahne. „Natürlich gibt's auch Eis für Diabetiker, die so in den Genuss der süßen Verführung kommen“, setzt Enkelin Kathinka Stein hinzu, die sozusagen als Eisprinzessin das Familiengeschäft in dritter Generation weiterführt.
Auch wer sich nicht dem Eisvergnügen hingibt, kann mit selbst gebackenem Kuchen seinen kulinarischen Appetit in der Eis-Villa Stein stillen. Internationale Kaffeespezialitäten – von Wiener Melange bis Latte Macchiato –, ausgesuchte Weine wie Cabernet Sauvignon, Säfte und Toasts ergänzen das Angebot.

WEINLADEN AHLBECK & CAFÉ AM SCHLOONSEE

Weinladen Ahlbeck
Weine, Feinkost & Tischkultur
Gabriele Pretzel

Seestraße 1
17419 Seebad Ahlbeck/Insel Usedom

Telefon 03 83 78 / 4 71 18
Telefax 03 83 78 / 4 71 19

Café am Schloonsee

Waldstraße
17429 Seebad Bansin/Insel Usedom

Weit geöffnete große Türen, Natursteinwände, an der Decke Stuck und italienische Lüster, mediterran und mit viel Liebe zum Detail, so präsentiert sich der Weinladen Ahlbeck in der Haupteinkaufsstraße des Seebades, der Seestraße.
Inhaberin Gabriele Pretzel bietet mit Wein, Feinkost und Tischkultur das Besondere, aber auch den Wein für jeden Tag. Den Schwerpunkt legt sie dabei auf Europa, wobei sie den deutschen Winzern den größten Raum in den bis zur Decke reichenden Regalen einräumt. So ist der Riesling, der König der Weine, aus fast jedem deutschen Anbaugebiet vertreten. Besonders am Herzen liegen Gabriele Pretzel jedoch die guten Tropfen aus den neuen Bundesländern, aus Sachsen und dem Saale-Unstrut-Gebiet. Stolz verweist sie auf die Weine von Zimmerling und Pawis, kleinen, feinen Weingütern, die zu den Spitzenerzeugnissen ihrer Region gehören. Raritäten, die nur in wenigen Weinhandlungen zu finden sind.

Bioweine, ein weiteres Thema im Laden, sind durch so renommierte Weingüter wie Hahnmühle (Nahe), Hamm (Rheingau) und Domaine d`Eole (Provence) vertreten.
Unbedingt probieren sollte man den Käse aus der Inselkäserei Usedom, ein Bio-Rohmilchkäse in drei verschiedenen Reifestufen, der u. a. neben Ziegenkäse, italienischen Salamispezialitäten und französischen Pasteten an der Feinkosttheke angeboten

wird. Fast schon kein Geheimtipp mehr ist ein Besuch der „gläsernen Käserei" in Welzin bei Usedom, wo man dem Geheimnis des Käsens auf den Grund gehen kann und erlebt, wie aus Milch edler Käse entsteht. Diese und andere regionale Produkte wie die vielfältigen Sanddorn-Erzeugnisse oder die wohltuenden Kräutertees aus dem Kräutergarten Pommernland sind besonders beliebt bei den zahlreichen Gästen Usedoms. Verkosten kann man im Weinladen neben Käse natürlich auch so manchen Wein, Liköre und Geiste, abgezapft aus zahlreichen Ballons, oder man genießt einen original italienischen Espresso. Dazu passt dann wieder eine edle Schokolade von Zotter aus Österreich oder Dolfin aus Belgien.

Möchte man nicht sich selbst verwöhnen, sondern jemanden beschenken, wird alles als schönes Präsent verpackt.

Da ja bekanntlich das Auge mitisst, kann man im Weinladen auch feine Leinentischtücher aus Litauen, schönes Geschirr aus der Pommerschen Keramikmanufaktur, hochwertige Gläser und Accessoires erwerben.

In den Sommermonaten, von Mai bis Ende September, gibt es dann noch eine Dependance im Seebad Bansin. Hier führt Ehemann Wolfgang Pretzel das „Café am Schloonsee", wo man auf der sonnenbeschienenen Terrasse mit Blick auf den See ein gutes Glas Wein, eine köstliche Antipasti-Auswahl oder auch einen selbstgebackenen American-Cheese-Cake genießen kann.

RESTAURANT KULM ECK

Restaurant „Kulm-Eck"
Brian Seifert

Kulmstraße 17
17424 Seebad Heringsdorf/
Insel Usedom

Telefon 03 83 78 / 2 25 60

Wer den besonderen Schlemmer-Kick sucht, ist im Kulm-Eck in Heringsdorf auf Usedom richtig aufgehoben. Dort sind Wildblüten- und Kräuterspezialisten am Werk und kreieren aus regionalen und internationalen Zutaten feinste Tafelfreuden. Wenn Inhaber und Chefkoch Brian Seifert auftischt, sind erfahrene und anspruchsvolle Gourmets begeistert.
Der gebürtige Köpenicker betreibt seit 2001 das Kulm-Eck, das er durch seine experimentelle Küche unter Feinschmeckern weithin bekannt gemacht hat. Frische Wildblüten und Kräuter wie die Pfeffermelisse diktieren die pikante Geschmackslinie. „Unter allen Kräutern ist Epazote mein Lieblingskraut. Das mexikanische Kraut ist eine spannende Pflanze, die nach Zitrone duftet und ihr eigentliches Aroma erst beim Kochen entfaltet", gibt Brian Seifert einen seiner Geheimtipps preis. Viel Kreativität und Inspiration stacheln die Kompositionsfreudigkeit des leidenschaftlichen Kochs an zu immer neuen überraschenden Geschmacksvariationen. Von Gault Millau erhielt er dafür 13 Punkte, die Restaurant-Hitlisten von Volkenborn erhoben das Kulm-Eck 2004 zur ersten Genuss-Adresse im Kreis Vorpommern und der Feinschmecker berichtete lobend über die zündenden Küchen-Ideen im Kulm-Eck. Küchenchef Seifert sucht gerne den Kontakt im persönlichen Gespräch zu seinen Gästen.
Seine Kochkunst kommt nicht von ungefähr, machte er doch auf seinem Weg bis Heringsdorf Stationen in prämierten deutschen und internationalen Spitzenhäusern wie dem Hotel Suvretta House im schweizerischen St. Moritz. Vom Hotel La Collina in Pontresina/Schweiz rührt die Thaiküche her, die Seifert in seine Wohlfühlspeisen bringt. Ausgefallene Gaumenfreuden liegen Seifert genauso wie einfache Mahlzeiten. So lassen sich seine Gäste Jakobsmuschel im Lakritzsud auf Rucola mit Balsamico-Minzeis schmecken, gefolgt von Zicklein-Rahmsuppe mit Avocado-Ravioli oder Ostseelachs in Tonkabohnensud, Perlhuhnbrust und Rehrücken auf Gelbsenfpüree oder Kirschjus und Bio-Gemüsen. Zum vorläufigen Ausklang wird Blüten-Panna Cotta mit Blaubeersüppchen und Sonnenblumeneis serviert, um dann das Festmahl stilvoll mit Käse zu beenden.

Heringsdorf

Schönis Versuchung - Beeren mit Bronzefenchel im Biskuit an Sauerklee-Quark-Sorbet

Zutaten für 6 Personen

150 g Himbeermark
Saft von 1 Zitrone
30 g Puderzucker
25 g Butter
2 Blatt Gelatine
250 ml Rahm
1 cl Himbeergeist
30 g Bronzefenchel
(Essbare Landschaften)

Zubereitung

Butter, Zitronensaft und Puderzucker aufschlagen, den Geist hinzugeben. Himbeermark mit aufgeweichter Gelatine lauwarm unter die Buttermousse mengen. Gehackten Bronzefenchel hinzufügen und kalt rühren. Die geschlagene Sahne unterrühren und die fertige Masse in Biskuitringe (8 cm, beim Bäcker zu bestellen) füllen, kalt stellen und mit einem Gelee von Brombeersaft (Brombeersaft 0,3 l mit 3 Blatt Gelatine) überziehen.
Viel Spaß beim Nachkochen.

Neben einer ausgewählt guten Küche ist das Kulm-Eck ein Ort für anspruchsvolle Unterhaltung im Seebad Heringsdorf. Hier finden beispielsweise Jazzkonzerte statt oder der legendäre literarische Sonntag statt. Zu „Rosmarin und Thymian wächst in unserem Garten“ oder „Babettes Festmenü“ können Seiferts Gäste den Texten unterschiedlicher Autoren lauschen und dabei köstlich schlemmen. Nicht nur für Erwachsene ist das Kulm-Eck eine interessante Adresse, auch Kinder sind hier sehr willkommen.
Das zeigt sich einerseits an der Speisekarte, die die Klassiker Spaghetti mit Tomatensoße genauso aufführt wie selbstgemachte Fischstäbchen oder Apfelpfannkuchen. Brian Seifert kocht allerdings auch einfach alles, worauf seine kleinen Gäste ganz große Lust haben, denn das macht dem Chefkoch richtig Spaß. Beim Malwettbewerb gibt's dann sogar den Goldenen Kochlöffel und eine Kochjacke zu gewinnen. „Locker und fröhlich soll's zugehen“, das ist Seifert wichtig, denn seine Gäste sollen sich hier rundum wohl fühlen.

ROMANTIK SEEHOTEL AHLBECKER HOF

Romantik Seehotel
Ahlbecker Hof

Ein Haus der Seetel Gruppe

Dünenstraße 47
17419 Seebad Ahlbeck/Insel Usedom

Telefon 03 83 78 / 6 20
Telefax 03 83 78 / 6 21 00

Entspannen und Genießen rundum, Urlaub auf hohem Niveau – im Ahlbecker Hof auf der Sonneninsel Usedom. Das Haus ersten Ranges im berühmten Kaiserbad Ahlbeck mit der ältesten Seebrücke Mecklenburg-Vorpommerns gefällt durch seine klassische Fassade im Stil der Bäderarchitektur. Dahinter verbirgt sich eine gelungene Symbiose aus nostalgischer Gemütlichkeit und luxuriösem Komfort. Edle Hölzer, elegante Stoffe und schimmernder Marmor bestimmen das Flair. Das Angebot des Ahlbecker Hofes lässt keine Wünsche offen – exklusive Zimmerausstattung, Gourmetrestaurant, La Brasserie, paradiesischer Schwimmbad- und Wellnessbereich, geeignete Veranstaltungsräume, 18-Loch-Golfplatz, Tiefgarage mit Service.

Direkt an Usedoms schönster Strandpromenade liegt das Verwöhnparadies, der Ahlbecker Hof. Prächtig ragt das Gebäude in verspielter Bäderarchitektur hervor. Wahrlich kaiserliche Kulinarik offeriert das Restaurant „Kaiserblick" mit seiner Frischeküche und deren Schwerpunktthema Fisch. Schimmernde Kristall-Lüster, edle Hölzer und feinste Teppiche geben den richtigen Rahmen ab, um dort Tafelfreuden auf hohem Niveau zu genießen – mit herrlichem Blick auf Ahlbecks Wahrzeichen, die Seebrücke. „Das Besondere an unserer Karte ist, dass sie monatlich wechselt, und jeden Abend gibt's ein anderes Fünf-Gänge-Menü", weist Küchenchef Hark Pezely auf die genüssliche Kurzweil hin. Aber auch der Kochstil ist vielfältig – international von bodenständig bis euroasiatisch. „Die strenge Abgrenzung regionaler und nationaler Linien in der modernen Kochkunst weicht auf". Der Husumer Küchenchef regiert nicht im Patriarchat, sondern orientiert sich an seinem bunten Team, das an der Gestaltung der Speisekarte gleichberechtigt beteiligt ist. Schon daher kommt ein offenes Spektrum zustande oder ein gebeizter Schweinebauch

mit Jakobsmuscheln – warum nicht? Die kulinarische Kombinationsfreudigkeit lässt witzige – d. h. aus vielen Ecken kommende – und damit unverwechselbare Geschmackskompositionen des Hauses entstehen. Wer nicht wagt, der nicht gewinnt, das gilt gerade in führenden Gourmetküchen. Individuelles Stilmerkmal von Pezely ist sein Hang zum Verpacken des Hauptdarstellers auf dem Teller. Eine Art Christo der Cuisine. Da verbirgt sich dann ein Steinbeißerfilet auf Mandeln unterm Pancettamantel. Und auch die farbliche Harmonie auf dem Teller muss stimmen, denn das Auge isst mit. Das Setzen farblicher Akzente ist eine weitere unverkennbare Eigenart des Küchenmeisters. Die Showküche in der Brasserie macht den Besuch dort zu einem Event. Dem Meisterkoch über die Schulter schauen, wie gekonnt Fleischspezialitäten auf dem Lavasteingrill gelingen. Oder der gesellige Treff in der Hotelbar, im Kaminzimmer oder auf der Promenadenterrasse.

Das Fünf-Sterne-Hotel verwöhnt seine Gäste noch auf andere Weise. Edle Materialien und Detailliebe kennzeichnen die exklusive Ausstattung der 70 Gästezimmer und Suiten. Relaxen und Entspannen im Wellnessbereich mit Schwimmbad, Saunen, Solarien, Dampf- und Strahlungsbad sowie Fitnessgeräten. Oder machen Sie eine romantische Sightseeing-Tour über die Insel – standesgemäß im Oldtimer mit Chauffeur. Auch das ist Genuss!

Wildschweinfilet im Rosmarin-Brotmantel auf Schokoladenjus mit Rosenkohlflan

Zutaten

Wildschweinfilet:
600 g Wildschweinfilet, 1 Kastenweißbrot
Rosmarin, 1 Ei, Salz, Pfeffer

Schokoladenjus:
Wildschweinknochen, Zwiebeln,
Petersilienwurzel, Karotten,
gestoßener Pfeffer, Wacholder,
Lorbeer, Salz, Burgunderrotwein
100 g Schalotten, 4 cl Portwein
30 g dunkle Couverture
30 g Butter

Rosenkohlflan:
400 g Rosenkohl
50 g Butter, 2 Eigelb, 1 Eiweiß
Salz, Pfeffer, Muskat
10 g Butter, 1 EL Mehl

Zubereitung:

Weißbrot ohne Rinde längs in große Scheiben schneiden. Rosmarin mit Ei verschlagen, auf Brotscheiben streichen. In Scheiben geschnittene und mit Salz und Pfeffer gewürzte Filets in Brotscheiben einrollen. Diese in Butterschmalz von allen Seiten anbraten und ca. 4 Minuten im Ofen bei 170 °C garen. Fleisch vor dem Anrichten 5 Minuten ruhen lassen.

Für die Schokoladenjus Wildschweinknochen mit Zwiebeln, Petersilienwurzel und Karotten anrösten. Knochen mit Piment, gestoßenem Pfeffer, Wacholder, Lorbeer und Salz würzen und mit Burgunderrotwein ablöschen. Den Ansatz mit Wasser auffüllen und ca. 4 Stunden köcheln lassen. Saucenansatz auf 0,2 l reduzieren. 100 g Schalotten in Butterschmalz anschwitzen und mit 4 cl Portwein ablöschen. Den Ansatz mit dem Wildfond auffüllen und kochen. Sauce leicht reduzieren und mit 30 g Couverture und 30 g Butter anbinden.

Geputzten Rosenkohl in Salzwasser weich kochen, in Butter leicht bräunen und mit Eigelb im Cutter pürieren. Aufgeschlagenes Eiweiß unter die Masse heben, mit Pfeffer und Muskat abschmecken. Timbale-Förmchen mit Butter ausstreichen und leicht mehlieren. Flanmasse bis zu 3/4 füllen und im Wasserbad im Ofen bei 140 °C ca. 20 Minuten garen. Flan auf den Teller stürzen und servieren.

ROMANTIK STRANDHOTEL ATLANTIC

Romantik Strandhotel Atlantic – der Name ist viel versprechend. Entstanden um die Jahrhundertwende, galt es schon damals als architektonisches Kleinod an der Strandpromenade von Bansin. Innen setzt sich die ästhetische Sprache fort. In dem Vier-Sterne-Hotel dominieren Wurzelholz, Marmor und Kristallleuchter. Es überzeugt durch seine neuzeitlich leichte Delikatessküche. Das kleine, aber feine Boutiquehotel bereichert das kurzweilige Programm des Usedomer Kaiserbades, das Kaiser Wilhelm II. 1913 wie Heringsdorf und Ahlbeck besuchte.
Es passt sich bestens ein in die übrigen ornamentreichen Fassaden der historischen Villen in Bansin, das Romantik Strandhotel Atlantic der Seetel Hotelgruppe. Es gilt mit seinen 25 Zimmern und einer Suite als kleines Luxushotel, besonders geschätzt von den Gästen wegen seiner privaten Atmosphäre. „Unser Personal kann sich viel intensiver den Gästen zuwenden und ihnen perfekten Service bieten", kommentiert Birgit Hasselbrinck, Marketing- und Verkaufsleiterin von Seetel.
Auf dicken Teppichen kommen die gut ausgebildeten Mitarbeiter daher, fragen nach Wünschen der Gäste aus aller Welt oder erfüllen gekonnt den Service, den man in dem charmanten Vier-Sterne-Hotel erwarten kann. Die stilvolle Einrichtung mit Seidentapeten und schweren Brokatvorhängen geht in die maritime Richtung und knüpft nach der Wiedereröffnung 1994 an die einstige Schönheit an. Das Restaurant ist wie vordem erfüllt vom leisen Klirren und Glitzern der Kristallleuchter. Köstliches wird aufgetischt. Küchenchef Steffen Schwarz sucht die Nähe der Gäste, beantwortet gern Fragen zur Rezeptur oder nimmt dankend das eine oder andere Kompliment an. „Leicht und gut bekömmlich ist die Gourmetküche im Strandhotel Atlantik", legt sich der junge Koch fest, „und dabei verarbeiten wir vor allem Fisch und Wild aus der Region, aber auch internationale Zutaten. Ich arbeite viel mit selbst gesammelten Kräutern, die hier vor der Tür

Romantik Strandhotel Atlantic
Ein Haus der Seetel Gruppe

Strandpromenade 18
17429 Seebad Bansin/Insel Usedom

Telefon 03 83 78 / 60-5
Telefax 03 83 78 / 60-6 00

wachsen". Das ist eines der unverkennbaren Geschmacksmerkmale von Steffen Schwarz, der – so sein typisch dekorativer Kochstil – sich gern einer architektonischen Sprache auf dem Teller bedient. Seine Gäste lassen sich oftmals auf eine Kräutersammeltour mit ihm ein und erfahren so einen Erlebnisurlaub der anderen Art.
Die Zubereitung ist ausgerichtet von regional bis mediterran. Gelernt hat Schwarz in einer schwäbischen Küche, so dass vor allem Spätzle, aber auch viele Soßen die Menüs begleiten. Der Kochstil des probierfreudigen Küchenchefs ist experimentell zu nennen in dem Sinne, dass ihm mit viel Inspiration kreative Geschmackskompositionen auf hohem Niveau gelingen. Dazu titelt das renommierte Restaurant-Ranking „Gault Millau": „Hoher Grad an Kochkunst, Kreativität und Qualität". Eine Spezialität des Hauses sind Fischgerichte, darunter hausgebeizter Lachs. In der Sommersaison genießen Feinschmecker auf der großzügigen Kaffeeterrasse mit Blick auf die Ostsee. Das Atlantic ist ein kurzweiliger Ort. Der „Atlantic Pub" mit Originalzubehör aus alten Schiffen lässt gesellige Runden in typisch englischer Kneipenatmosphäre zusammenkommen. Wem nach Wellness zumute ist, vergnügt sich im Hallenbad mit Dampfbädern, Sauna und Solarium. Ein wahrlich erholsamer Ort!

Roulade von Wels mit Flusskrebsen in Waldmeistersud pochiert mit Gemüsegraupen

Zutaten

600 g Wels
90 g Flusskrebsschwänze
120 ml Sahne 33 %
1 EL Pernot, 2 EL Noilly Prat
100 ml Weißwein
30 g Waldmeister
1 Limette, 1 Schalotte
Pfeffer, Salz, Safran
4 Norryalgen-Blätter
30 g Butter, 300 ml Fischfond
1 Eigelb
180 g Graupen
20 g gewürfelte Karotten
20 g gewürfelter Lauch
20 g gewürfelter Sellerie
100 ml Sekt o. Weißwein
200 ml Geflügelbrühe
50 g Butter
30 g gehackte Petersilie
Prise Zucker

Zubereitung

Welsfilet in 4 Stücke à 120 g teilen. Den Rest für die Fischfarce mit Salz, Pfeffer, 1 EL Noilly Prat und 1 Spritzer Zitrone marinieren und kühl stellen. Welsfilet leicht plattieren, mit Salz und Pfeffer würzen. Marinierte Filetabschnitte für die Fischfarce im Cutter mit Eigelb und 70 ml Sahne cremig zusammenmixen. Norryalgen-Blätter mit Farce dünn bestreichen und je zwei Flusskrebsschwänze darin einrollen. Gewürzte Filets mit restlicher Farce bestreichen und Algenblätter-Flusskrebsröllchen in die Filets einrollen. Erst in Klarsichtfolie, dann in Alufolie verpacken. Vier Rouladen mit Rouladennadeln einstechen, damit der Fond in die Rouladen einziehen kann. Schalotten in 30 g Butter glasig schwitzen und mit je 1 EL Noilly Prat und Pernot ablöschen. Dann mit 100 ml Weiwein und 300 ml Fischfond aufgießen. Angewelkten Waldmeister dazugeben, mit Salz und Pfeffer würzen. Rouladen in den Fond geben und ca. 4 bis 5 Minuten köcheln lassen. Rouladen im Waldmeistersud ziehen lassen.
180 g Graupen in Öl schwitzen lassen, bis sie weiß werden. Karotten, Lauch und Sellerie dazugeben und mit 100 ml Sekt (Weißwein) löschen, auffüllen mit 200 ml Geflügelbrühe und aufkochen. Das Ganze mit Alufolie abdecken und 10 bis 12 Minuten bei 180 °C im Ofen garen.
Kurz vor dem Anrichten Petersilie und Butter unterheben, mit Salz und Pfeffer abschmecken. Kochsud als Soße reduzieren bis zum kräftigen Geschmack. Nach dem Passieren mit Butter und restlicher Sahne mit dem Zauberstab aufmontieren.

USEDOMER BRAUHAUS

Das Bier von hier – braut das Usedomer Brauhaus in Heringsdorf. Das frische, naturtrübe Inselbier macht den Aufenthalt auf der Ostseeinsel und speziell im Kaiserbad noch angenehmer. Die längste Seebrücke Kontinentaleuropas, Villenarchitektur im klassizistischen Stil, die von den Anfängen des Seeheilbades zeugt, und endlos weißer Sandstrand – dazu liefert das Usedomer Brauhaus das besondere kulinarische Erlebnis vom herzhaften Flammkuchen bis zur kross gebratenen Schweinshaxe. Zusammen mit dem Usedomer Inselbier ergibt sich daraus eine kongeniale Geschmacksblüte besonderer Art.

Das Usedomer Brauhaus, zur Seetel-Gruppe gehörend, ist eine echte Bereicherung für Heringsdorf und die Insel. Eine rustikale Stätte der Gastlichkeit und Gemütlichkeit, einer der beliebtesten gastronomischen Treffpunkte. Die offene Showküche und der kupferschimmernde Braukessel als unübersehbarer Blickfang verleihen der Gastronomie Erlebnischarakter. Die Transparenz gefällt, Brauen und Kochen sind keine Geheimnisse. Die Holzeinrichtung aus langen Bänken, aber auch aus Einzeltischen, so wie sie im Brauhaus erwartet wird, gibt sich rustikal und prägt das typische Flair. Die geschwungene Linie der Theke bringt zusätzlich Pfiff ins urige Ambiente.

Braumeister Enrico Neumann ist Herr über das Usedomer Inselbier – eine regionale Spezialität, die ihre bodenständige Verbundenheit in der einprägsamen Bezeichnung gleich doppelt signalisiert. Ausschließlich Malze und Hopfen aus deutschen Anbaugebieten, feinste Brau-Hefe und klares Brau-Wasser sind die Zutaten für das vollmundige Bier. Das Rezept ist wiederum regional und macht Bierfreunden die Insel echt schmackhaft.

Usedomer Brauhaus
Ein Haus der Seetel Gruppe

Platz des Friedens
17424 Seebad Heringsdorf/
Insel Usedom

Telefon 03 83 78 / 6 14 20
oder 03 83 78 / 6 14 21

Den Hopfensaft gibt es in den Variationen Schwarzbier, Naturtrüb und Weizenbier. „Unser untergäriges Schwarzbier mit einer Stammwürze von 12,6 Prozent und 5,0 Prozent Volumenalkohol schmeckt kräftig malzig, aromatisch und weist eine leichte Röstnote auf", beschreibt der Braumeister treffend das Geschehen am Gaumen. Die Variation Naturtrüb dagegen vermittelt ein durchaus frisches und leicht hopfiges Trinkvergnügen. Und das obergärige Weizenbier macht sich in der Kehle mit den Noten aromatisch, leichtes Nelkenaroma angenehm bemerkbar. Die Biere sind in allen Seetel-Hotels zu bekommen.

Die deftig-rustikale Brauhaus-Linie setzt sich auf der Karte fort. In der Showküche, dem Reich von Küchenchef Norbert Conrad, werden kleine und große Leckereien angerichtet. „Elsässer Flammkuchen aus dem Steinofen heißt unsere Spezialität in unterschiedlichen Zubereitungen – einmal mit Zwiebeln und Schinken als Klassiker oder mit Räucherlachs, Lauch und Käse als Nördlicher", gibt er Einblick ins Angebot. Richtig herzhaft wird der Gaumen umschmeichelt von Feuerklößen am Spieß oder von einer Schweinshaxe mit Bratkartoffeln, Sauerkraut und Senf. Neu auf der Karte sind Fischspezialitäten wie gebratenes Welsfilet oder gebratene Flunder. Zuschauen können die Gäste, wie sich die Broiler am offenen Wandgrill drehen und knusprig und knuspriger werden. Natürlich gehört auch ein Biergarten dazu, der Gemütlichkeit und Gaumenfreude unterm freien Himmel fortsetzt.

Fisch- und Grill-
restaurant „Waterblick"
Peter Noack

Am Mühlenberg 5
17459 Loddin/Insel Usedom

Telefon 03 83 75 / 2 02 94
Telefax 03 83 75 / 2 06 20

Im Restaurant „Waterblick" in Loddin auf Usedom hüpft der fangfrische Fisch aus der See direkt auf den Teller – das ist (fast) wörtlich zu nehmen. Eine weitere Besonderheit ist die Pflege der bodenständigen Kochkultur. Im „Waterblick" ist die traditionelle Pommersche Landküche Trumpf – da kommen Schlagwurst, Rollmöpse, Fischkartoffeln und typische Kräuter der Region in tadelloser Zubereitung auf den Tisch. Aber das Haus unter der Leitung von Inhaber Peter Noack ist als echte Erlebnisgastronomie konzipiert und hat noch mehr zu bieten. Dazu zählt das urige Kapitänszimmer, der wohl nördlichste Weinberg Deutschlands und das schwimmende Fischrestaurant. Schiffsmodelle, Schifferklavier und Kapitänsbilder machen die maritime Atmosphäre der Räucherstube oder des Kapitänszimmers im „Waterblick" aus. Von dort genießen die

Gäste nicht nur einen wahrhaft schönen Ausblick auf Wiesen und Wasser, sondern auch die echte pommersche Küche. Deren typisches Merkmal ist der eher liebliche Geschmack. Seit Generationen hat der Gast des Hauses das Rezept für die süßsaure Specksoße zum Fisch bewahrt. Selten werden so herrlich frische Produkte mit altem Wissen vereint. Das Geheimnis der Soße um Fisch, der Fliederkreude als eingekochter Saft aus Holunderbeeren, stammt von den Vorfahren aus Hinterpommern.

Fangfrischer Fisch ist der Hauptdarsteller der Tafel im „Waterblick“, selbst eingeholt von Frank Noack, dem Sohn des Hauses. Vor allem Flunder, Aal, Zander oder Dorsch. „Wir verwöhnen unsere Gäste mit noch wirklich bodenständigen Speisen. Dazu zählen nicht nur Fisch, Schinken oder Schlagwurst, sondern auch typische Kräuter und Gemüse aus dem Garten – wie Dill, Petersilie oder Sellerie“, macht Peter Noack auf die Regionalküche aufmerksam. Eine dieser ausgesprochenen Landspeisen sind Fischkartoffeln, früher ein Arme-Leute-Essen. Um den Geschmack des Fisches, den sich nicht jeder leisten konnte, zu bekommen, wurden die Kartoffeln – so wie der Fisch – mit Dill zubereitet. Heute ist diese Mahlzeit eine schnörkellose seltene Deftigkeit, besonders an den Pommernabenden mit Geräuchertem, Schlagwurst oder Schinken serviert. Die idealen Klimabedingungen lassen Auberginen und Zucchini im eigenen Garten wachsen, die so manchem regionalen Produkt den mediterranen Akzent verleihen.

Da Fisch bekanntlich schwimmen muss, erfanden Peter und Doris Noack einen eigenen Aquavit. Gereift nach alter skandinavischer Methode im sanft schaukelnden Bauch eines Schiffes, vermählt sich das hochprozentige Gebräu mit den milden Aromen der Akazienfässer. Aber auch in weniger Hochprozentigem darf sich der Fisch tummeln. Hinter dem „Waterblick“ liegt wohl Deutschlands nördlichster Weingarten mit Rebstöcken aus dem Anbaugebiet Nahe. Auf dem sonnenverwöhnten

Hügel reifen hauseigener Chardonnay und Cabernet Sauvignon – trocken ausgebaut. In dem aus einem Grillrestaurant hervorgegangenen „Waterblick“ kommen auch Wild, selbstgemachte Sülze, Pommerscher Landbraten oder Rumpsteak auf den Tisch – gleichfalls im gewohnt ehrlichen Küchenstil. Ein romantisches Erlebnis verspricht eine Fahrt auf dem Achterwasser mit dem schwimmenden Fischrestaurant. Gastronomisch komplett eingerichtet kocht dort der Chef des Hauses persönlich. Für das „Waterblick“ ist Erlebnisgastronomie wörtlich zu nehmen!

LANDGASTHAUS PIROL

Landgasthaus Pirol
Alexander Birkholz

Hauptstraße 10
17419 Korswandt/Insel Usedom

Telefon 03 83 78 / 3 23 18
Telefax 03 83 78 / 2 21 80

In ruhigere Gewässer fährt der Feinschmecker, wenn er abseits des Usedomer Strandgeschehens den Landgasthof Pirol in Korswandt, drei Kilometer vom Ostseebad Ahlbeck, aufsucht. Gleichwohl trifft er in diesem Refugium auf ausgezeichnete Qualität und Frische, die sich Alexander Birkholz auf die Kochmütze geschrieben hat. Von außen grüßt die Jugendstilfassade und heißt herzlich willkommen. Besonders Kinder fühlen sich dort wohl, denn sie haben Gelegenheit zum Spielen und sind gern gesehen. In der warmen Jahreszeit ist der Biergarten eröffnet. Das Hotel mit seinen 62 Doppelzimmern ist selbstverständlich ganzjährig buchbar.
Noch bevor der Besucher den eigentlichen Gastraum erreicht, kommt er an einer gemütlichen Weinecke vorbei, die sich prima für intime Weindegustationen eignet. Der Teppichboden und das ansprechende Holzmobiliar in dunklem Ton machen die gediegen-warmherzige Atmosphäre aus.

Eine kleine Empore als exponierter Platz bringt wohltuende Abwechslung in die Raumaufteilung. Hinter der Bartheke, die gleichfalls die Räumlichkeit prägt, wird die große Auswahl an flüssigen Köstlichkeiten sichtbar. Familienbetrieb heißt für Alexander Birkholz nicht bloß, dass sein Landgasthaus mithilfe seiner Familie geführt wird.
Er verbindet damit auch, dass Kinder genauso herzlich willkommen sind wie große Gäste.

Ganzer Zander aus dem Backofen

Zutaten für 2 Personen

800 g Zander, ausgenommen und geschuppt
Möhren
Sellerie
Petersilienwurzel
Dill
Saft von 1 Zitrone
Pfeffer, Salz
Thymian, Knoblauch
3 EL Dill
50 g Butterflocken
Olivenöl

Zubereitung

Zander beidseitig mit Zitrone beträufeln, salzen und pfeffern. Bauch- und Innenlappen mit gehacktem Dill einreiben. Möhren, Sellerie und Petersilienwurzel würfeln und blanchieren, Knoblauch fein hacken und den Fisch mit dem Gemüse füllen.
Backblech mit Olivenöl bestreichen und Zander mit dem Bauch nach unten drauflegen. Im vorgeheizten Ofen bei 180 °C 30 Minuten lang garen – fertig! Dazu einen gut gekühlten spritzigen Weißwein kredenzen.

Die jungen Feinschmecker können sich dort nicht nur am gedeckten Tisch lukullisch vergnügen, sondern auch auf dem großen Hof beim Spiel, derweil die Eltern in Ruhe und beruhigt sich den Gaumenfreuden hingeben. „Wir als Gastgeber stören uns nicht daran, wenn Kinder hier hin- und herlaufen", bringt Hauschef Birkholz es auf den Punkt.
Das Kochrezept in der „Pirol"-Küche heißt Qualität und Frische. „Wir präsentieren unseren Gästen eine regionale Frischeküche mit Schwerpunkt Fisch. Aber auch Steaks gehören zu unseren Stärken", verweist Alexander Birkholz auf die Karte. Da entspinnt sich ein kreativer Dialog auf dem Teller zwischen einem mit Schafskäse und Spinat gefülltem Schweinerücken auf einer Portweinjus, zu dem sich frischer Blumenkohl und eine Backkartoffel gesellen. Im Winter wird auch Wild angeboten. Auf der Kapitänsplatte „Pirol" finden sich gebratene Filetvariationen aus Fjordlachs, Zander und Rotzunge wieder, garniert mit Garnelenbutter, Salatbukett und Bratkartoffeln.
Die Weinkarte ist mit großem Sachverstand zusammengestellt und korrespondiert je nach ausgewähltem Tropfen mit den Speisen. Wer es vollmundig und mit extrareicher Fülle von feiner Frucht und Säure mag, entscheidet sich für einen Grauen Burgunder Kabinett trocken. Im offenen Ausschank geht's beispielsweise mit einem trockenen Chavel rouge nach Frankreich – die kräftige, angenehme Blume und der ausgeglichene Körper schmeicheln dem Gaumen.
Der Catering-Service des Pirol ist besonders in der Urlaubszeit gefragt und wird mit viel Zustimmung und als Genusserlebnis auch am Heringsdorfer Strand betrieben. Das dazugehörige Hotel ist ein geeigneter Verweilort für Gäste, die Ruhe dem turbulenten Strandleben vorziehen, aber dennoch Abstecher dorthin unternehmen wollen.

LAND DER TAUSEND SEEN

Am Jabelschen See

...So wird mit Recht die Mecklenburgische Seenplatte genannt, die das größte zusammenhängende Seengebiet Mitteleuropas darstellt. Die Region ist ein wahres Wasserparadies und steht der Ostseeküste in nichts nach. Sie ist gesegnet mit zahllosen Seen, die sich mit weiten Wäldern, Feldern, langen Stränden und Wiesen ergänzen zu einem bunten Landschaftsbild. Durch die vielen Kanäle, die die Seen vielfach miteinander verbinden, wurden dort ideale Bedingungen für Wasserwanderungen mit dem Kanu, Motorboot oder der Segelyacht geschaffen. Ein hautnahes Naturerlebnis der besonderen Art auf den faszinierenden Wasserstraßen.

Aber auch für andere Wasseraktivitäten wie Baden, Surfen, Tauchen oder Wasserski lassen sich in der Region ideale Plätze finden. Sie gehört zu einem Teil des Müritz-Nationalparks, der von etwa 400 Kilometer langen Rad- und Wanderwegen durchzogen ist. Für Naturfreunde ein wahres Entdecker-Eldorado, in dem Fisch- und Seeadler genauso beobachtet werden können wie Schwarzstörche oder anderes Wild. Die Region wartet dem Gast aber auch mit einem breiten kulturellen Angebot von historischen Bauten über Museen und Theater bis Brauchtumsveranstaltungen auf. Den „Flüssigen" Mittelpunkt der Mecklenburgischen Seenplatte bildet die Müritz, mit 117 Quadratkilometer Fläche der größte Binnensee Deutschlands. Aus dem Slawischen abgeleitet bedeutet die Bezeichnung „kleines Meer" – so nannten slawische Einwanderer fast liebevoll das Gewässer, das wichtige Lebensgrundlage war und auch noch heute ist. Dazu gesellen sich mehr als 1000 größere und kleinere Seen, die dem Gebiet sein besonderes Gesicht verleihen. Die Region lässt sich von Hamburg oder

Carwitz bei Feldberg

Feldberger Seenlandschaft

Feldberg

von Berlin auf dem Wasserwege erschließen. Dort hinführende Kanäle münden in ein ganzes Netz von Kanaladern, das die Gewässer vielfach miteinander verbindet, so dass die Region (fast) ungehindert zu Wasser erkundet werden kann. Ein riesiger Spaß für Wasserwanderer. Außergewöhnlich dabei ist, dass dort bestimmte Motorboote auch ohne Führerschein gesteuert werden können. Für Besucher, die es sportlich aktiv mögen und sich per Muskelkraft im Boot fortbewegen, bietet sich die Strelitzer Seenplatte an. Die vier oberen Großseen sind beliebt bei Seglern und Surfern, denn dort treffen sie fast immer auf die obligatorische Brise, die sie für ihren Spaß benötigen.
Und auch Freunde des Badens finden auf der Mecklenburgischen Seenplatte ihre Abwechslung – vom Naturstrand bis zum hippen Event-Strand mit ausgebauter Infrastruktur. Petri heil heißt es garantiert für Angler, die dort auf Fischfang gehen. Über 50 Fischarten schwimmen in den Gewässern und sind wirtschaftliche Grundlage für die Region und ihren Tourismus. Für Feinschmecker kommen Barsche, Hechte, Aale oder Karpfen fangfrisch oder als geräucherte Köstlichkeit auf den Teller.
Selbstverständlich lohnen sich auch Landgänge in der Mecklenburgischen Seenplatte, die in ihren Städten und Dörfern mit vielen kulturellen Veranstaltungen und Sehenswürdigkeiten Gäste unterhält. Vor allem sind da die so genannten Ackerbürgerstädte wie Röbel/Müritz, Wesenberg oder Penzlin zu nennen. Unter einer Ackerbürgerstadt ist eine Stadt zu verstehen, die zwar mit Stadtrechten ausgestattet war, aber keine innerstädtische Verwaltung besaß. Sie war von Bürgern geprägt, die vorwiegend Landwirtschaft betrieben und im Nebenberuf ein Handwerk. Noch heute dort ablesbar sind die Spuren dieser sozialgeschichtlichen Struktur, die sich im Charme sanierter Fachwerkhäuser oder verwinkelter Altstadtgässchen offenbaren.

Auf der Müritz

Plau am See oder Röbel/Müritz warten mit großzügigen Hafenanlagen auf, die maritimes Flair versprühen. Kurzweil und Spaß versprechen die vielen See-, Hafen und Fischerfeste sowie die Müritz Sail. Güstrow, die ehemalige Residenz- und Barlachstadt, hat Architekturgeschichte von der Backsteingotik bis zum Klassizismus zu bieten. Und Woldegk kann mit seinen Windmühlen wuchern.
Waren ist die Müritz-Metropole und empfängt seine Gäste in einem liebevoll restaurierten Stadtkern. Der Mittelpunkt imponiert mit der Marienkirche und dem traditionellen Rathaus. Der Yachthafen wird zur vergnüglichen Bummelmeile. Sanierte Fachwerkwerkhäuser wechseln ab mit moderner Architektur, auf gelungene Weise wird so der Spagat zwischen Tradition und Gegenwart dokumentiert.
Idyllisch liegt Neubrandenburg, drittgrößte Stadt Mecklenburg-Vorpommerns, am Tollensee. Anziehungspunkte sind die fast vollständig erhaltene Wall- und Wehranlage mit den vier imposanten Stadttoren in Backsteinarchitektur, der Fangelturm und die in die Stadtmauer integrierten Wiekhäuser. Klangliche Leckerbissen bieten Veranstaltungen mit der Neubrandenburger Philharmonie in der Konzertkirche Neubrandenburg.

Malchow

Waren an der Müritz

FISCHEREI MÜRITZ-PLAU

Essbare Seenlandschaften – Angelspaß und der Genuss von frischen Fischen aus der Müritz-Region mit ihren unzähligen Seen. Dort ist die Fischerei Müritz-Plau seit mehr als 50 Jahren tätig, bewirtschaftet Gewässer, betreibt Fischzucht und Regionalvermarktung, verarbeitet das Fanggut und kurbelt den regionalen Tourismus an. Die Müritzfischer sind nicht nur ein Motor in der reizvollen Region, sondern bieten auch Sport, Spiel und Spaß. Kulinarischen Gaumenspaß der besonderen Art genießen Fischfreunde in der Fischerei Damerow am Naturpark Nossentiner/Schwinzer Heide. Würziger Rauch in einer dicken Schwade steigt auf, wenn Fischermeister Hans-Joachim Kalg die Tür des traditionellen Altona-Räucherofens öffnet und nach dem Rechten schaut. Kurz schweift sein Blick über die Aale, die wie auf einer Kette aneinander gereiht im Ofen hängen, und prüft, ob sie schon fertig geräuchert sind. Reine Erfahrungssache bei ihm, die Fische gelingen zu einer saftigen, gut gewürzten Spezialität. „Die Leute sind begeistert“, kommentiert er kurz. Die Fischerei Damerow am Jabelschen See ist längst kein Geheimtipp mehr für Feinschmecker von geräuchertem Fisch. „Wir garen unsere Fische mit Buchenholz, das ergibt das würzige Aroma“, verrät der Fischermeister das Geschmacksgeheimnis. Die Fischerei Damerow bietet urtümliche Erlebnisgastronomie von regionaler Prägung, wie auch die Fischerei ein regional-typisches und traditionelles Handwerk in der Müritz-Region mit ihren zahllosen Gewässern ist. Da ist es dann oft die Schlichtheit, die den Menschen Spaß bereitet, weil sie im Gegensatz zur hoch organisierten Arbeits- und Lebenswelt steht. Der simple Räucherofen steht dann nicht nur für ein Standardinstrument zur Essenszubereitung, sondern erlangt eine höhere Bedeutung. Er symbolisiert diese erholsame Einfachheit der Lebensgestaltung ohne Alltagsstress und Hektik. Das genießen die Leute auf Holzbänken und Holztischen unter freiem Himmel und im Schatten der Bäume. Vor sich auf dem Teller einen noch dampfenden Barsch frisch aus dem Räucherofen. Das Wisentgehege, Schifffahrt, Wander- und Radwege sowie die schöne Naturlandschaft und der Jabelsee selbst sind attraktive Stationen in und um Damerow. Nach solchen kurzweiligen Vergnügungen und Aktivitäten haben viele die Fischerei zum kulinarischen Ziel, um sich dort deftigen Gaumenfreuden hinzugeben und zu stärken. „Forellen, Lachsforellen, Saiblinge, Zander, Maränen, Schleien, Barsche oder Aale stehen auf der Speisekarte. Die Lachsforellen und Saiblinge stammen aus unse-

Fischerei Müritz-Plau GmbH
Jens-Peter Schaffran

Eldenholz 42
17192 Waren (Müritz)

Telefon 0 39 91 / 15 34 0
Telefax 0 39 91 / 15 34 17

rem Zuchtbetrieb in Wilsen bei Lübz. Sonst werden die Fische hier aus dem See geholt. Alles fangfrische Ware", macht Fischereimeister Kalg mit dem Räucherprogramm bekannt. Die Fischerei Müritz-Plau bewirtschaftet mehr als 27 000 Hektar Seen und Fließgewässer. Zu dem Betrieb zählen Fischereien an elf Stützpunkten, zwei Zuchtanlagen, die Fischverarbeitung in Waren-Eldenholz, ein Vertriebsunternehmen und Direktvermarktungsläden an allen Standorten. In der Fischverarbeitung wird die Ware küchenfertig verarbeitet, geräuchert oder für die Gastronomie glasiert und gefrostet. Heute präsentieren sich die Müritzfischer als ein modernes und gut ausgestattetes Unternehmen, das einen breiten Markt an Händlern, Gaststätten und Hotels mit eigenem Frischfisch beschickt.

Hechtsalat

Zutaten für 6 Personen

1200 g Hechtfilet
1 l Wasser, Salz
150 g Shrimps
2 TL Zucker
1/16 l heißes Wasser
1/8 l saure Sahne
20 g Kapern
250 g Gewürzgurken
1,5 Bund Schnittlauch
4 EL Öl
1 Kopfsalat

Zubereitung

Filets in kochendes Salzwasser geben und 20 Minuten ziehen lassen. In der Zwischenzeit Zucker mit heißem Wasser in einer Schüssel auflösen, mit saurer Sahne mischen, in den Kühlschrank stellen.
Kapern fein hacken. Gewürzgurken in 1/2 cm große Würfel schneiden. Schnittlauch hacken. Hechtfleisch in große Stücke zerpflücken, Gräten entfernen. In eine Schüssel geben und mit Öl und Zitronensaft begießen. Shrimps, Kapern, Gurken und den Schnittlauch (etwas zum Garnieren behalten) dazu geben, leicht salzen. Zum Schluss die Sahnemischung vorsichtig unterziehen. Den Salat für 30 Minuten in den Kühlschrank stellen, eventuell nachsalzen. Kopfsalat zerpflücken, eine Glasschale mit den Blättern auslegen, den Salat einfüllen und mit etwas Schnittlauch bestreut servieren.

KLEINES MEER

„Kleines Meer" – so nannten slawische Siedler einst respektvoll ihren See. „Kleines Meer" nennt sich auch das Hotel, Restaurant, Bistro und Tagungscenter in Waren an der Müritz. Direkt am Ufer von Deutschlands größtem Binnensee gelegen, bietet das weit über die Region hinaus bekannte Haus einen einmaligen Ausblick auf Wasser und Natur. Dort verdichtet sich ein breites Angebot aus Komfort, Individualität und Genuss. Helles Holz, schnörkellose Linien und Strukturen sowie sandfarbene Töne schaffen eine angenehme Leichtigkeit in den Räumen und lassen willkommenes Wohlgefühl spüren.

Animieren zum Wohlfühlen – das war schon immer die Sache von Hoteldirektor Michael Fassbender. Kein Wunder, kommt er doch aus den Robinson Clubs. Allein die gelungene Architektur und der ausgesuchte Standort des „Kleinen Meeres" macht Lust auf „Mehr". Einerseits das romantische Müritz-Panorama, andererseits den beschaulichen Marktplatz der Müritz-Metropole, der wie aus einem Bilderbuch anmutet. Und ganz in der Nähe den maritimen Hafen von Waren, das von fein herausgeputzten historischen Gebäuden und modernem Leben geprägt ist.

Auch das „Kleine Meer" verbindet mit seinem vielfältigen Angebot gekonnt Gastlichkeit, Tafelkultur und erlebbare Region.

Hotel „Kleines Meer"
Michael Fassbender

Alter Markt 7
17192 Waren (Müritz)

Telefon 0 39 91 / 6 48 - 0
Telefax 0 39 91 / 64 82 22

Kulinarische Erlebnisse besonderer Art vermittelt das Gourmetrestaurant. Neben typischen Spezialitäten der Region gehören zum Repertoire des Küchenchefs Andreas Mahr auch internationale Tafelfreuden. „Frische Küche lautet ein Kochrezept im Kleinen Meer. Wir verwöhnen unsere Gäste mit traditionellen Rezepten und Menüs, die auch verwöhnten Feinschmeckern Gaumenfreuden bereiten", lässt der leidenschaftliche Koch wissen. Er zählt zu den drei Besten seines Faches in Mecklenburg-Vorpommern und wird stets mit 14, 15 Punkten im Gault Millau gelobt. Neben einem ausgezeichneten Team sind gleichfalls viel Kreativität und Phantasie am Küchenwerk und für die genussvollen Schlemmerprojekte verantwortlich.
Den Gast belohnen feinmundige Menü-Köstlichkeiten wie gebratener Lammrücken mit Fenchel-Tomaten-Gemüse und Polenta, den Auftakt bildet ein von einem Joghurt-Gurkensüppchen mit Flusskrebsen. Zum leckeren Finale gibt's Topfenmousse mit Erdbeersorbet. „Der Name des Hauses ist uns Ansporn, unseren Gästen immer ein ‚Kleines Mehr' an Aufmerksamkeit, Freundlichkeit und Wohlbefinden zu bieten", umschreibt Hotelier Fassbender in Anspielung auf die Hotelbezeichnung den professionellen Service, der keine Gästewünsche offen lässt.
Das Verweilen auf der Sonnenterrasse, ein Glas Rotwein vor dem Kamin, eine gesellige Runde an der Bar oder ein Espresso mit Gebäck im Bistro – es gibt viele Orte des Wohlbefindens im „Kleinen Meer". Dazu gehören auch die geschmackvoll und individuell eingerichteten Hotelzimmer, denn Waren verführt zum Bleiben. Wo anders als im „Kleinen Meer"? Dort lässt es sich auch hervorragend arbeiten. Die Tagungsräume sind mit moderner Technik ausgestattet und lassen schnell Freude an der Arbeit aufkommen. Zahlreiche, bestens organisierte Arrangements zu Sport, Wellness, Kochen oder Entdeckungstouren machen den Aufenthalt noch kurzweiliger. Auf kulinarische Entdeckungsreise geht's, wenn die Meisterköche des Landes zur Mecklenburg-Vorpommerschen Festtafel einladen – im „Kleinen Meer".

Hirschfilet in Rosmarinsauce mit Steinpilzen und Selleriepüree

Zutaten

2 Stück Hirschfilet à 400 g
20 ml Pflanzenöl, 50 ml Wildjus
Salz und Pfeffer
30 g Butter
1 TL gehackte frische Rosmarinnadeln
500 kg Steinpilze, 1 Stück Zwiebel
20 ml Pflanzenöl, 30 ml Sahne
40 ml Geflügelbrühe
Salz, Pfeffer
250 g Sellerie, 150 g Kartoffeln
100 ml Sahne, 25 g Butter

Zubereitung

Geschälten und geputzten Sellerie und Kartoffeln getrennt in Salzwasser ansetzen. Nach dem Garen beides abgießen, abdampfen lassen, zusammen im Mixer pürieren und durch ein Haarsieb streichen. Sahne mit Butter erwärmen, unter das Gemüsepüree ziehen und miteinander verrühren. Mit Salz und etwas Muskat abschmecken.
Steinpilze säubern und je nach Größe entsprechend schneiden. Die schönsten Stücke für die Beilage beiseite stellen. Die Zwiebel in kleine Würfel schneiden. Pilze mit der Hälfte der Zwiebelwürfel anschwitzen, mit der Geflügelbrühe ablöschen und weich kochen. Die Sahne zugeben, aufkochen lassen und im Mixer pürieren. Mit Salz und Pfeffer abschmecken. Die „richtigen" Steinpilze mit etwas Öl und dem Rest der Zwiebeln in einer heißen Pfanne kurz und kräftig anbraten. Salzen und pfeffern.
Die Wildjus mit kalten Butterwürfeln binden und kurz vor dem Anrichten den Rosmarin zugeben.
Die parierten Hirschfilets salzen, pfeffern, in Pflanzenöl von allen Seiten anbraten und im vorgeheizten Backofen bei 180 °C ca. 7 Minuten garen lassen. Anschließend die Filets an einem warmen Ort noch 10 Minuten ruhen lassen.
Das Püree in der Mitte des Tellers anrichten, das Hirschfilet in gleichmäßige Scheiben schneiden, um das Püree legen, die Steinpilze dazugeben, saucieren und zum Schluss die aufgeschäumte Steinpilzsauce über die Pilze geben.

HOTEL SCHLOSS ULRICHSHUSEN

Hotel Schloss Ulrichshusen – Inbegriff von Natur, Kultur und Ferien pur. Das Schloss inmitten der Mecklenburgischen Seenplatte nördlich der Müritz bietet nicht nur gute ländliche Küche im Restaurant-Café „Am Burgraben", sondern weitere vielfältige Angebote in der kulturhistorischen Landschaft. Dazu zählen die alte Feldsteinscheune als einer der größten Konzertsäle des Nordens, das Hotel „Schloss Ulrichshusen", die Ferienwohnungen im „Haus am See", die eigene Landwirtschaft. Jagd, Radtouren, Reiten, Segeln und Golf sind in der Gegend möglich.
In ländlicher Idylle am Ulrichshusener See gelegen ragt die wehrhafte, 1526 von Ulrich von Maltzahn erbaute Renaissance-Anlage aus der Landschaft empor. Von 1993 bis 2000 haben die Nachkommen, Alla und Helmuth von Maltzahn, unter Mithilfe der Dorfbewohner das Anwesen in denkmalpflegerischer Vorsicht restauriert. Es wurde zu einem Ort der Künste, der Gastlichkeit, Kultur und Erholung.
Ulrichshusen mit seiner alten Feldsteinscheune und dem großen Saal im Schloss ist heute die zentrale Spielstätte der Festspiele Mecklenburg-Vorpommern im Sommer und in der Adventszeit die Kulisse eines traditionellen Weihnachtsmarkts in der Festspielscheune. Bedeutende Künstler aus aller Welt haben hier gespielt – der weltweit bedeutendste Cellist Mstislaw Rostropowitsch, die berühmte Violinistin Anne-Sophie Mutter oder der Geigenvirtuose Yehudi Menuhin. In der Reihe „Musik und Literatur" traten im großen Saal des Schlosses bedeutende Künstler wie Klaus-Maria Brandauer, Bruno Ganz oder Hannelore Elsner auf.
Kultur macht Hunger auf mehr – in Ulrichshusen vor allem auf die kulinarischen Köstlichkeiten aus der Gutsküche im Restaurant „Am Burggraben". „Wir verarbeiten frische Erzeugnisse aus der eigenen Landwirtschaft, die zu Landmahlzeiten komponiert werden. Die Saison kocht dabei mit. Das heißt, im Herbst steht Kürbissuppe auf der Karte und im Frühjahr Spargel", lässt sich Küchenchef Andreas Goldfisch in den Kochtopf schauen.

Das Restaurant im ehemaligen Pferdestall gibt dazu den passenden Rahmen ab. Backstein und Fachwerk prägen die Räume und harmonieren mit den ländlichen Rezepten.
Auf dem Grill brutzeln Spanferkel und Steaks, im hauseigenen Räucherofen garen Aale und Forellen und im Backsteinofen geht das Ulrichshusener Landbrot auf. Als Zartes von der Weide und aus dem Stall gibt es Ulrichshusener Kesselgulasch im

Hotel Schloss Ulrichshusen

Seestraße 14
17194 Ulrichshusen

Telefon 03 99 53 / 79 00
Telefax 03 99 53 / 7 90 99

Landkrustenbrot. Köstliches aus Wald und Wiese wie saftige Medaillons vom Wild mit Semmelknödelscheiben und Rahmpilzen bietet die Speisekarte. Zu den Spezialitäten des Hauses zählt das weithin begehrte „Traditionelle Mecklenburgische Krebsessen nach Art des Hausherrn“ und der Reh- und Schwarzwildschinken zum Weihnachtsmarkt.
Ulrichshusen lockt zum Verweilen und weiteren Genießen. Im Hotel „Schloss Ulrichshusen“ mit seinen geschmackvoll eingerichteten Zimmern ist man Gast wie in alten Zeiten. Beim Frühstück im Turm schweift der Blick über das Gut in die Mecklenburgische Landschaft.
Alles – Burg, Park, Teiche und Wiesen als altehrwürdige Gesamtanlage Ulrichshusen in moderner Nutzung – verbindet sich wieder zum „aufgeschmückten“ Landgut.

Krebssauce nach Art des Hausherrn

Zutaten

250 ml Mayonnaise
50 ml Ketchup
1 EL Senf
1/2 Bund Dill, frisch
4–5 Knoblauchzehen
4 cl Cognac
Salz
Pfeffer
evtl. 1 Spritzer Tabasco

Zubereitung

Die Mayonnaise mit Senf und Ketchup verrühren. Den Dill abzupfen, fein schneiden und zugeben. Den geschälten Knoblauch durch die Knoblauchpresse drücken und zugeben.
Alles mit Salz, Pfeffer, evtl. mit etwas Tabasco oder einer Prise Zucker verrühren und abschmecken. Guten Appetit!

WIRTSHAUS ZUR EIBE

Elegante Schlichtheit empfängt den Gast im Gasthof „Wirtshaus zur Eibe“ in Jabel, der inmitten der waldreichen Landschaft der Mecklenburgischen Seenplatte idyllisch am Jabelschen See liegt. Naturfreunde, Wanderer, Ruderer und Radfahrer finden dort eine herrliche Umgebung für ihre Aktivitäten und im Restaurant und Dorfkrug eine kulinarische Anlaufstelle der besonderen Art. Der restaurierte Mühlensaal mit Kamin ist für Veranstaltungen mit circa 120 Plätzen bestens geeignet und beeindruckt durch den alten Holzfußboden. Wer länger Rast einlegt, lässt sich in einem der sechs komfortabel eingerichteten Zimmer der dazugehörigen Pension nieder.
Jabel kannte den niederdeutschen Schriftsteller Fritz Reuter (1810–1874) noch als Unbekannten, der bei seinem Onkel, dem Dorfpfarrer, Unterschlupf fand und die kleine Gemeinde als „im Paradies liegend“ bezeichnete. Es wird berichtet, dass der junge und später niederdeutsch schreibende, berühmte mecklenburgische Dichter bereits 1846 dort seinen Rotwein genoss.
In den Jahren 1998 bis 2000 wurde der Gasthof von einem Bauunternehmer und Reinhard zur Kammer umgebaut und renoviert.
Heute präsentiert sich von außen eine schmucke Fassade. Innen setzt sich der gute Eindruck fort – geprägt vor allem von den Holzdielen, den schlicht-eleganten Holzmöbeln und dem dezent leuchtenden Gelb der Wände. Genau das richtige Ambiente, um die vorwiegend regionalen Produkte in Öko- und Bio-Qualität zu genießen. Aus der Küche kommen herrlich zubereitete Wild- und Fischspezialitäten von Hirsch bis Lachs oder die frisch gesammelten Pfifferlinge
auf Schweinesteak gratiniert mit Kroketten. Das Wisentgehege im nahen Damerow ist ein bekanntes Ausflugsziel für alle Urlauber. Der Bestand der Wisente wird durch den zuständigen Forstbetrieb reguliert und be-

Gasthof „Wirtshaus zur Eibe“
Reinhard zur Kammer

Hoher Damm 7
17194 Jabel

Telefon 03 99 29 / 76 78-0
Telefax 03 99 29 / 76 78-12

treut. Ab und zu kommt es vor, dass ein Jungbulle in der Herde vom Bullen nicht akzeptiert wird und deshalb aus der Herde entfernt werden muss. Für solche Fälle hat sich Reinhard zur Kammer bereits vormerken lassen. Die Jungtiere haben sich ausschließlich von Muttermilch und frischem Gras ernährt.
Das Fleisch kommt dann als Wisentgulasch, Wisentroulade oder Wisentmedaillons in einer leckeren Beerensoße mit Rotkohl und Kartoffelspätzle auf den Tisch. Es ist sehr zart, schmeckt nach wildem Rind und ist eine absolute Delikatesse.
Der Hauschef ist auch ein Meister der Soßen, die die frisch zubereiteten Speisen adeln. Eine exzellente Komposition ist die Whisky-Preiselbeer-Soße, die mit Hirschsteak, Rotkohl und Kartoffelklößen harmoniert. Echt mecklenburgisch dagegen die Lebkuchensoße, abgebunden mit Lebkuchen und dadurch markant schmeckend. Mit den köstlichen Speisen korrespondieren die Qualitätstropfen aus der reichhaltigen Weinkarte bestens. Auch im süßen Bereich wird eine hausgemachte Spezialität gereicht – das Holunderblüteneis oder -sorbet. Am Gasthof „Wirthaus zur Eibe“ führt der internationale Radweg Berlin–Kopenhagen direkt vorbei. Daher nutzen viele Radfahrer die Gelegenheit, köstliche Pastagerichte zu sich zu nehmen.
Dass Küchenmeister zur Kammer ein kreativer Kochkopf ist, dokumentieren seine Erfolge so wie auch die seiner Auszubildenden auf vielen Kochwettbewerben landesweit – eine gute Visitenkarte des Hauses.

Medaillons vom Wisent mit frischen Champignons und Wurzelgemüse

Zutaten

640 g Wisentkeule, -rücken oder -filet
80 ml Olivenöl
1 Knoblauchzehe
200 g frische Champignons
400 g Wurzelgemüse
200 g Schalotten
0,3 l Wacholderrahmsoße
200 g Preiselbeeren
1 cl Whisky

Zubereitung

Wisentfleisch in kleine Medaillons schneiden; je Person 4 Stck. à 40 g. Fleisch anschließend marinieren. Im Wok Olivenöl erhitzen. In Streifen geschnittene Schalotten mit Scheiben vom Knoblauch anbraten und herausnehmen. Champignonscheiben anbraten, ebenfalls herausnehmen und dann das Wurzelgemüse anschwenken, herausnehmen bevor es Farbe annimmt. Marinierte Medaillons im heißen Wok anbraten – mit Wacholderrahmsoße, Crème fraîche und Preiselbeeren ablöschen und das warm gestellte Gemüse dazugeben; mit einem Tropfen Whisky abschmecken.

ROSENDOMIZIL

Die ausgesprochen geschmackvolle Ausstattung des Rosendomizils in Malchow spricht deutlich die Handschrift von Anette Vollbrecht. Sie und ihr Mann Olaf leiten das Unternehmen mit dem vielfältigen Angebot von Hotel, Café & Bar, Bäckerei, Konditorei und Lebensart-Laden. Die idyllische Inselstadt Malchow im Zentrum der abwechslungsreichen Wasserlandschaft der Mecklenburger Seenplatte liegt am gleichnamigen See und besticht durch ihr Flair aus Historie, Architektur und Infrastruktur. Das Rosendomizil bereichert diese bezaubernde Insel.

Rosendomizil – schon der Name garantiert gastronomische Ästhetik – ist ein Traditionsbetrieb, der 1932 als Bäckerei und Konditorei von den Vollbrechts gegründet wurde. Anette und Olaf Vollbrecht haben nach der Übernahme des Betriebs ein Konzept entwickelt, das dem Gast Wohlgefühl und kombinierte Angebotsvielfalt bietet. Von der Umbauplanung 1999 bis zur Wiedereröffnung 2004 wurde der Betrieb erweitert. Die schicke Inneneinrichtung und Ausstattung macht das stilvolle Ambiente des Hauses zwischen Tradition und Moderne aus und ist geprägt vom treffsicheren Geschmack der Hausherrin. Schon dadurch zeichnet sich Anette Vollbrecht als perfekte Gastgeberin aus.

Der glückliche Standort des Rosendomizils lässt die Rosen-Romantik am Malchower See spüren und nimmt sie in sich auf. Von der Sonnenterrasse genießt der Gast nicht nur einen Rundumblick auf den See, die Klosterkirche oder das Stadtpanorama, sondern auch den betörenden Duft alter erlesener Rosensorten und die beruhigende Klangkulisse der plätschernden Wellen. Die architektonische Sprache des Rosendomizils mit seinen Rundungen spricht an, die Terrasse schmiegt sich an die Halbrotunde des Baukörpers, in dem der Gastronomiebetrieb untergebracht ist. Der freundliche Innenraum wird durch viel Glas von Tageslicht durchflutet. Das Kaminzimmer verbreitet gemütliche Wohnzimmeratmosphäre und auch die Themenzimmer des Hotels erfüllen die Rosenästhetik.

In dieser ansprechenden Umgebung lassen sich die kulinarischen Köstlichkeiten besonders genießen. Schon das reich bestückte und liebevoll zubereitete Frühstück mit frischen Brötchen aus der hauseigenen Bäckerei für Hotel- und externe Gäste ist eine kulinarische Geschmacksblüte. „Die Gäste schätzen es, wenn schon morgens am Tisch serviert wird“, lässt Anette Vollbrecht wissen, die sich auch im unmittelbaren Kontakt mit den Gästen als perfekte Gastgeberin zeigt. Ab mittags kommen aus der

Rosendomizil
Cafe – Restaurant – Hotel
O. & A. Vollbrecht OHG

Lange Straße 2–6
17213 Malchow

Telefon 03 99 32 / 1 80 65
Telefax 03 99 32 / 1 80 64

Frische-Küche fein zubereitete Produkte aus der Region mit mediterranen Geschmacksakzenten – so zum Beispiel bardierter Seeteufel auf frischem Blattspinat mit körniger Senfsauce und Rosmarinkartoffeln. Die regelmäßig wechselnde Karte lässt keine geschmackliche Eintönigkeit aufkommen. Nachmittags lassen sich die Gäste den selbst gebackenen Kuchen und andere feine Süßwaren aus der eigenen Backstube schmekken. Dort dirigiert vor allem Bäckermeister Olaf Vollbrecht das handwerkliche Programm, das sich durch hohe Produktqualität und Vielfalt auszeichnet.
Im Gästebuch ist nachzulesen: „Man glaubt sich im Paradies“ – eine treffende Kurzbeschreibung des Rosendomizils.

Gefüllter Kaninchenrücken an Rosinen-Portweinsauce mit Karotten-Lauchgemüse und Kartoffeln

Zutaten

3 Kaninchenrücken, 1 Zwiebel
50 g Sellerie, 300 g Möhren
250 g Lauch, 1 EL Tomatenmark
500 ml Portwein
6 EL Rosinen Rosmarin, Thymian, Honig, Weißweinessig, Orangensaft, Salz, Pfeffer, rosa Pfeffer, Butter, Kartoffeln

Zubereitung

Rosinen am Vortag in Portwein einlegen und abgedeckt 24 h marinieren.

Für die Sauce die Kaninchenrücken auslösen, so dass die Bauchlappen am Rückenfilet verbleiben. Knochen in kleine Teile hacken und in der Pfanne rösten. Mit der Zwiebel, den Karotten sowie dem Sellerie ebenso verfahren und zu den Knochen geben. Tomatenmark zugeben und mit Portwein und Wasser löschen. Den Saucenansatz 1 1/2 Stunden köcheln lassen, danach passieren. Saucenfond auffangen und auf ein Drittel reduzieren. Mit Salz und Pfeffer abschmecken.
Vor dem Servieren mit Butter binden.

Kaninchenrücken mit Salz und Pfeffer würzen. Die marinierten Rosinen, Rosmarin und Thymian auf den Bauchlappen verteilen, zusammenrollen und fixieren. Die Röllchen von allen Seiten kurz anbraten und anschließend im Backofen bei 180 °C 10 Minuten garen.

Karotten und Lauch in Stifte schneiden. Das Gemüse in Butter anschwitzen, anschließend mit 1 EL Honig und Weißwein ablöschen.
Fond mit Orangensaft auffüllen und Gemüse darin köcheln bis gewünschter Garzustand erreicht ist. Mit Salz, Pfeffer und eventuell rosa Pfeffer würzen.

JAGD- UND NATURPARK RESIDENZ

Jagd- und Naturpark Residenz
Ernst Matheis

Am Drewitzer See 1
17214 Drewitz

Telefon 03 99 27 / 76 70
Telefax 03 99 27 / 76 7-19

Die Jagd- und Naturpark Residenz in der Nossentiner Heide hat den Vorzug, einziges Anwesen direkt am Drewitzer See zu sein. Jagen, Schlemmen, Tagen, Feiern, Wohlfühlen – das Angebot des ehemaligen Jagdsitzes von Erich Honnecker ist vielfältig. Die privat geführte Ferienanlage umfasst auf einer Fläche von 14 Hektar ein Vier-Sterne-Hotel, Suiten, Ferienhäuser und -wohnungen. Das Boothaus bietet mit seinen Räumlichkeiten und der Ausstattung den geeigneten Rahmen für Seminare, Firmen- und Familienfeiern sowie andere Veranstaltungen. Die Gourmetküche des Restaurants veredelt heimische Produkte aus Wald und See zu überraschend eleganten Gaumenfreuden.

Sei es durch die idyllische Lage direkt am Drewitzer See oder die Abgeschiedenheit inmitten einer herrlichen Naturlandschaft – die Jagd- und Naturpark Residenz ist ein einziges Wohnzimmer zum Wohlfühlen.

Der Logenplatz in der Region zieht Naturfreunde und andere Menschen mit feiner Lebensart magisch an. Genussfreuden für Gaumen und Magen komponiert die Küche vor allem aus dem Gut, das vor der Hautür gedeiht – aus Gemüse, Fisch und Wild werden Menüs und À-la-carte-Gerichte von lokaler Deftigkeit. Was liegt da näher auf dem Jagdsitz, als feine Wildgerichte aus eigener Jagd zu schlemmen. Da macht ein Wildrückensteak unterm Speckmantel, das festlich harmoniert mit Rosenkohl an einer Wacholder-Rotweinsauce und Kroketten, ein Stück weit bekannter mit einer der schönsten Naturlandschaften der Mecklenburgischen Seenplatte. Bacchantische Freuden spendet der Weinkeller mit ausgesuchten Qualitätstropfen aus den besten Lagen. So korrespondiert der kräftige Geschmack eines halbtrockenen Spätburgunders mit dem Aroma des Wildfleisches bestens. Ob im Wintergarten oder auf der Sonnenterrasse, dem Feinschmecker ist der schöne Blick auf

den idyllisch gelegenen See stets sicher – als zusätzlicher Genuss der anderen Art. „Unseren Gästen kredenzen wir vor allem bodenständige Zubereitungen. Andererseits schauen wir bei unseren Themenbüfetts kulinarisch auch über die Grenzen und bieten Köstlichkeiten nach internationalen Rezepten. Nachmittags können sich Liebhaber süßer Speisen an unseren selbst gebackenen Kuchen erfreuen. Natürlich nach zünftiger Hausfrauenart, saisonal und mit Früchten aus der Region", plaudert Hoteldirektor Ernst Matheis aus dem Küchenprogramm.

Für den Jagdurlauber ist die Ferienanlage die richtige Adresse. Zu den Arrangements gehören auch Jagden auf heimisches Wild. Nach einem erfolgreichen Tag für die Jagdgesellschaft ist eine gesellige Feier auf der Terrasse des Bootshauses direkt am See der richtige Ausklang. Die Residenz verfügt weiterhin über Seminar-, Arbeits- und Tagungsräume mit entsprechender Technik, so dass sich in dieser außergewöhnlichen Umgebung schnell der Arbeitsspaß einstellt. Auch für Hochzeiten eignet sich das Anwesen bestens, wobei der komplette Service in Anspruch genommen werden kann.

Wohnvielfalt und Wohnkomfort – auch das ist die Jagd- und Naturpark Residenz. Neben den exklusiv ausgestatteten Zimmern und Suiten des Vier-Sterne-Hotels vermitteln die Ferienhäuser im Landhausstil besonderen Urlaubsspaß.

Natur-, Wild- und Naturlehrpfade, Streichelzoo, Trimm-Dich-Pfad, Vogelpark, Duftgarten, Badestrand oder Rhododendron-Park sind weitere Angebote für einen kurzweiligen Aufenthalt.

Rehrücken in Honig-Haselnuss-Kruste mit Wirsing und Gewürz-Kirschtorte

Zutaten

Rehrücken:
700 g parierter Rehrücken
Salz, Pfeffer aus der Mühle
2 EL Pflanzenöl
60 g Butter
1 TL Kastanienhonig
1 EL Haselnussmark
Pfeffer
1 Msp. Wildgewürz
60 g Haselnüsse, fein gemahlen

Torte:
4 blind gebackene Blätterteig-Torteletts, ca. Ø 6 cm
12 frische Kirschen, entsteint, halbiert
120 ml Royalmasse
1 Msp. Wildgewürz

Wirsing:
400 g Wirsing, in Rauten geschnitten und blanchiert
2 EL Schalottenwürfel
30 g Butter
150 ml Béchamelsauce
1 EL geschlagene Sahne

Zubereitung

Geputzten, parierten Rehrücken mit Salz und Pfeffer würzen und in heißem Öl anbraten. Dann im vorgeheizten Backofen bei 180 °C 12–15 Minuten garen, warm stellen. Butter schaumig schlagen, mit Honig, Haselnussmark, Salz, Pfeffer und Wildgewürz abschmecken, Haselnüsse zugeben. Die Masse auf den gebratenen Rehrücken streichen und im Salamander goldgelb gratinieren.

Torte:
Gebackene Blätterteig-Torteletts mit halbierten Kirschen gleichmäßig füllen und mit gewürzter Royalmasse aufgießen. Torteletts im vorgeheizten Backofen bei 180 °C ca. 15–20 Minuten backen.

Gemüse:
Wirsing mit Schalottenwürfeln in Butter glasig dünsten, mit Salz und Pfeffer würzen und mit Béchamelsauce auffüllen. Geschlagene Sahne unterheben, auf Tellern anrichten und mit dem tranchierten Rehrücken servieren.

GUTSHOF WOLDZEGARTEN

Da, wo die Zeit ihre angemessene Dauer wieder bekommt und in besonders köstlichen Momenten für einen Augenblick sogar stehen bleibt – da sind Sie angekommen auf dem Gutshof Woldzegarten im gleichnamigen Dörfchen inmitten der Seenlandschaft Mecklenburgs. In einem 4 Hektar großen Landschaftspark mit altem Baumbestand steht ein 200 Jahre altes denkmalgerecht restauriertes Herrenhaus, jetzt ein anspruchsvolles Privathotel, und die „Kulturscheune“, eine der größten Gutsscheunen Mecklenburgs.

Der Gutshof Woldzegarten am Tangahn-See wurde bis 1945 über 600 Jahre lang von der Familie von Flotow bewirtschaftet. Er war immer ein Ort intensiven Lebens, harter Arbeit und froher Feste, ein Ort der Gastlichkeit, der Erlebnisse und der Besinnlichkeit, und diese Tradition wird auch heute gepflegt.

Das Hotel im Herrenhaus, unter bauhistorischen, bauökologischen und gesundheitsfördernden Gesichtspunkten sensibel saniert, hat neben dem Standardangebot ausgesuchte Themenangebote zu Natur, Gesundheit und Wohlgefühl. Die Einrichtung mit Möbeln früherer Jahrhunderte und nach eigenen handgefertigten Entwürfen entspricht in ihrer Schlichtheit dem unaufdringlichen Adel dieses Hauses. Traditionelle Baukunst, modernste Technik und eine Ausstattung aus Naturmaterialien verbinden sich zu einer ganz besonderen Wohnatmosphäre.

Für das Schlemmer-Frühstücksbuffet und das Abendessen steht das Restaurant mit

Gutshof Woldzegarten

Walower Straße 30
17209 Woldzegarten

Telefon 03 99 22 / 8 22-0
Telefax 03 99 22 / 8 22-55

Sonnenterrasse zur Verfügung. Ein alter Kamin sowie Tische und Stühle aus geöltem Holz geben den schlichten, authentischen Rahmen ab für eine ländliche Küche aus frischen Regionalprodukten, z.B. ein Menü aus Kartoffelcremesuppe mit Ingwer und Kürbiskernöl, Cordon bleu von Müritzzander und Lachsforelle auf Wirsinggemüse mit Safranreis und zum Abschluss ein Latte-Macchiato-Parfait mit Rosmarinzwetschgen. Zu gemütlichen Abenden am offenen Kamin lädt das 400 Jahre alte Gewölbe unter dem Herrenhaus ein, bestens geeignet auch für kleinere Gesellschaften bis 30 Personen zum ungestörten Tafeln. Dem körperlichen Wohlbefinden und der Gesundheit ist eine Etage mit Schwimmbad, Sauna, Solarium, Kosmetik und Massage-Gewölbe gewidmet. Eine weitere Attraktion ist die Gutsscheune – eine der größten ihrer Art in ganz Mecklenburg-Vorpommern. Sie beherbergt über der ökologisch konzipierten Energiezentrale einen dreistöckigen Kornspeicher, dessen obere Etage für Seminare und Workshops bis max. 40 Personen ausgebaut wurde, während die beiden darunter liegenden Kornspeicherböden für Ausstellungen, aber auch für die Bewirtung von Gruppen und Gesellschaften bis zu 300 Personen genutzt werden können.

Der ehemalige Heuspeicher mit 500 Quadratmeter Grundfläche ist ein beeindruckendes Beispiel traditioneller „Zimmermannsgotik". Er wurde unter sorgfaltiger Erhaltung seiner ursprünglichen Struktur umgebaut zu einem bis 500 Personen fassenden Konzert- und Veranstaltungsraum, in dem Klavier-Recitals, sinfonische Konzerte, Opernaufführungen, Musikwettbewerbe, aber auch Events mit großzügiger Tafel stattfinden. Das Anwesen mit der Kulturscheune hat sich aber auch als Ort für fröhliche Landhochzeiten weithin einen Namen gemacht. Es bietet bis hin zur traditionellen Kutschfahrt alles rund um das freudig-festliche Ereignis.

Gutshof Woldzegarten – ein Ort der LebensArt.

Cordon Bleu vom Müritzzander und Lachsforelle auf Wirsinggemüse mit Safranreis

Zutaten

4 mittelgroße Zanderfilets
à 130–150 g
1 Lachsforellenfilet à 150 g
400 g Wirsingkohl
1 Msp. Safran
320 g gekochter Parboiled Reis
Salz, Pfeffer, Muskat
8 rote Cherrytomaten
1 kleine Zwiebel
100 ml Schlagsahne
20 g Butter
Mehl, Ei, Paniermehl

Zubereitung

Lachsforellenfilet vierteln. Taschen in den enthäuteten Zander schneiden und gewürzte Lachsforellenstücke hineinstecken. Das so entstandene Cordon-Bleu mehlieren, in Ei wälzen, in Paniermehl wenden und kurz in der Pfanne beidseitig anbraten. Dann 12 Minuten im auf 130 °C vorgeheizten Backofen garen.

Wirsing in kleine Streifen schneiden und in der Pfanne mit Butter anschwitzen. Das Gemüse mit Rahm auffüllen und je nach Geschmack mit Salz, Pfeffer und Muskat würzen. Gewürfelte Zwiebeln in Safran und Butter leicht glasig anschwitzen. Mit gekochtem Reis vermengen, bis dieser eine schöne gelbe Farbe hat.

DIE SCHEUNE

DIE SCHEUNE
Arbeits- und Ausbildungs-
initiative Röbel e.V.

Dudel 1
17207 Bollewick

Telefon 03 99 31 / 5 20 09
Telefax 03 99 31 / 5 56 37

Die größte Feldsteinscheune Deutschlands, 125 m lang und 34 m breit, fast 10 000 Quadratmeter unter Dach findet man 3 Kilometer südlich der Müritz, in dem 440 Einwohner zählenden Dorf Bollewick nahe der Kleinstadt Röbel.
Bis 1991 riesiger Stall für 650 Kühe ist sie heute Marktplatz für mecklenburgische Produkte, Handwerk, Kunst und Kultur.
1881 wurde DIE SCHEUNE von Baron von Langermann zu Erlenkamp und Spitzkuhn erbaut. Das Gebäude von geradezu „kollossalen Dimensionen“ beeindruckte die Mecklenburger bereits während der Bauzeit. Man sprach im Juniheft der Monatszeitschrift „Der Mecklenburger“ von 1881 ob seiner Größe sogar schon von einem „Landwunder“. DIE SCHEUNE diente als Stall, Getreidelager und wurde für Werkstätten genutzt, der Nordgiebel der Scheune war Wohnraum. 1969 wurde sie zu einer Milchviehanlage für 650 Kühe umgebaut. Nach der Wende und dem Zusammenbruch der damaligen landwirtschaftlichen Strukturen drohte der Abriß der Scheune. Da entschloß sich die Gemeinde, dieses mittlerweile bereits betagte, dorfprägende Gebäude zu übernehmen. Zusammen mit dem Verein Arbeits- und Ausbildungsinitiative Röbel e.V. wurde die Scheune zu neuem Glanz erweckt.
Die 1994 erstmalig durchgeführte Messe „Made in Mecklenburg“ war der Auftakt für das neue Leben der Scheune.
Heute gilt DIE SCHEUNE mit ihren Aktivitäten, den Festen, Konzerten, Theaterveranstaltungen und Ausstellungen als Anziehungspunkt für Einheimische und Touristen in der gesamten Region und sogar weit darüber hinaus. Jährlich 150 000 Gäste führt ihr Weg in die inzwischen unter Denkmalschutz stehende Scheune.
Der Besucher kann die Scheune auf zwei Etagen mit ihren fast 10 000 Quadratmeter

unter Dach entdecken/durchschlendern und in vielen, meist täglich 10 bis 18 Uhr geöffneten Werkstätten und Geschäften stöbern und einkaufen. Er findet hier ein Cafe und am Nordgiebel das Hotel mit dem Gutsherrenkeller und der urigen Dorfschenke. Theaterveranstaltungen, Konzerte und Lesungen, aber auch die seit 13 Jahren stattfindenden Mecklenburger Ostermärkte, die Großen Mecklenburger Marktfeste im Sommer, sowie die traditionellen Mecklenburger Adventsmärkte ziehen Tausende von Besuchern jährlich an. Das Besondere der Märkte in der SCHEUNE ist, dass hier ausschließlich Produzenten ihre Waren anbieten können. Deren Produkte weisen sich durch eine entsprechend hohe Qualität und Handwerkskunst aus.

Kaltgepresstes Rapsöl, Frucht- und Kräuterliköre, Honig und Met, Bio-Ziegenkäse, Bio-Topinambur-Sanddornsaft und Bio-Rindfleisch und Wurstwaren – wer regionale Produkte aus der Mecklenburgischen Seenplatte sucht, der wird bei der „Region im Markt eG“ mit Sitz in der Scheune Bollewick fündig. Die Erzeuger-Verbraucher-Genossenschaft bietet Groß- und Endverbrauchern einen direkten Bestell- und Lieferservice für Regionalprodukte.

Und noch eine kulinarische Entdeckung können Reisende und hiesige ab Frühjahr/Sommer 2006 in Bollewick machen: In den Landwerkstätten mit einer Gläsernen Produktion direkt an der Scheune Bollewick bieten Bauern aus der Umgebung Fleisch und Wurst in selten gekannter Qualität an. Schweine und Rinder, die in den umliegenden Dörfern nach den Richtlinien des Ökologischen Landbaus gezüchtet werden, veredelt ein Könner seiner Zunft zu Gaumenfreuden, die sich ebenso gut für ein nobles Barbecue wie für den festlichen Braten anbieten. Und wer dann auch gleich den Biobäcker nebenan besucht und eine seiner Spezialitäten erwirbt, hat schon alles für ein zünftiges Picknick in der wundervollen Landschaft der Mecklenburgischen Seenplatte beisammen.

Aber vergessen werden sollte auch nicht der Haustierpark. Auf ca. 1000 Quadratmetern bekommt der Besucher in der Regionalausstellung „Die Mecklenburgische Seenplatte stellt sich vor“ einen Vorgeschmack von den Schönheiten der Natur und den kulturellen Besonderheiten der Region.

Übrigens: Für Besucher werden täglich nach Voranmeldung auch Gruppenführungen angeboten.

CAPTAIN'S INN

Wenn es um kulinarische Konsequenz geht, ist der Gourmet im „Captain's Inn" im Ferienzentrum „Marina Müritz im Hafendorf Müritz" bestens aufgehoben. Dort bieten Kai-Peter Balken und sein Team exzellente Produkte aus der Region fein zubereitet. In der Küche kocht vor allem die Phantasie mit und komponiert auch Nicht-Regionales wie Gambas oder Hummer zu echten Gaumenfreuden. Das passt zu Rechlin, malerisch an der kleinen Müritz gelegen und ein echter Geheimtipp für Segler und wahre Naturfreunde.

Er lässt sich nicht in eine Gastro-Schublade zwängen, ist aber auch kein köchelnder Zigeuner: Kai-Peter Balken ist vor allem ein kreativer Kochkopf, der konsequent seine kulinarischen Geschmacksmarken setzt. „Simpel, konsequent und doch gut", so beschreibt er selbst seine Küche im Captain's Inn. „Gemüse ist die Basis aller meiner Speisen. Das heißt aber nicht, dass ich ausnahmslos vegetarisch koche. Fisch und Fleisch gehören dazu", beschreibt der Koch-Kosmopolit sein gastronomisches Konzept. Nicht konzeptlos, aber sehr frei gestaltet er seine Menüs. Da muss sich der Gast überraschen lassen, der höchstens die geschmackliche Grobrichtung vorgibt. Alles andere wird am Herd in den Kochtöpfen zusammengezaubert – improvisierte Spontanküche auf bestem Geschmacksniveau. Und da überlässt sich Balken ganz seinen phantasievollen Geistesblitzen. „Der Gast muss spüren und schmecken, dass es im Captain's Inn anders zugeht als sonstwo" – das ist vielleicht am treffendsten ausgedrückt, wenn das Konzept überhaupt definiert werden soll. Diese etwas andere Qualität rührt dann nicht nur von den „witzigen" Rezepten her, sondern gleichfalls von der hohen Güteklasse der Rohstoffe und Zutaten wie Biofleisch, Pilze von regionalen Züchtern oder Fisch aus der Müritz. Aus den einfachen, aber guten Grundlagen werden ein leckeres Knusperschweinlein in pikanter knuspriger Umhüllung oder Sabines geheimnisumwitterte, original nordostmecklenburgische Fenchel-Käse-Quiche, Salat und Senf-Lauchsauce, als Variation mit Gambas.

Wer im Captain Inn's einen guten Tropfen trinken will, ist dort richtig platziert. Es gibt keine stehende Weinkarte, sondern lauter ausgewählte Tropfen, die der Markt gerade bietet. Wer sich darauf einlässt, kann sich drei Proben kredenzen lassen und wählt dann seinen Geschmacksfavoriten aus.

Die gastronomische Konsequenz macht auch vor den jungen Gästen nicht halt. Ihnen wird der „erwachsene" Hochgenuss à la carte geboten, reduziert auf Kinderportionen. Pommes und Spaghetti sind im

Captain's Inn
Kai-Peter Balken

Boeker Straße 1
17248 Rechlin

Telefon 03 98 23 / 2 66 36
oder 03 98 23 / 2 71 68
Telefax 03 98 23 / 2 91 95

Captain's Inn verpönt und selbst Cola zählt dort zu den non-grata-Angeboten.
Der viel herumgekommene Kreativkoch, der in Coburg gebürtig ist und zu dessen Stationen New York zählt, ist auch im Süßbereich zu Hause. Seine selbst gemachten Pralinen wie Süße Sünde oder Die Leidenschaftlichen aus Bioschokolade sind die pure Verführung. Den Gaumen provozieren gewagte Kompositionen wie Ziegenkäse- oder Blauschimmelpralinen. „Auf das Maß der Zutaten kommt's an", so der Ton des Meisters.
Zum kulinarischen Eventprogramm des Hauses zählen die Mecklenburger Genießerrunden mit regionaler Küche, die bis nach Berlin geplant sind. Ab und an ist Balken auch sein eigener Unterhaltungschef, wenn er sich am Klavier selbst zu Morgenstern- und Kästnertexten begleitet. Dass keine Seemannslieder erklingen, ist wiederum Konzept.

Zander, Zwetschgen, Kohlrabi

Zutaten für 1 Person

150–200 g Zanderfilet
etwas Pflanzenöl oder
Traubenkernöl zum Braten
Zwetschgen, ungespritzt und unbehandelt
etwa 1/2 mittelgroße Knolle Kohlrabi
etwa 1–2 TL Traubenkernöl
etwa 1/2 Glas Weißwein
(z. B. ein guter Riesling)
2–4 EL Butter
Currygewürz (Paste oder Puder – gelber Curry wäre wegen der darin enthaltenen Süße und des blumigen Aromas zu empfehlen)
Limonensaft oder ein zarter, duftiger Essig

In einer gusseisernen oder beschichteten Pfanne 1 Esslöffel Öl mittelmäßig erhitzen (Elektroherd etwa 2 Minuten auf Stufe 2 vorheizen). Das Zanderfilet leicht salzen und mit der Hautseite in das heiße Öl legen. Die Pfanne während des gesamten Bratvorganges immer in Bewegung halten, damit das Zanderfilet ständig über den mit Öl benetzten Boden gleitet. Das bewirkt eine gleichmäßige Bräunung und eine zarte und doch knusprige Haut. Wenn das Zanderfilet noch leicht glasig ist, die Pfanne vom Feuer nehmen und eine Minute abkühlen lassen. Dann das Zanderfilet

Zubereitung

Kohlrabi und Zwetschgen in feine Streifen schneiden und im Traubenkernöl etwa 1 Minute sanft andünsten. Mit etwas Curry bestäuben – ein Hauch soll es nur sein – und den Weißwein sowie die Butter zugeben.
Ein wenig salzen, mit Limonensaft oder Essig abschmecken. Einmal aufkochen und anrichten. Die Haut des Zanderfilets kreuzweise mit einem sehr scharfen Messer leicht einritzen. Dabei nicht das zarte Fleisch verletzen, sondern nur der Haut einige Schnitte versetzen, damit sich das Filet beim Braten nicht zusammenziehen kann.

auf die Fleischseite drehen, einige Sekunden ruhen lassen und schnell aus der Pfanne nehmen. Auf dem Gemüse anrichten und genießen.

Falls Ihnen zur Küchenmeisterprüfung noch die notwendige Praxis fehlt, empfiehlt der Chefkoch zuerst den Zander zu braten, diesen dann bei maximal 70 °C im Backofen warm zu halten (nicht abdecken) und dann erst das Gemüse zuzubereiten.

ROMANTIK HOTEL BORCHARD'S ROOKHUS

Abseits von Wesenberg gelegen, geht es erst durch die mecklenburgische Waldlandschaft, bis man dann das Ensemble adrett herausgeputzter Häuser im englischen Landhausstil erreicht. Nicht immer hat es dort so gepflegt ausgesehen. Nach Ausbildung und Wanderjahren, die ihn bis nach Paris führten, wählte Alexander Borchard den Weg in die Selbstständigkeit. Er und seine Frau Andrea brachten das heruntergekommene ehemalige Rauchhaus auf Vordermann und eröffneten es 1995 als Gastronomiebetrieb und Hotellerie der Extraklasse. Ein Jahr später wurde es um das Bettenhaus mit 34 Zimmern und Suiten erweitert. „Früher räucherten Fischer ihren Fang hier. Wir wollen diese Tradition fortsetzen und unsere Gäste auf dem Vier-Sterne-Standard kulinarisch und gastronomisch verwöhnen", gibt Alexander Borchard das Konzept bekannt. Das gilt auch für die kleinen Gäste in dem familienfreundlichen Haus, das sich mit pfiffigen

Romantik Hotel
Borchard's Rookhus
Alexander Borchard

Am Großen Labussee
17255 Wesenberg

Telefon 03 98 32 / 50-0
Telefax 03 98 32 / 5 01 00

So abwechslungsreich die Mecklenburger Seenplatte ist, so traumhaft schön ist ein Aufenthalt im Romantik Hotel Borchard's Rookhus in Wesenberg. Das Anwesen liegt inmitten des Müritz-Nationalparks am Großen Labussee und bringt dem Gast das Zusammenspiel von Natur, Gastlichkeit und Wohlergehen nahe. Aus dem ehemaligen Kanuheim hat sich nach aufwändigen Renovierungen 1994 ein Betrieb der gastronomischen Extraklasse und ein Refugium kulinarischer Genießer entwickelt.

Röllchen von Müritzer Stör in Rote Bete-Sauce mit Mangold und Couscous

Zutaten pro Person

150 g Störfilet
100 g Mangold
50 g Couscous
1 Zwiebel
350 g Brühe
250 g Rote Bete
200 ml Schlagsahne
50 ml Sauerrahm
Salz, Pfeffer, Muskat
Weißwein

Zubereitung

Störfilet enthäuten und leicht plattieren, mit Fischfarce bestreichen.
Ein Mangoldblatt darauf legen und das Ganze einrollen. Im Wasserdampf in ca. 10–15 Minuten gar ziehen lassen.
Mangold waschen und die Strünke entfernen, dann in 1 Zentimeter breite Streifen schneiden.
Zwiebelwürfel in Butter glasig anschwitzen, die Mangoldstreifen dazu geben, durchschwenken und mit Weißwein ablöschen. Mit Muskat, Salz und Pfeffer abschmecken. Couscous in kräftiger Brühe aufkochen und 5 Minuten ziehen lassen, bis die Flüssigkeit aufgenommen wurde. Abschmecken.
Die Rote Bete mit etwas Brühe aufkochen, dann das Fruchtfleisch herausnehmen und den verbliebenen Fond mit einem Löffel Sauerrahm und der Schlagsahne aufgießen, etwas einkochen lassen und leicht süßlich abschmecken.

Ideen wie einem gut ausgestatteten Spielzimmer auf sie eingestellt hat.
Wohlfühlen auf hohem Niveau beginnt in der exzellenten Frische- und Qualitätsküche. Chefkoch Thomas Giesel und sein Team verarbeiten überwiegend regionale Produkte aus kontrolliert ökologischem Anbau. Eigengeschmack der Produkte lautet das Rezept, das von den Gästen so geschätzt wird.
Das Rookhus verfügt über zwei Restaurants. Im „Storchennest" geht's kulinarisch rustikal nach typisch Mecklenburger Art zu. Traditionsrezepte werden nach aktuellen Geschmacktrends aufgepeppt zu gut bürgerlichen Speisen. Da wird aus heimischem Wild Geschmortes von der Rehkeule mit Preiselbeeren, frischem Gartengemüse und hausgemachten Spätzle.
Im mehrfach ausgezeichneten Restaurant „Fürst Nikolaus I." geht's nobler zu. Der Gourmet lässt sich dort ausgewählte Regionalköstlichkeiten kredenzen. So beginnt beispielsweise ein Romantik-Menü mit Amuse-bouche, geht zart über in Gelatine von der Bresse-Taube. Mit weißer Tomatencremesuppe und Victoriabarsch im Reisblatt setzen sich die Gaumenköstlichkeiten fort und enden mit Medaillons vom Rehrücken unter Orangen-Wacholderkruste und Parfait vom Wildblütenhonig.
Das Romantik Hotel bietet zudem kurzweilige Aktivitäten – Arrangements wie Schlummer- und Schlemmerwochenenden, eigener Strand, Beauty- und Wellnessvilla, Blockhüttensauna oder Wassersport. Ein besonderes kulinarisches Erlebnis ist die Dinner-Floßfahrt über den Großen Labussee. Die stilvolle und gehobene Ausstattung der Hotel- und Restauranträumlichkeiten begründen den Leitspruch „Wir sind kein Tagungshotel, deshalb tagt man bei uns".

DIE FEINKOSTMANUFAKTUR

Die Feinkostmanufaktur
Nützel und Haberland Gbr

Thomsdorf 38 a
17268 Boizenburger Land
OT Thomsdorf

Telefon 03 98 89 / 55 00 30

Der Name ist Programm – Bistro und Espressobar „Die Feinkostmanufaktur“ in Thomsdorf im Boitzenburger Land steht für eine ursprüngliche Küche, in der von der Süßspeise bis zum Rehbraten alles selbst zubereitet wird, im besten kochhandwerklichen Sinn. Wer den Gastraum betritt, fühlt sich an eine andalusische Tapa-Bar erinnert – das hell scheinende Gelb der Wände, die beeindruckende Schlichtheit der Einrichtung reichen aus für dieses gefühlvolle Bild im Kopf. Es korrespondiert mit dem herrlich beschaulichen Landstrich um das uckermärkische Thomsdorf am Carwitzer See, der einen Anflug von Sentimentalität aufkommen lässt.

Die wohltuende Kargheit im Gastraum der „Feinkostmanufaktur“ stimmt überein mit der Uckermarck, deren kargem Boden die Feldfrucht seit jeher abgerungen werden musste. Auch das Küchenkonzept harmoniert bestens dazu, denn die beiden leidenschaftlichen Gastgeber verwöhnen mit ursprünglicher Küche im besten Sinn des Wortes. „Mich interessiert die Kulturgeschichte des Menschen und dabei besonders die Zubereitung des Essens. Wie haben Menschen hier in der Gegend beispielsweise vor 7000 Jahren ihre Speisen zubereitet? Welche Zutaten verwendeten sie? Wie hat sich der Weg von der Feuerstelle zur Mikrowelle vollzogen?“, bekennt Norbert Nützel. Die beiden Betreiber wollen ursprüngliche Elemente in der Zubereitung wieder aufleben lassen. Dazu gehören naturbelassene und saisonale Wildkräuter und Früchte, die vor der Haustür wachsen wie Blüten von Holunder, Rosen oder Veilchen. Aber auch marinierte Fichtennadeltriebe oder gebackene Meerrettichblüten verfeinern die Speisen in der „Feinkostmanufaktur“.

Das Küchenzepter hat Norbert Nützel in der Hand. „In den Kochtöpfen werden ausschließlich Frischeerzeugnisse verarbeitet – vom Wildfleisch bis zum Gemüse. Und keine Konvenienzprodukte. Das bedeutet auch, dass wir eine saisonale Küche haben", erläutert der Küchenchef das Programm. Thomsdorf, zwischen den beiden Naturparks Feldberger Seenlandschaft und Uckermärkische Seen gelegen, ist zwar eine Urlaubsregion, aber doch weiträumig und ländlich. Da ziehen nur Frische und Qualität die Gäste – darunter viele Wanderer oder Radfahrer – in die „Feinkostmanufaktur" – und das mit Erfolg. Sie können sich von Pasta Spinat und Gorgonzola über eine Schäferplatte mit Bioziegenkäse, Salami und Brot bis zum Rehbraten mit Klößen und Salat die vielfältigsten Köstlichkeiten schmecken lassen. Die hohe Geschmacksqualität besonders des Fleisches rührt von der besonderen Auswahl der Nutztiere wie Pommernschaf oder Wollschwein her, deren langsames Wachstum sich am Gaumen des Feinschmeckers genussvoll bemerkbar macht.
„Die Feinkostmanufaktur" ist zudem ein ausgesprochener Meetingpoint für hausgemachte süße Sachen – auf der Linie der ursprünglichen Küche. Das Grundrezept lautet Eier, Zucker und Butter. Im Angebot stehen über 100 Kekssorten, Torten und anderes Gebäck. Die Uckermark war immer eine recht arme Gegend, in der vor allem Landwirtschaft und kleine Handwerksbetriebe vorherrschten. Es ging nicht darum, besonders gut und fein zu essen, sondern es musste vor allem reichlich sein und satt machen. Die Menschen ernährten sich hauptsächlich von dem, was das Land hergab. Sven Haberland und Norbert Nützel haben mit ihrem Betrieb aber einen lukullischen Farbtupfer in diesen Landstrich gesetzt.

Ziegenragout in Cognacsoße mit Grünem Pfeffer und Ravioli mit Ziegenkäse

Zutaten für 6 Personen

1 Ziegenrücken vom Lamm
1/4 Sellerie, 3 Möhren
400 g Sahne, 100 g Frischkäse
grün eingelegter Pfeffer
8 cl Cognac

Nudelteig:
180 g Hartweizengrieß
125 g Mehl
Salz, Muskatnuss
175 ml Wasser

Füllung:
150 g Ziegenkäse mit Basilikum

Zubereitung

In Streifen geschnittenen Ziegenrücken in heißem Olivenöl kurz anbraten, dann gewürfelte Möhren und Sellerie dazugeben. Nach kurzer Zeit mit 4 cl Cognac ablöschen, Sahne dazu geben und aufkochen lassen. Pfeffer und Frischkäse einrühren und 4 cl Cognac zugeben. Mit Salz abschmecken.

Nudelteig:
Zutaten zu einem Teig verkneten, abdecken und 1 Stunde ruhen lassen. Ausrollen auf eine Stärke von 1,5 mm, 36 Kreise ausstechen. Auf 18 davon einen Klecks Frischkäse setzen, den Rand mit Wasser bestreichen und mit den restlichen Kreisen abdecken. Die Ränder mit einer Gabel andrücken. Die Ravioli in siedendem Wasser 5 Minuten garen. Dazu einen Velversheimer Tafelstein Riesling 2004 vom Weingut Neumer servieren.

SCHÄFEREI HULLERBUSCH

Schäferei Hullerbusch
Heino Hermühlen

Hullerbusch 2
17258 Feldberg

Telefon 03 98 31 / 2 00 06
Telefax 03 98 31 / 2 24 36

Eine Herde rauwolliger Pommerscher Landschafe als Landschaftspfleger – das ist ein Motiv für den Zuchtbetrieb von Schäfer Heino Hermühlen in Feldberg. Dort im Naturpark Feldberger Seenlandschaft liegen die Weideflächen und die Hofstelle der Schäferei Hullerbusch. Die Tiere liefern nicht nur Wolle, sondern auch schmackhaftes Frischfleisch für Würste und Braten, die im Hofladen zusammen mit anderen hochwertigen Spezialitäten angeboten werden. Eine eigene Schlachtanlage garantiert höchste Frischegüte. Die biologisch gehaltenen Schafe ernähren sich auf ihrem täglichen Weidegang von Sträuchern und bewahren so die Kräuterinseln vor der Verbuschung. „Wir betreiben mit unserer Schaf- und Ziegenherde Landschaftspflege. Der steinige Sandboden hier gibt auf weiten Flächen nichts anderes her als Magerrasen mit seltenen Pflanzen. Die Tiere verbeißen vor allem Sträucher und verhindern so die Verbuschung der schützenswerten Flora“ erläutert Schäfer Heino Hermühlen einen Nutzen seiner Herde.

Die Schafherde besteht vor allem aus rauwolligen Pommernschen Landschafen und ihren Lämmern. Das langsame Wachstum dieser genügsamen Tiere, die sich damit begnügen, was der karge Sandboden so hergibt, ist ein geschmacklicher Vorteil für Feinschmecker. Sie genießen den wildartigen Geschmack des dunklen Fleisches, das grundsätzlich eine besondere Qualität hat. Kein Wunder – die Speisekammer der Tiere sind kräuterreiche Weiden. Nicht nur der Mensch ist, was er isst.

Die biologische Haltung tut ihr Übriges. „Artgerecht ist nicht automatisch biologisch. Unsere biologische Haltung nach dem Bio-Anbauverband GÄA bedeutet täglicher Weidegang oder Futter von biologisch bewirtschafteten Flächen", erläutert Heino Hermühlen.

Er ist aus Berufung Schäfer. Gemeinsam mit seiner Frau hat er zehn Jahre im Wohnwagen gelebt, um der Herde nahe zu sein. Dann entschlossen sie sich, sesshaft zu werden und ein Haus zu bauen. „Um's richtig zu machen und davon leben zu können". Dazu musste noch eine Ziegenherde her, die das Angebot an hausgemachten Spezialitäten im Hofladen um Käse und Fleisch erweiterte. Zum Haus der Familie Hermühlen gehören Stallungen, der Hofladen und eine Schlachtanlage.

Sie ist ein weiteres Qualitätsmerkmal, denn sie nimmt den Tieren nicht nur den Transportweg, sondern auch den damit verbundenen Stress. Das Fleisch wird dort zu küchenfertigen Teilstücken verarbeitet.

Der Hofladen mit dem Angebot an hausgemachten Spezialitäten genießt hohe Akzeptanz. Dort gibt's frisches Grill- und Bratenfleisch vom Lamm, Schafschinken oder die „Hullerbuscher Lämmerschwänze" – die leckeren Minisalamis.

In der Höfkäserei wird die Ziegenmilch zu unterschiedlichen Käsesorten verarbeitet. Auch diese sind Genuss der besonderen Art – ob mild, pikant, frisch oder geräuchert. „Ziegeneiweiß ist leichter verdaulich", unterstreicht Hermühlen den Vorteil.

Die feste graue Schafwolle wird verarbeitet zu Strickwolle, Socken, Westen und Steppdecken und verleiht dem Naturprodukt wieder einen achtbaren Wert.

Ein besonderes Naturvergnügen vermittelt eine Wanderung mit dem Schäfer von Hullerbusch. Zwischen Schmalem Luzin und Zansen zieht die Schafherde über Kuppen und Senken der Endmoräne, nimmt Futter und gibt ihr Gestalt.

So formen sich Landschaf und Landschaft.

Landwirtschaftlicher
Marktfruchtbetrieb
Hans Kruse

Luisenhof 1 A
17039 Neuenkirchen OT Luisenhof

Telefon und Telefax
03 96 06 / 2 98 77

In der Blütezeit des Raps werden weite Landstriche von Mecklenburg-Vorpommern in leuchtendes Gelb getaucht. Das herrliche Landschaftsbild ist nicht Selbstzweck. In den klimatischen Verhältnissen dieser Region wächst die Nutzpflanze besonders gut und prägt die Kulturlandschaft. Der landwirtschaftliche Marktfruchtbetrieb von Hans Kruse in Luisenhof macht sich Raps gleichfalls zunutze. Dort wird eine speziell ausgesuchte Rapssorte angebaut, aus der hochwertiges, naturbelassenes Speiseöl gewonnen wird. Der ausgewählte Raps, ideale Verarbeitungsbedingungen und die schonende Verarbeitung selbst machen Kruses Rappöl besonders bekömmlich und verleihen ihm die hohe Geschmacksgüte. Kreative Kräuter- und Gewürzmischungen machen daraus eine wahre Delikatesse.
Raps ist vielfach Lieferant für industrielle Öle oder dient als Futterpflanze. Hans Kruse macht mehr daraus. Seit 1994 baut er als selbstständiger Landwirt Raps an und verarbeitet es seit 2000 zu hochwertigem Speiseöl. Kruses Rappöl ist eine gesunde Delikatesse, die beim Deutschen Patent- und Markenamt als eingetragene Marke geführt wird.
„Kruses Rappöl – ja, es heißt im Plattdeutschen Rapp und verweist damit auf seine Herkunft – hat besondere Qualitäten, weil eine speziell ausgesuchte Rapssorte verwendet wird, weil sehr gute Verarbeitungsbedingungen herrschen und weil die Weiterverarbeitungsmethoden schonend sind", macht Landwirt Hans Kruse klar.
Die Rapssorte als Ausgangssubstanz bleibt sein Geheimnis. Nach der Ernte werden die ungeschälten Rapssaaten im eigenen Betrieb gepresst, so dass keine Zwischenlagerung anfällt. So wie oft bei industrieller Herstellung. Die langsame mechanische Kaltpressung in der Seiherschneckenpresse entwickelt nur geringe Presswärme. Die typischen Aroma-, Farb- und sekundären Pflanzen-

stoffe und Vitamine bleiben weitgehend enthalten. Kruses Rappöl wird nicht wärmebehandelt, sondern nur gefiltert und gereinigt – zur Erhaltung aller wertvollen Inhaltsstoffe und des intensiven Geschmacks.
Ernährungsexperten empfehlen Rapsöl, das ein optimales Fettsäurespektrum bietet und dem Olivenöl nicht nachsteht (Stiftung Warentest 09/2003). Die hochwertige Sorte im Anbau des landwirtschaftlichen Marktfruchtbetriebs Kruse zeichnet sich durch eine besonders günstige Fettsäurezusammensetzung aus. Das enge Verhältnis von 1 : 1 zwischen Omega-6 und Omega-3-Fettsäuren übertrifft bei weitem die Empfehlung der Deutschen Gesellschaft für Ernährung. Kruses Rappöl hat eine perfekte Konsistenz, eine sehr schöne intensive gelbe Farbe und einen nussigen, saatigen Geschmack mit artischockenartiger Note.
Das Bundesforschungsanstalt für Ernährung und Lebensmittel Institut für Lipidforschung in Münster hat die sensorische Güte von Kruses Rappöl bestätigt und die FH Neubrandenburg die Hitzestabilität. Sie spielt unter anderem beim Rauchpunkt eine Rolle, also bei der Temperatur, bei der das Öl zu rauchen und krebserregende Stoffe zu entwickeln beginnt.

Kruses Rappöl gibt es pur und in vielen delikaten Variationen mit Chili, Rosmarin, Schnittlauch und anderen Kräutern und Gewürzen. Kreative Mischungen werden mit Rum, Vanille oder Minze kulinarisch abgerundet.
Neuestes Produkt ist Kruses Margarine, mit der alle wertvollen Inhaltsstoffe des Rapssaatenöls aufs Brot kommen – pur oder in der leckeren Kräuter- und Gewürzvielfalt. Sie eignet sich ebenso zum Backen, Braten und Kochen.

Rapsölkuchen mit Eierlikör

Zutaten

200 g Zucker
250 ml kalt gepresstes Rapsöl
250 ml Eierlikör
300 g Mehl
5 Eier
1 Päckchen Backpulver
2 Päckchen Vanillinzucker

Zubereitung

Zunächst Eiweiß vom Eigelb trennen. Dann Eigelb mit Zucker, Öl, Eierlikör, Mehl, Backpulver und Vanillinzucker verrühren. Danach das Eiweiß steif schlagen und vorsichtig unter die Masse heben.
Zuletzt den Teig in eine Gugelhupfform füllen und bei 150 °C/Umluft 60 Minuten goldgelb backen.

Landstrich voller Naturschönheiten

Unberührte Landstriche, sanfte Hügel und klare Gewässer formen die Gestalt der Mecklenburgischen Schweiz inmitten von Mecklenburg-Vorpommern. Die Bezeichnung „Schweiz“ signalisiert die landschaftliche und natürliche Schönheit dieser Region. Der urwüchsige Landstrich ist ein wahres Paradies für alle, die Erholung, aber auch Abwechslung suchen. Die Region bietet beeindruckende Erlebniswelten im Bereich Natur, Architektur, Schlösser, Events, Brauchtum, Kultur oder Wasser. Besondere Anziehungspunkte sind die alten Schlösser und Gutshäuser oder die 1000-jährigen Eichen von Ivenack. Für Naturfans gibt`s Schreiadler, Fischotter und Biber zu beobachten. Das urbane Leben spielt sich ab in Demmin, Güstrow oder Krakow am See und in anderen Städten. Faszinierende Mecklenburgische Schweiz, die ihren Besuchern und Gästen vielfältige Erlebniswelten bietet. Die Region ist Teil des Naturparks Mecklenburgische Schweiz und Kummerower See. Der Naturraum ist ein sensibles Ökosystem aus 19 Prozent Wald, 10 Prozent Wasser, 66 Prozent Landwirtschaft und 5 Prozent Siedlung mit Gewerbe und Verkehr. Auf einem dichten Wegenetz lässt sich die bizarre Parklandschaft mit ihren Wäldern, Wiesen und Moorlandschaften erschließen – ob auf Schusters Rappen, zu Pferd, zu Fahrrad oder auf dem Wasser. Neben einmaligen Naturerlebnissen wie Wildbeobachtung kommen auch Kulturfreunde auf ihre Kosten. Auf sie warten unzählige alte Schlösser, ländliche Parkanlagen und altehrwürdige Gutshäuser, die es auf speziellen Touren zu entdecken gilt. Die Landschaftsparks der Schlösser Basedow und Remplin sind Entwürfe des berühmten Gartenarchitekten Peter Josef Lenné.
Im Mittelalter entstand die berühmte Backsteingotik, die sich überall in Norddeutschland findet. Die Anfänge dieser Architektur sind mit den Christianisierungszügen von Heinrich dem Löwen im Ostseeraum verbunden, der in Kreuzzügen die Wenden zum Christentum bekehrte (Wendenkreuzzüge). Nach seinem Sieg startete ein großer Zustrom von westfälischen und dänischen Siedlern, die zahlreiche Klöster, Dörfer und Städte im Stil der gotischen Backsteinarchitektur an wichtigen Verkehrsknotenpunkten gründeten. Das Markenzeichen ist der leuchtende Rotton, mit dem sich Gutshäuser, imposante Bürgerhäuser, Schlösser und Kirchenbauten schmücken. Die Stiftskirche St. Elisabeth von Bützow, die St. Bartholomaei-Kirche von Demmin, die Klosterruine von Dargun, der Mariendom von Güstrow oder die Kirche St. Petri von Altentreptow sind bedeutende Gebäude in der Region, die in der gotischen Gestaltungssprache des Backsteins erbaut wurden.

Zum frühen Kulturland in der Mecklenburgischen Schweiz zählen gleichfalls die vielen Steingräber mit ihren großen Ausmaßen, die sich unter den Hügeln verbergen und an die Frühzeit menschlicher Besiedlung erinnern. In der späteren Renaissance entstand Schloss Güstrow, das diese epochale Baukunst dokumentiert. Aber auch andere Adelsbauten wie Schloss Basedow, Burg Klempenow oder Burg Schlitz zeugen noch vom Glanze vergangener Tage und dem damaligen Schönheitsverständnis in der Architektur, die auch heute noch betört.

Bedeutenden Persönlichkeiten der jüngeren Kulturlandschaft aus Kunst und Wissenschaft kann der Interessierte nachspüren. Dabei trifft er auf Werke und Spuren des Bildhauers Ernst Barlach, des Schriftstellers Fritz Reuter oder des Agrarwissenschaftlers Johann Heinrich Thünen.

Eine andere natürliche Attraktion sind die 1000-jährigen Eichen von Ivenack, die zu den ältesten und stärksten Bäumen ihrer Art in Mitteleuropa zählen. Diese einzigartigen Naturdenkmäler sind Reste des Hudewaldes mit seinen Hudebäumen. Der Hudewald (Hütewald) ist ein Revier gewesen, in dem vor allem Schweine auf der Waldweide gemästet wurden.

Die Mecklenburgische Eiszeitlandschaft ist seit 2003 Geopark und umfasst weiträumige Wälder, Wasserflächen, Moore und Feuchtgebiete auf einer Fläche von knapp 5 000 Quadratkilometern. Das Projekt dokumentiert eine geologische Modellregion, in der die Ergebnisse der eiszeitlichen Vorgänge erhalten sind – mit Findlingen, Fossilien und anderen Landschaftselementen.

Die Mecklenburgische Schweiz ist glücklicherweise kein großstädtischer Ballungsraum. Dennoch findet urbanes Leben in den Zentren statt – vom Musiksommer über Reuter-Festspiele, Theater und Ausstellungen bis zu Musikfestivals.

GUT DALWITZ

Gut Dalwitz
Dr. Heino Graf von Bassewitz

Dorfstraße 43
17179 Dalwitz

Telefon 03 99 72 / 5 61 40
Telefon und Telefax 03 99 72 / 5 12 63

Urlaub auf Gut Dalwitz ist etwas Besonderes. Auf dem bereits mehrfach prämierten Anwesen betreibt Dr. Heino Graf von Bassewitz ökologischen Landbau. Das Hofrestaurant „La Remise" in der alten Reiterhalle ist eine gute Adresse für Feinschmecker und verarbeitet die hochwertigen Eigenprodukte zu schmackhaften Speisen. Gut Dalwitz ist ein richtiges Event-Anwesen mit Hofladen, Ferienwohnungen, dem Reiterhof „La Primera", Zuchtbetrieb, Jagdveranstaltungen und ökologischer Landwirtschaft zum Anfassen.

„Wir wollen den Gästen ein Stück alter Agrarkultur in der Mecklenburger Landschaft näher bringen. Das bedeutet Leben in alten Gebäuden, Essen wie früher sowie den Kontakt mit Tieren und der aktiven Land- und Forstwirtschaft", schickt Dr. Heino Graf von Bassewitz voraus. Sein Betrieb zählt zu den Gründungsmitgliedern der Erzeugergemeinschaft Biopark, nach deren Richtlinien dort gewirtschaftet wird.

Bekannt wurde das gräfliche Anwesen mit seiner extensiven Rindfleischproduktion. Ochsen und Färsen aus der reinen Weidemast liefern Fleisch von besonderer Zartheit und hervorragendem Geschmack à la Gut Dalwitz. Im Hofrestaurant mit seinem rustikalen Ambiente und französischer Landküche werden Schaffleisch, Wild, Kartoffeln und andere hochwertige Bio-Produkte vom Hof zu deftig-feinen Mahlzeiten erhoben – nach dem Motto „Gediegener Geschmack aus kostbaren, aber einfachen und frischen Grundprodukten". In diese Richtung geht auch das Weideochsensteak vom Holzkohlengrill mit Folienkartoffeln. Die empfohlene Vorspeisen-Spezialität des Hauses ist Ziegenkäse vom Zimmenhof Vietschow mit Olivenöl, Balsamico und Meersalz.

Über Geschmack lässt sich bekanntlich nicht streiten, doch er lässt sich krönen. Für naturgemäße Rinderhaltung und die ökonomische, ökologische und sozial zukunftsweisende Landwirtschaft erhielt Gut Dalwitz 1999 den Agrarkulturpreis und 2000 die Thünen-Medaille. „Niedrige Produktivität und der Einsatz alter Rassen und Sorten im ökologischen Landbau ist der Grund, warum sich unsere Lebensmittel qualitativ und geschmacklich deutlich abheben", verrät Graf von Bassewitz das offene Genussgeheimnis.

Der vorbildliche Betrieb als Urlaubsdomizil ist mit dem DLG-Titel „Ferienhof des Jahres 2001" ausgezeichnet. Den Gästen wird außergewöhnlicher Urlaubsspaß geboten. Wohnen im historischen Verwalterhaus hebt

die Ferienlaune. Ökologischen Landbau zum Anfassen können die Gäste bei der Gemüseernte erleben. Sportliches Vergnügen an der Rinderarbeit vermittelt das Westernreiten auf den Crillios, den südamerikanischen Pferden. Kutschfahrten, Grillen, Wildbeobachtung, Fahrradverleih, Tennis, Angeln, Kinderspielplatz und die einzigartige Naturlandschaft machen Hofgut Dalwitz zur einem idyllisch-erholsamen Ort. Dass es auf Gut Dalwitz auch für Kinder nie langweilig wird, dafür sorgt die tierische Vielfalt aus Kühen, Schweinen, Hühnern und Pferden.

Warmer Tafelspitz mit Schnittlauch-Vinaigrette

Zutaten

Gekochter Tafelspitz:
1 kg Knochen vom Rind
500 g Markknochen
1,5–3 kg Tafelspitz
Meersalz
1 bis 2 Prisen Muskatnuss
1 Lorbeerblatt
2 Nelken
3 Zwiebeln
1 Bouquet garni
5 Möhren
5 Stangen Lauch
1 Sellerieknolle

Vinaigrette:
3 Schalotten
1 Bund Schnittlauch
1 EL Champagneressig
Salz, weißer Pfeffer
2 El Sonnenblumenöl
1/8 l Tafelspitzbrühe

Zubereitung

Fleischknochen waschen, in gleichmäßig große Stücke spalten und in einen großen Topf, der gut zur Hälfte mit Wasser gefüllt ist, zum Kochen bringen und die Fleischknochen darin blanchieren. In ein Sieb abschütten, in kaltem Wasser erneut ansetzen, zum Kochen bringen. Schaum abschöpfen und den Tafelspitz sowie Gewürze zugeben. Zwiebeln ungeschält halbieren, auf der Herdplatte bräunen und zum Tafelspitz geben, ebenso das Bouquet garni. Die Hitze reduzieren und offen 1 Stunde leicht köcheln lassen. Die gewaschenen Markknochen

einlegen und den Tafelspitz bis an den Garpunkt kochen. Das dauert etwa noch 1 1/2 bis 2 1/2 Stunden, je nachdem, wie gut abgehangen das Fleischstück war.
Das im Ganzen geputzte, gewaschene Gemüse hinein geben und auf den Punkt garen, herausnehmen und beiseite stellen, um es nach Belieben später als Beilage zu servieren.
An diesem Punkt der Zubereitung kann der Tafelspitz auch heiß serviert werden. Für den warmen Tafelspitz das Fleisch in der Brühe auf Zimmertemperatur auskühlen lassen.
Für die Vinaigrette die Schalotten in sehr feine Würfel, den Schnittlauch in ebenso feine Röllchen schneiden. Mit allen anderen Zutaten gründlich vermischen. Die Salate putzen und in leicht verzehrbare Stücke teilen, die Radieschen raspeln.
Zum Servieren je 2 dünne Tafelspitzscheiben auf Tellern anrichten, mit der Vinaigrette nappieren und mit verschiedenen Salatbouquets garnieren. Röst- oder Petersilienkartoffeln dazu reichen.

BURG SCHLITZ

Ein prächtiges Anwesen in traumhafter Natur: Das Schlosshotel Burg Schlitz in Hohen Demzin gilt als ideale Adresse für alle, die Ruhe und Entspannung in einer atemberaubenden Natur suchen oder einfach in stilvollem, abgeschiedenem Ambiente tagen möchten. Das historische Haus gehört zur Riege von Relais & Chateaux und wird liebevoll und persönlich von Maja und Thomas Kilgore geführt.

„Unser oberstes Gebot ist es, unsere Gäste so richtig zu verwöhnen. Sie sollen sich bei uns auf Burg Schlitz (fast) wie zu Hause fühlen und das ‚Leben auf dem Schloss' in allen Zügen genießen", so unisono das Betreuungs-Credo des Gastgeberpaars Maja und Thomas Kilgore. Das noch junge, aber dennoch weit gereiste Direktorenpaar hat das Relais & Chateaux „Matahari Beach Resort & Spa" auf Bali zu einem der besten indonesischen Resorts geführt. Dort erlernte Thomas Kilgore die komplexe traditionelle Kochkunst Balis, die heute neben einer mediterranen Küche die Gastronomie von Burg Schlitz so unverwechselbar prägt.

Für Feinschmecker und Liebhaber kulinarischer Schlemmereien ist Burg Schlitz die richtige Adresse. Im Gourmetrestaurant im Rittersaal werden feinste Köstlichkeiten unter dem Motto: „Typisch Burg Schlitz – das Beste aus Mecklenburg" serviert.

Thomas Kilgore und seine Brigade kreieren phantasievolle Themenmenüs aus erlesenen regionalen Produkten. Zur Abrundung werden erlesene Weine aus deutschen und internationalen Toplagen kredenzt.

Tagsüber verwöhnt die Brasserie mit Leckerbissen aus der hauseigenen Patisserie mit Spezialitäten der Region in entspannter Atmosphäre und bei gutem Wetter auf der Sonnenterrasse. An warmen Tagen lädt die Terrasse zum Verweilen ein. In der Schlossbar, extravagant im modernen Design und ebenfalls mit eigener Terrasse, werden köstliche Drinks serviert.

Die verschiedenen Gesellschaftsräume der Burg wie Schinkelsaal, Gelber Salon oder Rittersaal bieten den idealen Rahmen für vielfältige private Feste oder stilvolle Konferenzen auch der besonderen Art – von fünf bis 65 Personen. In der schlosseigenen Karolinenkapelle können stilvolle Hochzeiten und Taufen arrangiert werden. Für Gäste, die standesamtlich heiraten möchten, steht der „Grüne Salon" als einmaliges Standesamt im Schloss zur Verfügung.

Je nach Jahreszeit kann auch der Schlosspark für Festivitäten genutzt werden. Durch die Lage in der Mecklenburgischen Schweiz

Burg Schlitz
Maja und Thomas Kilgore

17166 Hohen Demzin

Telefon 0 39 96 / 1 27 00
Telefax 0 39 96 / 12 70 70

wird eine Vielzahl an Freizeitaktivitäten geboten – nahezu unbegrenzte Möglichkeiten vom Wandern bis zum Golf. Auch verfügt Burg Schlitz über eine großen Wellness-Lounge: Das Spa verwöhnt die Gäste mit asiatischen Wellness-Anwendungen, mit Behandlungen der kultigen Beautymarke Korres und dem französischen Wellnesskonzept von Clarins. Einmalig in Deutschland lädt die bedeutendste klassizistische Schlossanlage Mecklenburg-Vorpommerns zu den legendären Treib- und Schleppjagden ein. Das Gelände rund um das private Anwesen mit seinem einzigartigen Park ist einer der ältesten Schauplätze für Jagden zu Pferde und hinter der Meute.

Gebratenes, Geschmortes und Papillote von der Entenkeule

Zutaten für 2 Personen

Entenkeule:
2 Entenkeulen (Ober- und Unterkeule)
1 Bund Suppengrün als Schmorgemüse, gewürfelt
100 g Entenfarce (bestehend aus 2 Teilen Entenfleisch und 1 Teil Sahne)
50 g Pilze
Schweinenetz, beim Metzger vorbestellen und anschließend wässern
gehackte Petersilie

Papillote:
20 g Schalotten, gewürfelt
50 g Pilze
150 g Entenfleisch (von Flügeln und Rücken)
50 ml Madeira
2 Blatt Filloteig (15 cm x 15 cm)
Salz, Pfeffer, Thymian

Spinat:
20 g Schalotten, gewürfelt
100 g geputzter Spinat
Trüffel (nach Geschmack frisch oder als Paste, Weißer Trüffel ist zu empfehlen), Salz, Pfeffer

Zubereitung:

Die gebundene Unterkeule auf Gemüse setzen und ca. 30 Minuten bei ca. 180 °C schmoren.
Für die Papillote Schalottenwürfel, Pilze und Entenfleisch anbraten, mit Salz, Pfeffer sowie Thymian würzen und mit Madeira ablöschen. Mit Geflügelfond auffüllen und weich schmoren, anschließend in Filloteig füllen und bei ca. 190 °C ca. 6 Minuten backen.

Oberkeule (ohne Knochen) plattieren und mit Entenfarce, Kräutern und Pilzen bestreichen, in sich stramm einrollen, in Schweinenetz einwickeln und heiß und kurz an-

braten, dann bei ca. 190 °C im Backofen ca. 7 Minuten garen.

Schalotten und geputzten Spinat anbraten, mit Salz und Pfeffer würzen und mit etwas Trüffel abschmecken.

Spinat mittig anrichten, fertig gebackene Papillote, zugeschnittene geschmorte Unterkeule sowie von der Rolle ein 3 cm großes Stück sternenförmig um den Spinat anrichten. Mit eigener Jus umgießen.

METROPOLE MITTEN IM NATURSCHUTZGEBIET

Westmecklenburg – das Land der Naturschutzgebiete glänzt mit ursprünglicher und vielfältiger Landschaft, wie man sie kaum wiedertrifft. Die Region besteht aus dem Schweriner Land und dem Mecklenburger Südwesten mit der so genannten Griesen Gegend und der Lewitz. Urbaner Mittelpunkt des Schweriner Landes mit seinen vielen Seen und Buchenwäldern ist die gleichnamige Landeshauptstadt. Das Naturschutzgebiet Insel Kaninchenwerder ist eines von vielen Schutzgebieten, in dem die Unberührtheit der Natur sowie der große Artenreichtum an Flora und Fauna erhalten werden soll. Die Besonderheit dort ist ein nistendes Seeadlerpärchen.

Überhaupt gibt es wohl selten so viele Schutzgebiete wie in Westmecklenburg. Das Naturschutzgebiet „Fischteiche in der Lewitz“ liegt in der Nähe von Neustadt-Glewe und ist als Vogelreservat bekannt. Besonders Schnepfenvögel fühlen sich dort wohl.

Das bereits 1941 gegründete Naturschutzgebiet Döpe hat schon Tradition und ist wegen seiner Schwingröhrichte und Feuchtwiesen in der Uferzone zu nennen. Die nahrungsreiche Dölpe ist Lebensgrundlage für Wasservögel wie Taucher und Tauchentenarten.

Der Naturpark Mecklenburgisches Elbtal wird von der unteren Mittelelbe durchzogen und prägt die Gegend durch den wechselnden Hoch- und Niedrigstand des Flusswassers. Dadurch hat sich eine abwechslungsreiche Mischung aus Weichholzauen, Feuchtgrünländern, Binnendünen, Mooren und Bracks gebildet. In dem Schutzraum sind zeitweise Singschwäne, Zwergschwäne, Gänse und Kraniche zu beobachten, die sich dort zur Winterzeit aufhalten.

Das Biosphärenreservat Schaalensee ist nach dem gleichnamigen See benannt, der mit einer Tiefe von 71,5 Metern tiefster Klarsee Norddeutschlands ist. Naturnahe Biotope können sich in dieser Region wegen der Ungestörtheit besonders gut ausbilden. Dort trifft man auf Rohrdommeln, Kraniche, Seeadler oder Fischotter. Wollgräser, Sumpfporst, Sonnentau, Königs- oder Rippenfarm sowie viele Orchideenarten bilden die Flora.

Ein neues Informationszentrum klärt auf über die Urwüchsigkeit der Landschaft sowie die seltene Tier- und Pflanzenwelt.

Schwerin

Schwerin

Ein weiteres Schutzgebiet ist die Bretziner Heide im Kreis Ludwigslust. Heideflächen entstehen, wenn sie in übermäßiger Weise als Weide benutzt werden. Mit Mineraldünger wurde diesem Effekt entgegengewirkt. Heute sind Heideflächen wieder gefragt. Weidende Schafe und angepflanzte Heidepflanzen helfen dabei. Auf der Bretziner Heide ist vor allem Besenheide zu finden, die in der Blütezeit in einem Rosaviolett leuchtet. Daneben wachsen dort auch noch Moose und Flechten. Die Region bietet Kaninchen, Zauneidechsen sowie Feld- und Heidelerchen den notwendigen Lebensraum.

In Schwerin laufen alle Fäden zusammen. Die Landeshauptstadt ist kulturelles Zentrum und hat viel zu bieten. Ein Ausflug in die mecklenburg-vorpommersche Metropole lohnt sich allemal. Das Schweriner Märchenschloss mit seinen goldglänzenden Türmen ist nicht nur das Wahrzeichen der Stadt, sondern auch besuchenswerte Sehenswürdigkeit – so wie auch viele weitere faszinierende Bauwerke und traditionelle Kulturschätze.

Der Dom dominiert als höchstes Gebäude den Schweriner Markt und prägt in seiner gotischen Gestaltungssprache die Altstadt. Typische Fachwerkkonstruktion aus dem 18. Jahrhundert ist das bauliche Merkmal der Schelfstadt, dem zweitältesten Stadtteil von Schwerin.

Dazu zählt gleichfalls die Schelfkirche im barocken Stil.
Wer sich in Schwerin langweilt, ist selbst schuld. Der Pfaffenteich nahe dem historischen Stadtkern lädt ein zum Bummeln zwischen sehenswerten historischen Bauten – so das Arsenal im Stil der Tudorgotik mit spätklassizistischer Fassade oder das ehemalige Stadtbad am Spieltordamm. Die Mecklenburgstraße als Zubringer ins Altstadtzentrum vermittelt mit ihren Straßencafés, Geschäften und Restaurants Flanier- und Shoppingspaß der besonderen Art. In der Schlossstraße wiederum präsentieren sich prächtige Bauten in unterschiedlichen Gestaltungssprachen wie das Regierungsgebäude, die beeindruckende Staatskanzlei mit ihrem klassizistischen Gepräge oder das Rokokohaus.

HOF MEDEWEGE

Dynamisch-biologischer Landbau – das ist das große Thema auf Hof Medewege in der Landeshauptstadt Schwerin. Das Anwesen präsentiert sich als landwirtschaftliches Bio-Zentrum, das nach den Richtlinien des Erzeugerverbandes Demeter produziert und weitere Einrichtungen wie das Filzatelier, um hier nur ein Beispiel zu nennen. Die Hofgemeinschaft sieht sich aber nicht bloß als Bio-Produzent positioniert, sondern geht weit darüber hinaus und lebt naturgemäße, soziale, zukunftsweisende und heilsame Lebensentwürfe – auch zusammen mit den Menschen im Umkreis. Vor den Toren der Landeshauptstadt am Medeweger See und an angrenzenden Feldern treffen diese Grundsätze auch eine ideale Umgebung. Hof Medewege ist einer der vielseitigsten Betriebe, die sich die kontrolliert biologische Erzeugung landwirtschaftlicher Produkte auf die Fahne geschrieben haben. Der Standort des Bio-Zentrums in der mecklenburg-vorpommerschen Zentrale, der Landeshauptstadt Schwerin – ob Zufall oder nicht – macht deutlich, dass sich urbanes und ländlich orientiertes Leben nicht ausschließen. Vielseitigkeit gehört zur Philosophie der Medeweger Hofgemeinschaft, „um die Landwirtschaft wie einen Organismus zu gestalten. Alle Bereiche hängen voneinander ab und bedingen sich gegenseitig. In dieser Gesamtheit entsteht die Fruchtbarkeit und die Gesundheit, aus der wir hochwertige Lebensmittel gewinnen“, heißt es dazu.

Hof Medewege GbR

Hauptstraße 10–15
19055 Schwerin

Telefon 03 85 / 5 50 91 54
Telefax 03 85 / 5 50 91 55

In der Landwirtschaft mit Obst- und Gemüseanbau erzeugt der Hof auf einer Gesamtfläche von rund 200 Hektar Weizen, Roggen, Kartoffeln, Gemüse, Salate, Kräuter, Äpfel und Birnen. Der Feld- und Ackerbau folgt der aufwändigen biologisch-dynamischen Wirtschaftsweise mit selbst hergestellten Kompost- und Feldspritzpräparaten, die belebend und harmonisierend auf die erzeugten Produkte wirken und ihnen die

unverwechselbare Geschmacksqualität à la Hof Medewege verleihen.
Hofeigene Ochsen, Altkühe und Schweine sind Lieferanten für Frischfleisch und Wurst. Das Hofsortiment bietet 15 feine Wurstsorten, darunter deftige Brüh-, Rauch- und Konservenwurst, aber auch leckere Fertiggerichte. Aus der Bio-Rohmilch entstehen auf dem Hof Quark, Joghurt und Frischkäse, oder sie wird direkt verkauft. Aus dem Steinbackofen der Mühlenbäckerei kommt gesundes, kross gebackenes Bio-Brot, handgefertigt und in vielen Sorten – vom Hafer-Dinkel- über Kürbiskern- bis hin zum Schwarzbrot. Aber auch knackige Brötchen, Kuchen sowie Mürbe-, Blätter- und Plunderteigstücke werden dort gebacken. Sprichwörtlich ist die Qualität, die das renommierte Magazin „Der Feinschmecker“ mit der Empfehlung als eine der besten Bäckereien Deutschlands ausgezeichnet hat.
Im Hof Medewege sind aber noch weitere Betriebe wie Gärtnerei, Korbflechterei oder Kulturverein tätig und prägen ihn als vielseitiges Bio-Zentrum mit bewusster Lebensform.

Im Hofladen gibt's alle Eigenprodukte zu kaufen. Wer den besonderen arttypischen Geschmack der wertvollen Bioerzeugnisse gleich vor Ort erleben möchte, ist herzlich eingeladen, im Hof-Café genüsslich zu verweilen.

HISTORISCHES WEINHAUS WÖHLER

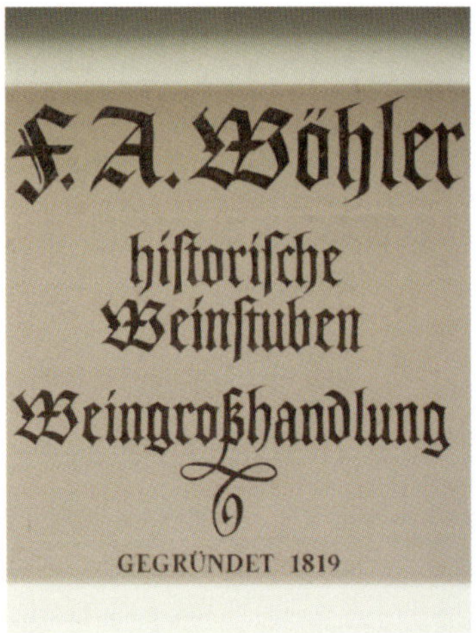

Historisches Weinhaus Wöhler
Günter Bahr

Puschkinstraße 25
19055 Schwerin

Telefon 03 85 / 5 55 83-0
Telefax 03 85 / 5 55 83-15

Wohin ausgehen in Schwerin, um in reizendem Ambiente einen guten Tropfen Wein, ein exquisites Menü oder leckeren hausgemachten Kuchen zu genießen? Dazu bietet sich das renommierte Weinhaus Wöhler an, das in der Landeshauptstadt für anspruchsvolle gastronomische Qualität steht. Bereits 1819 als gleichnamige Weinhandlung von F. A. Wöhler gegründet, knüpft die historische Wein- und Bierstube nach umfassenden Sanierungsmaßnahmen an diese Tradition heute wieder an. So will es Günter Bahr, Besitzer und Investor, und er will noch mehr. In dem über 250 Jahre alten Gebäude wird moderne Erlebnisgastronomie geboten mit kurzweiligen Kultur- und Musikveranstaltungen. Wöhler liegt damit ganz auf der Linie der Seestadt, in der das abwechslungsreiche, urbane Leben pulsiert – von den Schlossfestspielen bis zur Internationalen Deutschen Meisterschaft der Flying Dutchmen.

Das historische Gebäude von Wöhler signalisiert Gediegenheit und gibt dem Gast das Gefühl, angekommen zu sein. Diese Erwartung wird innen bestätigt. Das in dunklem Vollholz gehaltene Mobiliar, die Holzvertäfelung mit aufwändigen Schnitzarbeiten oder die hübschen Fenstermalereien machen die Tradition des Hauses nur noch deutlicher. Die Topographie der Innenräumlichkeiten stellt dem Gast unterschiedliche Zimmer zur Verfügung und vermittelt kurzweiligen Aufenthalt. Das alte Gewölbe aus rotem Backstein verbreitet urige Gemütlichkeit und lässt fast mediterrane Finca-Atmosphäre aufkommen. Das gut sortierte Weinkontor zaubert mit Gewissheit einen guten Tropfen aus einer deutschen oder internationalen Topplage hervor. Eine herrliche Skulptur des Weingottes Bacchus imponiert im gleichnamigen Zimmer, und in

der Beletage erzählt ein Museum von vergangenen Zeiten. Ein als Innenhof nachempfundenes Zimmer, ein Herrenzimmer sowie ein Sommergastgarten ergänzen die kurzweilige Innenarchitektur.
Die Küche erschafft phantasievolle Gourmetwelten, die der stimmungsvollen Atmosphäre im Wöhler korrespondieren. Dem alten Haus gelingt der Spagat zwischen Tradition und moderner Erlebnisgastronomie. Mit viel schöpferischer Inspiration wird der Gast in eine abwechslungsreiche Geschmackswelt von hoher Güte entführt. Gutes Essen macht friedlich, fröhlich, glücklich und sogar kreativ und ist manchmal die beste Medizin – so der Leitfaden zur phantasievollen Kochkultur. „Das wird auch eingelöst", versichert Geschäftsführerin Hannelore Arendt, die mit viel Herzblut dahinter steht.
Das Tango-Café im Wöhler verwöhnt mit leckeren Köstlichkeiten der süßen Art aus der eigenen Patisserie – wie zum Beispiel Walnusstorte „Moulinette" – oder mit herzhaft-feinen Gemüsereibekuchen mit Kräuterquark, garniert mit Salat. Der Schwerpunkt Erlebnis liegt auf dem gut gefüllten und weithin bekannten Veranstaltungskalender des Hauses – von der Herrentagsparty bis hin zum Theaterbrunch. Wer so vom „Wöhler" gefesselt ist, bleibt einfach da – in einem der sechs geschmackvoll eingerichteten Hotelzimmer.

Pommern-Ente

Zutaten

2 Pommersche Landenten á ca. 2 kg
250 g Backobst
1 Zwiebel
1/8 l Rotwein (bevorzugt Rotspon)
60 g Kartoffelstärke
100 g Johannisbeergelée
Majoran, Thymian, Salz, Pfeffer

Zubereitung

Am Vortag das Backobst ca. 1 Stunde in Rotwein einlegen. Die Enten mit Majoran, Thymian, Salz und Pfeffer würzen und mit dem eingelegten Backobst und der Zwiebel füllen.
Am Verzehrtag die Enten auf einen Rost legen, unter dem Rost eine Auffangpfanne mit etwas Wasser geben und bei 160 °C Umluft in die Röhre schieben.
Den abtropfenden Bratenfond ca. jede 1/4 Stunde nappieren (aus fr. napper „mit einer Soße übergießen"). Wenn sich der Keulenknochen drehen lässt (wenig Widerstand), dann sind die Enten gar.
Den reduzierten Bratenfond in einen Topf geben, entfetten, abschmecken, evtl. nachwürzen und mit angerührter Kartoffelstärke binden. Das Backobst aus der Ente kann ganz oder püriert – je nach Geschmack – in den Bratenfond gegeben werden.
Nach Belieben können Apfelrotkohl und Kartoffelklöße dazu serviert werden.

SCHRÖTER'S

Wer in Schwerin fein dinieren möchte, kommt an „Schröter's Restaurant" nicht vorbei. Im Herzen der Landesmetropole, der historischen Schelfstadt, kredenzt Chefkoch und Inhaber Erik Schröter seinen Gästen feine mecklenburgische Küche mit französischen Akzenten. Wer das „Schröter's" betritt, trifft auf eine schlichte Eleganz in der Einrichtung, die mit dem ganzen Konzept des im 18. Jahrhundert erbauten Schleswig-Holstein-Hauses harmoniert. Unaufdringlich sind die hellen Räume und bieten so die beste Voraussetzung zum Wohlfühlen. Kerzenleuchter, alte Spiegel und ausgesuchte Accessoires verraten die Liebe zum Detail, feine Lebensart und Geschmack. Kulinarischen Geschmack als Hochgenuss an Zunge und Gaumen ist das eigentliche Thema in der Küche von „Schröter's Restaurant". Dort dirigiert Chefkoch und Küchenmeister Erik Schröter. Aus frischen Zutaten werden allerfeinste Menüs und Speisen à la carte komponiert. Er weiß, was seinen Gästen schmeckt und was er ihnen schuldig ist: Mecklenburgische Küche. Schröter überwindet dabei das Spannungsverhältnis zwischen Tradition und Aktualität und macht sich die kreative Küche zunutze. Dabei setzt er traditionelle Regionalrezepturen mit französischen Akzenten gekonnt um. Aber auch andere Einflüsse aus dem mediterranen Raum geben den Geschmackston an. Selbst die Vielfalt und Leichtigkeit der asiatischen Küche machen die Gäste glücklich. „Ich verbinde vor allem heimische Produkte mit internationalen Rezepten und Zutaten. Dabei muss die Qualität der Grundzutaten stimmen. Was dann daraus wird, liegt am Koch", so Erik Schröter zu Güte und Inspiration am Herd, die er meisterlich beherrscht. Darüber hinaus lässt sich der leidenschaftliche Cuisinier zu Produkten aus Frankreich so einiges einfallen, um selbst anspruchsvollen Gaumen zu schmeicheln. Dass er dabei stets den „guten Geschmack" trifft, liegt an den vielen und zum Teil ausgefallenen Blüten und Wildkräutern, die er komponierfreudig einmischt.

Der aus dem Harz Gebürtige baut dabei auf seine Erfahrungen, die er auf beruflichen Stationen quer durch Deutschland von Süd nach Nord sammelte. Catering, Hochzeitsmenüs und zahlreiche ausgezeichnete Schlosshotelküchen zählen dazu. Eigentlich hätte seine nächste Station die bayrische

Schröter's
Erik Schröter

Schliemannstraße 2
19055 Schwerin

Telefon 03 85 / 5 50 76 98
Telefax 03 85 / 5 50 77 19

Nußschnitte mit Schokoladenmousse, Verveine-Eis und Schokoladenkuchen

Zutaten

62,5 g Eiweiß, 20 g feiner Zucker, 62,5 g feingemahlene Walnusskerne, 50 g Puderzucker, 10 g Mehl, Schale Himbeeren, 125 g, Schokoladenmousse, dunkel

1 Ei, 1 Eigelb
125 g Kuvertüre, dunkel
250 g Sahne, Verveine-Eis

für Leuterzucker:
50 g Zitronenkatzenminze,
0,1 l Wasser, 100 g Zucker

Zubereitung

Eiweiß mit dem Zucker steif schlagen, die feingemahlenen Nüsse und den Puderzucker unter das Mehl mischen und unterheben. Backblech mit Backpapier auslegen und die Masse 4 mm dick auftragen. 6–7 Minuten bei 240 °C backen. 20 mm x 80 mm breite Streifen schneiden. Ei und Eigelb mit etwas Wasser über einem heißen Wasserbad schaumig aufschlagen. Die geschmolzene Küvertüre unterheben Die Masse abkühlen lassen und die geschlagene Sahne unterheben. Kühl stellen. Den Leuterzucker aufkochen, abkühlen und mixen. Die Eigelbe mit dem Leuterzucker verrühren. Sahne aufkochen, vom Herd nehmen und die Eigelbmasse einrühren. Zur Rose abziehen.

Metropole München sein sollen, gelandet ist er allerdings im Zentrum Mecklenburg-Vorpommerns. Nunmehr seit acht Jahren führt er hier sein eigenes Restaurant. Klar, mit diesem Hintergrund gehört Erik Schröter zu den Küchenmeistern, die das Niveau der Schweriner Gourmetküche etabliert haben. Er zählt mit seinem Restaurant zu den besten Köchen von Mecklenburg-Vorpommern. Diesen Rang bestätigte ihm auch der Bertelsmann-Verlag in seinem Restaurant & Hotel Guide. Ebenso hievte ihn Gault Millau mit 15 Punkten auf den Spitzenplatz in der Landesmetropole und der Vartaführer setzte ihm eine Kochmütze als Auszeichnung auf. „Schröter's Restaurant" bietet mit seinen verschiedenen Salons den richtigen Rahmen für große Tafelfreuden. Besonders im Sommer lässt man sich gerne im malerischen Garten ein lauwarmes Kalbsfilet, rosa gebraten nach Grenobler Art, mit Jakobsmuscheln und Salat munden. Schröters kulinarische Qualitäten bekam schon sein Fast-Namensvetter Bundeskanzler Schröder zu genießen – gibt's eine bessere Referenz?!

JAGDSCHULE GUT GRAMBOW

Jagdschule
Gut Grambow GbR
Prof. Dr. G. M. Lösch & Partner

Lange Straße 16
19071 Grambow

Telefon 03 85 / 6 66 64 22
Telefax 03 85 / 6 66 64 23

Dort wo Bussarde und Seeadler ihre Kreise ziehen, da befindet sich das Grambower Moor, südwestlich von Schwerin. Und inmitten des zweitgrößten Regenmoors von Mecklenburg-Vorpommern liegt das traditionelle Gut Grambow mit 2 000 Hektar Land. Ein Großteil der Nutzfläche bewirtschaftet der studierte Landwirt und Gutsinhaber Martin Lösch mit Weizen, Gerste, Zuckerrüben, Raps und Silomais. 300 Kühe liefern gute Milch. Und in den Wäldern des Guts wird gejagt. Die Jagdschule, die Lösch auf Grambow etabliert hat, hat das Anwesen weit über die Landesgrenzen hinaus bekannt gemacht. Kulinarischer Genuss aus der sicheren Jagdbeute sind feine Wildspezialitäten. Gut Grambow bietet sich mit seinen stilvollen Ferienwohnungen auch als Urlaubsparadies an.

Gut Grambow – das bedeutet Landwirtschaft, Forstwirtschaft und Jagdschule. Ein moderner Landwirt muss unternehmerisch denken – so auch Hans Martin Lösch, der mit seiner Jagdschule einen rentablen Grundpfeiler auf Gut Grambow geschaffen hat. Zwar existieren in seiner Familienlinie Gutsbesitzer, doch er selbst ist Sohn eines Arztes. Nach ersten Kontakten mit der Landwirtschaft als Kind auf dem Hof seines Patenonkels studierte Hans Martin Lösch später internationale Agrarwissenschaft und Agrar-Ökonomie. Die günstigen Landpreise nach der Wende nutzte Familie Lösch für den Erwerb von Gut Grambow, das im alten Mecklenburger Stil saniert wurde.

In der bekannten Jagdschule werden in vierwöchigen Intensivkursen selbst unerfahrene Großstadtmenschen zu guten Jägern ausgebildet. Für die Unterbringung der angehenden Waidmänner stehen hochkomfortable Ferienwohnungen und Zimmer zur Verfügung. So kann die Ausbildung prima mit einem Urlaub in der reizvollen Gegend kombiniert werden. Aber auch für „Nur-

Urlauber“ ist das Logis buchbar – inklusive Wildbeobachtungen, Rundgängen und anderen Naturerlebnissen.
Wertvolle Nahrungsmittel beschaffen – das ist eine elementare und uralte Aufgabe des Jagdhandwerks. „Dazu bedarf es großer Sorgfalt vom Anfang bis zum Ende der Jagd, vor allem im Sinne der Tiere und der Natur. In unserer hoch technisierten und automatisierten Welt ist diese Transparenz stets aufs Neue notwendig“, weist Lösch auf ein Ausbildungsthema hin. In den Gutswäldern werden vor allem Rotwild, Damwild, Schwarzwild und Niederwild, also Hirsche, Wildschweine, Feldhasen, Kaninchen, Wildenten oder auch Fasane gejagt. Sie werden verarbeitet zu pfannenfertigen Fleischportionen – Wildschweinkeule, Rehrücken, Hirschmedaillon oder anderen Spezialitäten. Mit handwerklicher Qualität werden eingemachte Köstlichkeiten wie Wildleberwurst oder Rotwurst sowie Wildschweinsalami oder Schinken nach alten Familienrezepten hergestellt. Der unverwechselbare Geschmack des Wildfleisches wird nicht durch Konservierungsstoffe und Aromen verfälscht. Im gutseigenen Hofladen werden diese köstlichen Erzeugnisse direkt vermarktet.
Auf Voranmeldung genießen Gäste im kleinen, aber feinen Gutsrestaurant frisch zubereitete Wildgerichte. Auf dem Herdfeuer zaubert Chefkoch Steffen Meibom Wildgazpacho oder andere ausgefallene Wildspeisen, die den Gaumen umschmeicheln.

Mariniertes Rehrückenfilet unter der Pfeffer-Frischkäse-Kruste mit Pfifferlingen und Butterkartoffeln

Zutaten

800 g Rehrückenfilet, 200 g Wildknochen, 800 g Pfifferlinge, 1 kg neue Kartoffeln, 100 g Frischkäse, 50 g Preiselbeermarmelade, 2 kleine Zwiebeln, 1 Bund Suppengemüse, 50 g Butter, 100 ml Rotwein (Spätburgunder), 3 EL Semmelmehl, 3 EL Rapsöl, Wacholderbeeren, Lorbeerblatt, Rosmarin, Thymian, Kümmel, Salz, Zucker, Pfeffer aus der Mühle

Zubereitung

Wildknochen in 1 Esslöffel Rapsöl anrösten, klein geschnittenes Suppengemüse und Zwiebeln kurz mit anschwitzen, mit Rotwein und 200 ml Wasser ablöschen. Wacholderbeeren, Lorbeerblatt, Rosmarin und Thymian dazugeben und 1/2 Stunde köcheln lassen. Dann durch ein feines Sieb passieren, mit Salz, Pfeffer und Preiselbeermarmelade abschmecken.
Rehrücken mit Marinade aus 1 Esslöffel Rapsöl, fein gehacktem Rosmarin und Thymian, Salz und Pfeffer bestreichen, 15 Minuten einziehen lassen. Rehrücken mit einer kleinen Prise Zucker bestreuen und von allen Seiten in 1 Esslöffel Rapsöl kurz sanft anbraten. Frischkäse mit grob gestoßenem Pfeffer und Semmelmehl vermengen, auf den Rehrücken streichen.
Geputzte Pfifferlinge in etwas Butter mit Zwiebelscheiben, Salz, Pfeffer und Kümmel schmoren. Gekochte Kartoffeln in Butter schwenken. Rehrücken 10 Minuten in den auf 180 °C vorgeheizten Backofen schieben.

SCHLOSS BASTHORST

Hotel und Restaurant
Schloss Basthorst

Marjon Wollthuis und Mark Hopman

Schlossstraße 18
19089 Crivitz OT Basthorst

Telefon 0 38 63 / 5 25-0
Telefax 0 38 63 / 5 25-5 55

Holländisches Paar meets Schloss in Mecklenburg-Vorpommern. Den Traum vom Schloss haben sich Marjon Wollthuis und Mark Hopman erfüllt. Sie besitzen und führen das romantisch gelegene Schloss Basthorst im gleichnamigen Ortsteil von Crivitz auf der Mecklenburgischen Seenplatte. Das Anwesen bietet seinen Gästen durch intime Überschaubarkeit persönlichen Service und Wohlfühl-Atmosphäre. Die gelungene Mischung aus Tradition und modernen Elementen macht den Charme der Zimmer und übrigen Räumlichkeiten aus. Das Schlossrestaurant wartet auf mit kreativer Frischeküche von regional bis international. Hotelbar, Kellerlokal, Bibliothek, englischer Park, Wintergarten, Parkterrasse, Glambecksee und Golf – Schloss Basthorst hat viel zu bieten.

Die imposanten Ausmaße fehlen, aber gerade das lässt Schloss Basthorst gewinnen – an Gastlichkeit, an persönlichem Flair. Marmor, Säulen, Wandkerzenleuchter und schwere bodenlange Vorhänge geben der Empfangslounge die notwendige feudale Note, die sich in der Bibliothek, die ebenso als Trauzimmer dient, mit ihrer beeindruckenden Holzvertäfelung bis unter die Decke fortsetzt. Besonders die fein herausgeputzten Zimmer und Suiten bilden eine Ambiance zwischen Tradition und Moderne für den Komfort von heute. Höhepunkt des Wohngenusses sind die Royal Suite im Turm und die Hochzeitssuite. Nicht nur die Einrichtung, sondern der ganze Stil des Hauses ist geprägt von der kreativen Handschrift von Geschäftsführerin Marjon Wolthuis, die erlebbare Lebendigkeit mit Ästhetik in dem traditionellen Gebäude verbindet. „Mir macht es einfach Spaß, Gastgeberin zu sein. Ich möchte Stil in diese alten Gemäuer reinbringen. Und die Gäste

men. So könnte es losgehen mit mariniertem Schafskäse in Knoblauch-Kräuteröl mit ofenfrischem Baguette. Das Schlemmermahl setzt sich fort mit zarten Tournedos von der Rinderlende im Speckmantel auf Kartoffelschnee an nährstoffreichem Romanesco und Pfefferjus. Ein zarter Pinot Grigio Veneto im Glas trägt das feine Aroma der köstlichen Zubereitung aus der Schlossküche an den Gaumen und kommt dort zur vollen Entfaltung. Die Vielfalt der Speisen korrespondiert mit der professionellen Auswahl der Weine aus deutschen und internationalen Spitzenlagen. Bacchantische Besonderheiten sind dabei argentinische Qualitätstropfen von der Bodega Salentein.
Für ein anderes leibliches Wohlergehen wird demnächst ein geplanter Wellnessbereich sorgen. Ein Schloss bietet eben höhere Genüsse!

sollen sich in und um Schloss Basthorst wohl fühlen", lässt die Chefin des Hauses wissen.
Besonders in der warmen Jahreszeit beginnt der Start in den Tag auf Schloss Basthorst mit einem ausgedehnten Frühstück auf der Parkterrasse mit Blick auf den englischen Park und auf den Glambecksee. Golf auf dem nahen Winston-Golfplatz, eine Kanufahrt auf der Warnow, ein Spaziergang in der natürlichen Idylle oder ein Buch in der Schlossbibliothek – das Anwesen bietet viele Möglichkeiten, den Tag kurzweilig zu verbringen. Besonders am Abend ist das Schlossrestaurant als kulinarisches Zentrum angesagt – weiträumig und hell geplant. Genau der richtige Platz, um die Zunge von Gerichten und Menüs nach regionaler und internationaler Zubereitung verwöhnen zu lassen. Die üppig bestückte Karte lässt keine Langeweile im Genussvergnügen aufkom-

Röllchen von der Mecklenburger Landpute, gefüllt mit Zwiebelsprossen auf Kohlrabi-Ragout und Kartoffel-Rosmarin-Spieß

Zutaten

4 Putenschnitzel à 150 g
100 g Zwiebelsprossen
Salz
Pfeffer
Paprika edelsüß
2 Kohlrabi
12 Kirschtomaten
1 Bund Petersilie
100 ml geschlagene Sahne
Zucker
12 kleine Kartoffeln
12 Scheiben Bacon
1 Bund Rosmarin
Butter
Alufolie

Zubereitung

Kartoffeln kochen. In kleine Streifen geschnittene Kohlrabi in Brühe mit Zucker blanchieren. Schnitzel mit Salz und Pfeffer würzen, mit Zwiebelsprossen belegen und einrollen. Von außen mit Salz, Pfeffer und Paprika würzen und einzeln in Alufolie einwickeln. Im vorgeheizten Ofen bei 180 °C ca. 15 Minuten backen. Kartoffeln in Bacon einwickeln und je drei Stück auf einen Rosmarinzweig stecken, der bis auf die Spitze des Zweiges von Blättchen befreit wurde. Diese für 10 Minuten mit in den Ofen legen. Kohlrabi in etwas Butter anschwitzen, mit Salz, Pfeffer und einer Prise Zucker würzen. Kurz vor dem Anrichten die halbierten Tomaten zugeben und die geschlagene Sahne unterheben. Schnitzelröllchen in der Mitte aufschneiden. Kohlrabi in der Tellermitte anrichten, darauf aufgeschnittene Röllchen platzieren. Kartoffelspieß an eine Tellerseite legen. Etwas Bratenfond mit Portwein reduzieren und um die Röllchen geben.

LANDHOTEL DE WEIMAR

Landhotel de Weimar
Petra Fuchs und Wilfried Glania-Brachmann

Schlossstraße 15
19288 Ludwigslust

Telefon 0 38 74 / 4 18-0
Telefax 0 38 74 / 4 18-1 90

Sich kulinarisch verwöhnen lassen in Mecklenburg-Vorpommerns schönstem privat geführten Hotel und Restaurant. Das Landhotel „de Weimar" in Ludwigslust bietet dazu allerhand auf – von erlesenen Köstlichkeiten aus regionalen Frischeprodukten bis zu Komplettarrangements. Das Angebot des Hauses bereichert die Kreisstadt im Südwesten Mecklenburg-Vorpommerns, die einen echten kulturellen Farbtupfer in der Griesen Gegend abgibt. Schon der Name, abgeleitet vom Großherzog Christian Ludwig II., der dort seiner Jagdleidenschaft nachhing, verbürgt sich dafür.

Den Titel als schönstes privat geführtes Restaurant und Hotel Mecklenburg-Vorpommerns verlieh das angesehene Blatt „Der Feinschmecker" dem Haus 2005. Mit Recht, denn es erfüllt in allen seinen Angebotssparten höchste Ansprüche. Der Name ist dabei Programm. Im Jahr 1810 widmete Erbprinz Friedrich Ludwig das Gästehaus seiner aus Sachsen-Weimar stammenden Frau Caroline Louise. Das vorgeschaltete „de" entsprach damaliger Mode, sich französisch zu orientieren. Und Weimar war durch Goethe und Schiller längst kultureller Mittelpunkt geworden.

Das Haus „de Weimar" führt heute diese Tradition fort. Die Küchenkultur im Restaurant „Ambiente" hält Eurotoques-Chefkoch Wilfried Glania-Brachmann hoch, zusammen mit Hotelinhaberin Petra Fuchs. Er verwöhnt seine Gäste mit saisonalen Frischeerzeugnissen. Beste Produktqualität und inspirierte Kochkultur vermitteln außergewöhnliche Geschmacksimpressionen. Für seine saisonale Frischeküche verwendet Brachmann Spargel und Rhabarber aus der Nachbarschaft, frisches Lamm von der Insel Rügen, Enten, Wachteln und Perlhühner aus Rosenow und Fische aus der Müritz. Frische Kräuter kommen von der Kräuterhexe und zum Garnieren seiner Mecklenburger Kartoffelsuppe nimmt der Koch die berühmten Gänseblümchen aus dem Vorgarten. Die ersten Holunderblüten werden zu Marmeladen, Gelees, Vinaigrettes und dem berühmten Holunderblütensorbet verarbeitet. Zu den Speisen korrespondieren in den Gläsern erlesene Tropfen der bekanntesten Winzer Deutschlands, aber auch internationale Spitzengewächse und Raritäten wie jene des italienischen Guts Tenuta dell'Ornellaia. Die Obstbrandsammlung zählt zu den größten Sammelwerken dieser Art in den neuen Bundesländern. Das Restaurant „Ambiente" bietet für solche kulinarischen Gaumenfreuden den passenden Rahmen. Unter dem aufwändig verglasten Innenhof, umgeben von historischem Ambiente, werden die geschmorten Rehnüsschen mit getrüffeltem Spitzkohl zur außergewöhnlichen Geschmacksblüte. Da fällt das Verweilen leicht. Dafür bietet sich das Landhotel mit seinen perfekt ausgestatteten Zimmern an – nichts anderes als Wohlfühlen bleibt dem Gast übrig. Das Haus wartet zu kulturellen Veranstaltungen wie der Konzertreihe im Ludwigsluster Schloss mit passenden Arrangements auf, so unter dem Motto „Kunst-Kultur-Kaviar" oder die „de Weimar Trilogie" zu Verdis Rigoletto-Oper. Das Landhotel verbindet die Kunst des Genießens mit allen Sinnen.

Ludwigsluster Rehnüsschen

Zutaten

400 g Rehrücken, ausgelöst
100 g Rehkeule, ausgelöst
100 g Perlhuhnbrust, ohne Haut
Schweinenetz
7 cl Schlagsahne
100 g Steinpilze
1 EL Butter
1 Schalotte
Salz, Pfeffer schwarz aus der Mühle
1 TL frisch gehackte Thymianblätter
Öl zum Anbraten

Zubereitung

Das Rehrückenfilet in 8 Stücke teilen, leicht plattieren, mit Salz und Pfeffer würzen. Öl in einer Pfanne erhitzen. Die Rehnüsschen beidseitig kräftig anbraten, auf ein Gitter legen und abkühlen lassen. Die Perlhuhnbrust und das Fleisch der Rehkeule klein schneiden. Aus der Menge eine Farce in der Küchenmaschine herstellen, kalte Schlagsahne mit unterheben.
Butter erhitzen, die in Würfel geschnittene Schalotte darin glasig anschwitzen, die geputzten Steinpilze dazugeben und anbraten. Nach dem Erkalten der Steinpilze, diese in die Farce geben.
Das vorher gut gewässerte Schweinenetz trocknen, in 8 gleiche Teile schneiden, (ca. 12 x 8 cm). Im Zentrum des Netzes eine kleine Schicht Farce streichen, Nüsschen draufsetzen, oben und an allen Seiten abermals mit Farce bestreichen. Mit dem Netz verschließen. In der Pfanne anbraten und im Backofen bei 180 °C ca. 5–8 Minuten weitergaren. Aus dem Ofen nehmen und warm stellen. Aus den Karkassen vorher eine Sauce ziehen. Die Nüsschen halbieren und anrichten.
Pfifferlinge, Lavendel und Heidelbeerkonfitüre sind eine gute Begleitung.

SANDDORN STORCHENNEST

Sanddorn Storchennest GmbH
Dipl.-Ing Agr. Frank Spaethe

Heideweg 9
19288 Ludwigslust

Telefon 0 38 74 / 2 19 73
Telefax 0 38 74 / 66 32 44

Was für den Süden die Zitrone, ist für den deutschen Norden der Sanddorn. Der Betrieb Sanddorn Storchennest in Ludwigslust kultiviert das edle Früchtchen auf rund 80 Hektar Anbaufläche und hat sich damit zum größten und wichtigsten Obstbaubetrieb dieser Art in Deutschland etabliert. Er folgt in seinem Plantagenanbau nicht nur den Kriterien des Öko-Verbandes BIOPARK e.V., sondern wendet ein aufwändiges, aber besonders schonendes Ernteverfahren an. Denn Klasse statt Masse ist das Motto bei Sanddorn Storchennest – Deutschlands bedeutendster und größter Sanddorn-Plantage. Aufgabenschwerpunkt ist die Pflanzenkultivierung und die Herstellung verschiedener Qualitätsprodukte. Die Größe der Anbaufläche soll nicht darüber hinwegtäuschen, dass mit der Frucht – wie mit einem rohen Ei – äußerst schonend umgegangen wird. „Wir arbeiten mit Frostung. Die Äste mit erntereifen Früchten werden vom Strauch abgeschnitten und schockgefrostet. Dann wird die Frucht abgerüttelt", erläutert Frank Spaethe, diplomierter Agraringenieur und Geschäftsführer, das effiziente Einsammeln der beerigen Trauben. So wird die Frucht bei der Ernte nicht verletzt und die wertvollen Inhaltsstoffe bleiben erhalten. „Hohe Produktqualität ist unser Anspruch und die beginnt bereits beim ursprünglichen Rohstoff", so Spaethe. Allein das Abschneiden der Äste, das viel Erfahrung erfordert, bewirkt eine gezielte Auswahl der Ernte-

früchte und damit eine hohe Erntequalität. Die leuchtend rote Frucht wird bei Sanddorn Storchennest zu hochwertigen Produkten eredelt – vom Sanddornnektar über Sanddorn-Likör bis zu leckeren Sanddorn-Vollkornkeksen. Eine so geballte Ladung an Vitalstoffen macht darüber hinaus auch noch schön und steckt in kosmetischen Ölen, Cremes und Lotionen. Von Vitamin B, C, E, K und P bis zu ungesättigten Fettsäuren oder Mineralstoffen wie Kalium und Calcium liefert die kleine Frucht alles, was stärkend und entzündungshemmend wirkt; sie bindet freie Radikale und ist prädestiniert für eine gesunde Ernährung und zahlreiche vitalisierende Anwendungen.

Die Sanddornbeeren von Storchennest sind weltweit gefragt. Etwa drei Viertel der Ernte wird für die Herstellung eigener Produkte verwendet.

Wer einmal erfahren möchte, wie Mecklenburg-Vorpommern schmeckt, hält sich am besten an die leckeren Qualitätsprodukte von Sanddorn Storchennest. Die vielfältigen Produkte sind nicht nur im eigenen Hofladen erhältlich, Sanddorn Storchennest liefert seine hochwertigen Erzeugnisse auch weltweit aus. So hat sich der Sanddornsaft aus Ludwigslust schon seit einiger Zeit einen festen Platz auf der Speisekarte des Holiday Inn Crowne Plaza in Tokio erobert.

IN SWIENSTALL

In Swienstall
Café, Restaurant, Kneipe
Sonja Beecken

Niendorfer Straße 15
19294 Neu Grebs

Telefon 03 87 50 / 2 05 01
Telefax 03 87 50 / 2 28 85

Traditionelle Hausmannskost aus Mutters und Omas Zeiten im Schweinestall genießen? „In Swienstall", Café, Restaurant und Kneipe in Neu Grebs, macht es möglich. Das umgenutzte, hübsch sanierte Gebäude gibt dazu den richtigen Rahmen ab, denn gehoben wie die regionale Frischeküche empfängt auch die gelungene Ausstattung des Hauses den Gast. Am Herd indes komponiert Sonja Beecken kreative Rezepte für leckere deutsche Hausmannskost aus frischen Regionalprodukten.
So witzig wie die Bezeichnung ist auch die Entstehungsgeschichte des „Swienstall" als Gastronomiebetrieb. Der lang gehegte Wunsch von Sonja und Harald Beecken, sich ein ländliches Urlaubsdomizil mit kleiner Landwirtschaft zuzulegen, hat sich mit dem 150 Jahre alten Gehöft in Neu Grebs erfüllt. Für die Vollblutgastronomen war es als Ausgleich zu ihrem Restaurant im niedersächsischen Hittfeld gedacht – ländliche Idylle mit eigener Zucht von Heidschnucken. Bis zur ersten Feier auf dem Hof, der mehrere Veranstaltungen folgten. Um auch bei schlechtem Wetter Gastgeber geselliger

Neu Grebs

Treffen zu sein, wurde der über 100 Jahre alte Schweinestall ausgebaut – ursprünglich zu einem Café. Doch die sprichwörtliche Kochkunst von Sonja Beeckens und die ungeteilte Begeisterung der Gäste ließen daraus schnell ein kleines, aber feines Gasthaus entstehen. „Meine Frau ist in der Küche absolute Perfektionistin, lässt aber immer noch genügend Freiraum für kulinarische Phantasien und Kreationen. So probiert sie neue Kompositionen aus, die sie mit bewährten Traditionsrezepten verbindet – als wirklich gelungene Geschmackserlebnisse", beschreibt ihr Mann das kulinarische Konzept der inspirierten Regionalküche mit wechselnden Frischeangeboten der Saison.

„Ich will meinen Gästen echte Hausmannskost ohne Schnick-Schnack bieten. Fast vergessenes Gemüse wie Wruken oder andere Regionalprodukte kommen auf den Tisch. Oder Bratwurst von Heidschnucken aus der eigenen Zucht", verweist Küchenchefin Sonja Beecken auf ihr bemerkenswertes Kochprogramm. Aber auch mit extravaganten Variationen und Kombinationen hebt sie sich ab. Warum nicht einmal Zander mit Linsen oder frischen Pfifferlingen, die in der Natur vor der Haustür gedeihen. Oder zum Schnitzel Blaubeerschmand. Dass in der Swienstall-Küche alles selbst gemacht wird mit Frischeprodukten, versteht sich von selbst. Mittlerweile auch für die Gäste, die die hohe Produkt- und Zubereitungsqualität längst zu schätzen wissen. Sie kommen von weit her, um den Hausmannsköstlichkeiten zu frönen. Mit dem Frischeanspruch kocht auch die Saison. So beginnt der Februar im „Swienstall" für Feinschmecker mit Stint, der durch die Kochkunst von Sonja Beecken in der Griesen Gegend um Neu Grebs wieder hoffähig gemacht wurde. Kulinarische Renner in der kalten Jahreszeit sind Gans, Wild und Ente, die im alten Lehmbackofen tafelfertig zubereitet werden.

Die Öffnungszeiten im „Swienstall" sind natürlich auch originell: montags und dienstags ab 16.30 Uhr. In den Sommermonaten zusätzlich am Samstag und Sonntag. Dann gibt's auch hausgebackene Torten nach alten Rezepten. Wer Sonja Beeckens kulinarische Zaubereien probieren möchte, sollte sich rechtzeitig einen Tisch reservieren.

Geschmorte Heidschnuckenkeule

Zutaten für 6 Personen

1 Heidschnuckenkeule ohne Knochen, ca. 1,8 kg
1 Bund Suppengrün
2 Tomaten
5 Stiele Thymian
3 Stiele Rosmarin
6 Wacholderbeeren
3 Lorbeerblätter
3 EL Preißelbeeren
1/2 l Rotwein
1/2 l Wasser
Salz, Pfeffer, Öl

Zubereitung

Keule salzen, pfeffern und im Bräter anbraten. Suppengrün, Thymian, Rosmarin, Tomaten, Lorbeer und Wacholder dazugeben und kräftig ausschmoren. Mit Rotwein und Wasser ablöschen, Preiselbeeren dazu geben und im vorgeheizten Ofen bei 120 °C ca. 1 1/2–2 Stunden schmoren lassen. Danach Schmorflüssigkeit durch ein Sieb gießen, abschmecken und mit Speisestärke binden. Frische Pfifferlinge in ausgelassenem Speck und mit Zwiebeln anschmoren und mit dem in Scheiben geschnittenen Braten anrichten. Dazu frische grüne Bohnen, Preiselbeeren und Buchweizen- oder Kartoffelknödel.

VIELANKER BRAUHAUS

Vielanker Brauhaus
GmbH & Co KG
Kai Hagen

Lindenplatz 1
19303 Vielank

Telefon 03 87 59 / 3 35 88
Telefax 03 87 59 / 3 35 90

Eine Schwemme in der Griesen Gegend um das Örtchen Vielank im Kreis Ludwigslust – diese Beschreibung trifft die Vielanker Brauerei und ihren quirligen Betrieb. Alles dort strahlt Rustikalität aus, schon die rote Backsteinfassade hat etwas davon und begrüßt den Bierfreund in diesem Ton. Die zwei kupferblinkenden Braukessel geben der geräumigen Gaststube ein ganz besonderes Gesicht und machen den Genuss des süffigen Hausgebrauten zum besonderen Erlebnis. Für Veranstaltungen der fröhlichen Arten eignet sich der große Festsaal mit Bühne und entsprechender Technik. Und wem's dort länger gefällt, der quartiert sich im Hotel gleichen Stils ein.
Die Vielanker Brauerei ist ein besonderer Erlebnisort und das nicht nur kulinarisch. Schon das Outfit in roter Backsteinarchitektur hebt sich wohltuend ab von der wenig fruchtbaren und ziemlich sandigen Griesen Gegend. Innen setzt sich das bunte Brauhausleben fort. Gelungene Holzkonstruktionen vermitteln Rustikalität, so wie man sie in einer urigen Gaststättenbrauerei erwartet. Die Vielanker Brauerei hat da allemal die Nase vorn. In so einer Umgebung schmeckt das Bier noch mal so gut – vor allem, wenn's aus den eigenen Kesseln fließt.
Mit dem gut florierenden Gestensaftbetrieb hat sich der Düsseldorfer Kai Hagen einen Traum erfüllt. Pfiffig seine Idee: „Das Bier von hier soll regional festgemacht sein. Die Hiesigen sollen sich damit identifizieren und externe Gäste sollen sich an hier erinnern", so Hagen zu seiner Geschäftsidee. Langsam breitet sich die Regionalität aus, denn schon nach vier Jahren Betrieb kommt man mit dem Brauen nicht mehr nach. Die Kapazitäten wurden auf mehr als das Dreifache gesteigert, dann fließen jährlich 10 000 Liter Gestensaft.
Aber auch in der Qualität will sich Kai Hagen abheben vom globalisierten Einheitsgebräu. Er fordert markanten Geschmack und löst ihn mit den Noten „süffig-herb, ein wenig süßlich, aber hopfig" auch ein.

Das eigene Tiefenquellwasser kommt ihm da beim unverwechselbaren Vielanker-Biergeschmack nur entgegen. Den Gestensaft gibt's auch zum Mitnehmen – vom Party- bis zum 30-Liter-Fass. Die Abfüllung in handlichen Flaschen ist das neueste Kind und eine Rarität unter deutschen Gaststättenbrauereien.
Pils, Dunkles Schwarzbier und Weizen sind die Hauptsorten im Angebot. Saisonal gibt's Maibock und Oktoberfestbier. Alles in unfiltrierter und nicht pasteurisierter Qualität – darauf legt der Brauhauschef größten Wert. Wie das Bier, so die Speisen im Vielanker Brauhaus. Mit argentinischem Rumpsteak oder Bierbrauers Sauerfleisch geht's deftig zu. Wildroulade, Zanderfilet oder Vegetarisches bedienen andere Geschmäcker der feinen Art. Spezialität ist der Flammkuchen in vielen Variationen – vom Steinofen mit Rahm und Käse, aus dem Meer mit Lachs und Lauch oder süß mit Calvados, süßem Rahm, Apfel und Zimt.
Geplant ist eine eigene Herde mit Nachzüchtungen des Ur-Rindes, deren Fleisch dann die argentinischen Rumpsteaks ersetzen soll. Wer einige Vielanker-Brauhaustage einlegen will, lässt sich im angeschlossenen Hotel nieder. Es bietet in konsequenter Fortführung des Konzeptes rustikalen Wohnkomfort. Der Bierhimmel liegt eben in Vielank.

Flammkuchen Paprika-Schinken

Zutaten für 10 Portionen

Teig:
1 kg Mehl (Typ 405)
0,5 l Wasser
15 ml Olivenöl
1 gestrichener EL Salz

Schmand:
0,5 l Crème Frischli (24% Fett)
Salz, weißer Pfeffer, Knoblauchzehe

Belag:
je 2 Paprika (gelb, rot, grün)
5 Tomaten
1 große Gemüsezwiebel
350 g geräucherter Schinken
1 kg geraspelter Edamerkäse

Zubereitung

Zutaten für den Teig in einer Schüssel gut verkneten. Der Teig darf nicht kleben. Zutaten für den Schmand zusammenrühren. Paprika, Zwiebeln und geräucherten Schinken in kleine Streifen schneiden und Tomaten achteln.
Den Teig portionieren und hauchdünn ausrollen, dann mit Schmand dünn bestreichen und mit Paprika, Zwiebeln und geräuchertem Schinken und Käse belegen. Im vorgeheizten Holzbackofen goldgelb backen.

KULINARISCHE EMPFEHLUNGEN

Ahlbecker Hof, Romantik Seehotel 184
Ein Haus der Seetel Gruppe
Dünenstraße 47
17419 Seebad Ahlbeck/Insel Usedom
Telefon 03 83 78 / 6 20
Telefax 03 83 78 / 6 21 00
ahlbecker-hof@seetel.de
www.ahlbecker-hof.de

Ambiance, Hotel-Park 116
Wilhelmstraße 34
18586 Ostseebad Sellin/Insel Rügen
Telefon 03 83 03 / 1 22-0
Telefax 03 83 03 / 1 22-1 22
info@hotel-ambiance.de
www.hotel-ambiance.de

Anders Keramik 108
Im Torhaus an der Orangerie
Alleenstraße 35
18581 Putbus/Insel Rügen
Telefon und Telefax 03 83 07 / 4 02 38

Atelier im Dornenhaus 76
Bernhard-Seitz-Weg 1
18347 Ostseebad Ahrenshoop
Telefon und Telefax 03 82 20 / 8 09 63

Atlantic, Romantik Strandhotel 186
Ein Haus der Seetel Gruppe
Strandpromenade 18
17429 Seebad Bansin/Insel Usedom
Telefon 03 83 78 / 60-5
Telefax 03 83 78 / 60-6 00
atlantic@seetel.de
www.strandhotel-atlantic.de

Aquamarin, Hotel 54
Hermannstraße 33
18225 Ostseebad Kühlungsborn
Telefon 03 82 93 / 4 02-0
Telefax 03 82 93 / 4 02-77
hotel-aquamarin@t-online.de
www.hotel-aquamarin.de

Back- und Brauscheune „Rumpelstilz" 150
Dorfstraße 1
18442 Krummenhagen
Telefon 03 83 27 / 6 13 34
Telefax 03 83 27 / 6 13 46
B.Steinfurth@t-online.de
www.rumpelstilz-brauscheune.de

Schloss Basthorst, Hotel & Restaurant 242
Schlossstraße 18
19089 Crivitz OT Basthorst
Telefon 03 86 3 / 5 25-0
Telefax 03 86 3 / 5 25-5 55
info@schloss-basthorst.de
www.schloss-basthorst.de

Gutshof Bastorf GbR 34
Kühlungsborner Str. 1
18230 Bastorf
Telefon 03 82 93 / 64 50
Telefax 03 82 93 / 6 45 55
info@gutshof-bastorf.de
www.gutshof-bastorf.de

Original Bauerngarten Manufaktur GbR 166
Dr. Allende Straße 35
17379 Ferdinandshof
Telefon 03 97 78 / 2 82 94
Telefax 03 97 78 / 2 82 96
bauerng.manufaktur@gmx.org
www.bauerngartenmanufaktur.de

Biofrisch Nordost 20
Markthandel – Großhandel – Lieferdienst
D-18184 Teschendorf
Am Storchennest 8
Telefon 03 82 04 – 7 27 45
Telefax 03 82 04 – 7 27 47
info@biofrisch-nordost.de
www.biofrisch-nordost.de

Hofgut Bisdamitz 130
Dorfstraße 1
18551 Lohme/Insel Rügen
Telefon 03 83 02 / 92 07
Telefax 03 83 02 / 9 01 99
ruegenbio@hofgut-bisdamitz.de
www.hofgut-bisdamitz.de

Borchard's Rookhus, Romantik Hotel 216
Am Großen Labussee
17255 Wesenberg
Telefon 03 98 32 / 50-0
Telefax 03 98 32 / 5 01 00
info@rookhus.de
www.rookhus.de

BS & K GmbH Kaffeerösterei 22
Reuter Straße 1a
18211 Admannshagen-Bargeshagen
Telefon 03 82 03 / 77 58 40
Telefax 03 82 03 / 77 58 43
brack-kaffeeroesterei@gmx.com
brack-kaffeeroesterei.de

Captain's Inn 214
Boeker Straße 1
17248 Rechlin
Telefon 03 98 23 / 2 66 36 oder 2 71 68
Telefax 03 98 23 / 2 91 95
captain@captains-inn.de
www.captains-inn.de

Caspar's, Restaurant 120
Im Nationalpark-Zentrum Königsstuhl
Stubbenkammer 2
18546 Saßnitz/Insel Rügen
Telefon 03 83 92 / 6 79 57
Telefax 03 83 03 / 6 79 58
info@hotel-ambiance.de
www.hotel-ambiance.de

Chezann, Bistro & Restaurant 30
Mühlenstraße 28
18118 Warnemünde
Telefon 03 81 / 5 10 71 77
Telefax 03 81 / 5 10 71 79
info@chezann.de
www.chezann.de

Classic Conditorei GmbH 40
Dorfstraße 15 c
18209 Steffenshagen
Telefon 03 82 03 / 77 57-0
Telefax 03 82 03 / 77 57-99
froentgen@classic-conditorei.com
www.hotelroentgen.m-vp.de

„Le Croy", Restaurant & Café 68
Rakower Straße 9
(Pommersches Landesmuseum)
17489 Greifswald
Telefon 03 83 4 / 77 58 45
Telefax 03 83 4 / 77 58 43
info@le-croy.de
www.le-croy.de

Gut Dalwitz 226
Dorfstraße 43
17179 Dalwitz
Telefon 03 99 72 / 5 61 40
Telefon und Telefax 03 99 72 / 5 12 63
Pos@gutdalwitz.de
www.gutdalwitz.de

Gut Darß GmbH & Co. KG 90
Am Wald 26
18375 Born
Telefon 03 82 34 / 50 60
Telefax 03 82 34 / 50 65 5
info@gut-darss.de
www.gut-darss.de

Eis-Villa Stein 178
Kulmstraße 4
17424 Seebad Heringsdorf/Insel Usedom
Telefon 03 83 78 / 2 84 52
Telefax 03 83 78 / 4 76 86

Haus Elisabeth von Eicken 78
Dorfstraße 39
18347 Ostseebad Ahrenshoop
Telefon 03 82 20 / 69 90
Telefax 03 82 20 / 69 9-24
mail@elisabethvoneicken.de
www.elisabeth-von-eicken.de

Essbare Landschaften GmbH 158
Gutshaus Boltenhagen
18516 Süderholz
Telefon 03 83 26 / 53 57 80
Telefax 03 83 26 / 53 57 81
info@EssbareLandschaften.de
www.EssbareLandschaften.de

Europa Hotel und Hotel Seeschloss 56
Ostseeallee 8
18225 Ostseebad Kühlungsborn
Telefon 03 82 93 / 88-0
Telefax 03 82 93 / 88-4 44
info@europa-hotel.de
www.europa-hotel.de

Die Feinkostmanufaktur 218
Thomsdorf 38 a
17268 Boitzenburger Land
Telefon 03 98 89 / 55 00 30

Fischerei Müritz-Plau GmbH
Eldenholz 42 198
17192 Waren (Müritz)
Telefon 0 39 91 / 15 34 0
Telefax 0 39 91 / 15 34 17
info@mueritzfischer.de
www.mueritzfischer.de

Gastmahl des Meeres, Hotel und Restaurant 128
Strandpromenade 2
18546 Saßnitz/Insel Rügen
Telefon 03 83 92 / 5 17-0
Telefax 03 83 92 / 5 17 33
www.wild-east.de/firmen/gastmahldesmeeres

Glashagenhütte 38
18209 Glashagen
Telefon 03 82 03 / 1 30 88
Telefax 03 82 03 / 6 58 11
glas-hagen-huette@t-online.de
www.glashagenhuette.de

Godewind, Hotel 144
Süderende 53
18565 Vitte/Insel Hiddensee
Telefon 03 83 00 / 66 00
Telefax 03 83 00 / 66 02 22
godewind@hotelgodewind.de
www.hotelgodewind.de

Schlossgut Groß Schwansee 36
Am Park 1
23942 Groß Schwansee
Telefon 03 88 27 / 88 48-0
Telefax 03 88 27 / 88 48-48
info@schwansee.de
www.schwansee.de

Jagdschule Gut Grambow GbR 240
Lange Straße 16
19071 Grambow
Telefon 03 85 / 6 66 64 22
Telefax 03 85 / 6 66 64 23
jagdschule@gutgrambow.de
www.jagdschulegutgrambow.de

Heiderose, Hotelanlage 142
In den Dünen 127
18565 Vitte/Insel Hiddensee
Telefon 03 83 00 / 6 30
Telefax 03 83 00 / 6 31 24
mail@heiderose-hiddensee.de
www-heiderose-hiddensee.de

Schäferei Hullerbusch 220
Hullerbusch 2
17258 Feldberg
Telefon 03 98 31 / 2 00 06
Telefax 03 98 31 / 2 24 36
heino.hullerbusch@t-online.de

Jagd- und Naturpark Residenz 208
Am Drewitzer See 1
17214 Drewitz
Telefon 03 99 27 / 76 70
Telefax 03 99 27 / 76 7-19
info@jagdresidenz.de
www.jagdresidenz.de

Kempinski Grand Hotel 26
18209 Heiligendamm
Telefon 03 82 03 / 7 40 61 20
Telefax 03 82 03 / 7 40 61 29
reservations.heiligendamm@kempinski.com
www.kempinski-heiligendamm.de

„Kleines Meer", Hotel 200
Alter Markt 7
17192 Waren (Müritz)
Telefon 0 39 91 / 6 48-0
Telefax 0 39 91 / 64 82 22
info@kleinesmeer.com
www.kleinesmeer.com

Kliewe, Bauernhof 138
Mursewieck 1
18569 Ummanz
Telefon 03 83 05 / 81 30
Telefax 03 83 05 / 5 55 69
Bauernhof-Kliewe@t-online.de
www.Bauernhof-Kliewe.de

„Kulm-Eck", Restaurant 182
Kulmstraße 17
17424 Seebad Heringsdorf/Insel Usedom
Telefon 03 83 78 / 2 25 60
info@kulm-eck.de
www.kulm-eck.de

Haus Linden, Hotel und Restaurant 82
Gemeindeplatz
18375 Ostseebad Prerow
Telefon 03 82 33 / 63 6
Telefax 03 82 33 / 6 37 36
haus-linden-prerow@t-online.de
www.haus-linden.de

Haus Lindequist, Restaurant & Hotel 118
Von-Lindequist-Weg 1
18586 Sellin-Baabe/Insel Rügen
Telefon 03 83 03 / 95 00
Telefax 03 83 03 / 9 50 35
info@haus-lindequist.de
www.haus-lindequist.de

Landwirtschaftlicher Marktfruchtbetrieb 222
Luisenhof 1A
17039 Neuenkirchen OT Luisenhof
Telefon und Telefax 03 96 06 / 2 98 77
hans.p.kruse@t-online.de
www.rappoel-kruse.de

Mecklenburger Landwein 162
Schloß Rattey
Rattey 21
17349 Rattey
Telefon 0 39 68 / 25 50 10 und
0170 / 5 84 72 58 (Winzer)
Telefax 0 39 68 / 25 50 50
info@schlossrattey.de
www.schlossrattey.de

Hof Medewege GbR 234
Hauptstraße 10–15
19055 Schwerin
Telefon 03 85 / 55 09-154
Telefax 03 85 / 55 09-155
post@hof-medewege.de
www.hof-medewege.de

Münsterteicher, Restaurant 114
Strandpromende 17–18
18609 Ostseebad Binz/Insel Rügen
Telefon 03 83 93 / 1 43 80
Telefax 03 83 93 / 1 42 09

Namenlos & Fischerwiege, Romantik Hotel 80
Am Schifferberg 2
18347 Ostseebad Ahrenshoop
Telefon 03 82 20 / 60 60
Telefax 03 82 20 / 60 63 01
info@hotel-namenlos.de
www.hotel-namenlos.de

Gut Owstin 168
Am Storchennest 8
17506 Owstin
Telefon 03 83 53 / 6 68 43
Telefax 03 83 53 / 6 68 45
info@gut-owstin.de
www.gut-owstin.de

Alter Pfarrhof ÖBIK e.V. 154
Schulstraße 12
18510 Elmenhorst
Telefon 03 83 27 / 8 00 90
Telefax 03 83 27 / 5 05 00

Pirol, Landgasthaus 192
Hauptstraße 10
17419 Korswandt/Insel Usedom
Telefon 03 83 78 / 3 23 18
Telefax 03 83 78 / 2 21 80
reception@hotel-pirol.de
www.hotel-pirol.de

Plonsky, Restaurant 176
Strandpromenade 36/37
17429 Kaiserbad Bansin/Insel Usedom
Telefon 03 83 78 / 66 15 66
restaurant@plonsky.de
www.plonsky.de

Pommernyacht, Hafenhotel und Restaurant 164
Altes Bollwerk 1b
17373 Ueckermünde
Telefon 03 97 71 / 21 50
Telefax 03 97 71 / 2 15 39
pommernyacht@ueckermuende.de
www.pommernyacht.de

Pommersches Landesmuseum 70
Rakower Straße 9
17489 Greifswald
Telefon 03 83 4 / 83 12 0
Telefax 03 83 4 / 83 12 11
info@pommersches-landesmuseum.de
www.pommersches-landesmuseum.de

Stadt Putbus Putbus Information 106
Orangerie/Alleestraße 35
18581 Putbus/Insel Rügen
Telefon 03 83 01 / 4 31
Telefax 03 83 01 / 6 09 63
info.putbus@putbus.de
www.putbus.de

Schloß Rattey Park Hotel 160
Rattey 21
17349 Rattey
Telefon 0 39 68 / 25 50 10
Telefax 0 39 68 / 25 50 50
info@schlossrattey.de
www.schlossrattey.de

Guthaus Redewisch, Hotel & Restaurant 42
Dorfstrasse 46
23946 Ostseebad Boltenhagen OT Redewisch
Telefon 03 88 25 / 37 60
Telefax 03 88 25 / 3 76 37
info@gutshaus-redewisch.de
www.gutshaus-redewisch.de

Hotel Reingard 62
Weberstraße 10,18 & 20
23966 Hansestadt Wismar
Telefon 03 841 / 28 49 72
Telefax 03 841 / 21 34 95 + 97
hotel@reingard.de
www.reingard.de

Ribnitzer Fischhafen 92
Am See 40
18311 Ribnitz-Damgarten
Telefon 03 821 / 39 07 11 oder 81 57 94
Telefax 03 821 / 39 07 20
Mecklenburger_Kuestenfisch@t-online.de
www.Kuestenfisch.de

Rosendomizil Cafe – Restaurant – Hotel 206
O. & A. Vollbrecht OHG
Lange Straße 2–6
17213 Malchow
Telefon 03 99 32 / 1 80 65
Telefax 03 99 32 / 1 80 64
info@rosendomizil.de
www.rosendomizil.de

Rosengarten, Café 88
Schulstraße 13
18374 Seeheilbad Zingst
Telefon 03 82 32 / 8 47 04
Telefax 03 82 32 / 8 47 05
RvW@caferosengarten.de

Rügener Inselfrische 110
Poseritz-Hof 15
18574 Poseritz/Insel Rügen
Telefon 03 83 07 / 4 04 29
Telefax 03 83 07 / 4 04 02
post@ruegener-inselfrische.de
www.ruegener-inselfrische.de

Rügener Insellamm Rudenlamm 122
Försterei 14
18586 Göhren/Insel Rügen
Telefon 03 83 08 / 66 68 88
Telefax 03 83 08 / 66 68 82
n-t-v@t-online.de
www.ruegener-insellamm-rudenlamm.de

Rügener Landschlachterei GmbH 104
Hauptstraße 6b
18528 Gademow/Insel Rügen
Telefon 0 38 38 / 25 19 55
Telefax 0 38 38 / 20 94 95
info@ruegenfleisch.de
www.ruegenfleisch.de

Rügen Rauch – Restaurant „Alte Bootswerft" 126
im Port Gager
Hafen
18586 Gager/Insel Rügen
Telefon 03 83 08 / 6 64 70
Telefax 03 83 08 / 66 47-10
info@portgager.de
www.portgager.de

Sanddorn-Kiste 140
Königsberg 22
18565 Neuendorf/Insel Hiddensee
Telefon 0 38 93 00 / 5 05 62
und 0174 / 8 25 80 43

Sanddorn Storchennest GmbH 246
Heideweg 9
19288 Ludwigslust
Telefon 0 38 74 / 2 19 73
Telefax 0 38 74 / 66 32 44
sanddorn-storchennest@t-online.de
www.sanddorn-storchennest.de

Die Scheune 212
Dudel 1
17207 Bollewick
Telefon 03 99 31 / 5 20 09
Telefax 03 99 31 / 56 37

Burg Schlitz 228
D-17166 Hohen Demzin
Telefon 0 39 96 / 1 27 00
Telefax 0 39 96 / 12 70 70
info@burg-schlitz.de
www.Burg-Schlitz.de

Schröter's 238
Schliemannstraße 2
19055 Schwerin
Telefon 03 85 / 5 50 76 98
Telefax 03 85 / 5 50 77 19
schroeters-restaurant@t-online.de
www.schroeters-restaurant.de

„Seekiste zur Krim" Historische Seefahrerkneipe 32
Am Strom 47
18119 Warnemünde
Telefon und Telefax 03 81 / 5 21 14

SILO 4, Restaurant & Bar 64
Am Strande 3 d
18055 Rostock
Telefon 03 81 / 4 58 58 00
info@silo4.de
www.silo4.de

SOS-Dorfgemeinschaft 156
Hohenwieden 9
18507Grimmen
Telefon 03 83 26 / 65 44-0
Telefax 03 83 26 / 65 44-32
dg-grimmen@SOS-Kinderdorf.de
www.sos-kinderdorf.de/grimmen

„Speicher", Hotel 98
Am Osthafen 2
18356 Barth
Telefon 03 82 31 / 63-3 00
Telefax 03 82 31 / 63-4 00
speicher-barth@t-online.de
www.speicher-barth.de

Schloss Spyker 132
Schlossallee 1
18551 Spyker/Insel Rügen
Telefon 03 83 02 / 77-0 & 5 33 83
Telefax 03 83 02 / 5 33 86
kontakt@schloss-spyker.de
www.schloss-spyker.de

Gutshaus Stellshagen Cordes KG 24
Bio- und Gesundheitshotel
Lindenstraße 1
23948 Stellshagen
Telefon 03 88 25 / 4 41 00
Telefax 03 88 25 / 4 43 33

Gutshaus Stolpe 170
Dorfstraße 37
17391 Stolpe bei Anklam
Telefon 03 97 21 / 55 00
Telefax 03 97 21 / 5 50 99

KULINARISCHE EMPFEHLUNGEN

Stolper Fährkrug 170
Telefon 03 97 21 / 5 22 25
info@gutshaus-stolpe.de
www.Gutshaus-Stolpe.de

Strandhalle 112
Strandpromenade 5
18609 Ostseebad Binz
Telefon und Telefax 03 83 93 / 3 15 64
toni.muensterteicher@t-online.de

„Sur la mer", Restaurant & Pension 96
Am Westhafen 24
18356 Barth
Telefon und Telefax 03 82 31 / 7 75 36
surlamerbarth@aol.de
www.sur-la-mer.de

„In Swienstall" Café, Restaurant, Kneipe 248
Niendorfer Straße 15
19294 Neu Grebs
Telefon 03 87 50 / 2 05 01
Telefax 03 87 50 / 2 28 85

Teeschale Prerower Teestube und Laden 84
Waldstraße 50
18375 Prerow
Telefon 03 82 33 / 6 08 45
Telefax 03 82 33 / 6 08 46
info@teeschale-prerow.de

Tourismuszentrale Rostock & Warnemünde Tourist-Information Stadtzentrum 66
Neuer Markt 3
18055 Rostock
Telefon 03 81 / 3 81 22 22

Tourist-Information Warnemünde
Am Strom 59 / Ecke Kirchenstraße
18119 Rostock
Telefon 03 81 / 54 80 00
Telefax 03 81 / 5 48 00 30

Schloss Ulrichshusen, Hotel 202
Seestraße 14
17194 Ulrichshusen
Telefon 03 99 53 / 79 00
Telefax 03 99 53 / 7 90 99
info@gut-ulrichshusen.de
www.gut-ulrichshusen.de

Traditions-Fischräucherei 134
Spitzer Ort 7
18528 Lietzow
Telefon 03 83 02 / 5 69 66 oder 5 69 64
Telefax 03 83 02 / 5 69 63
urlaub@ruegen-schewe.de
www.ruegen-schewe.de

Usedomer Brauhaus 188
Ein Haus der Seetel Gruppe
Platz des Friedens
17424 Seebad Heringsdorf
Telefon 03 83 78 / 6 14 20 oder 6 14 21
info@usedomer-brauhaus.de
www.usedomer-brauhaus.de

Vielanker Brauhaus GmbH & Co KG 250
Lindenplatz 1
19303 Vielank
Telefon 03 87 59 / 3 35 88
Telefax 03 87 59 / 3 35 90
info@vielanker-brauhaus.de
www.vielanker-brauhaus.de

Vier Jahreszeiten, Hotel 50
Ostseeallee 10–12
18217 Ostseebad Kühlungsborn
Telefon 03 82 93 / 81-0 00
Telefax 03 82 93 / 81-0 81
ph@vier-jahreszeiten.de

Waldkrone, Hotel-Residenz 52
Tannenstraße 4
18225 Ostseebad Kühlungsborn
Telefon 03 82 93 / 4 00 00
Telefax 03 82 93 / 4 00 11
hr@waldkrone.de
www.waldkrone.de

Walfischhaus, Café – Restaurant – Pension 86
Chausseestraße 74
18375 Born a. Darß
Telefon: 03 82 34 – 5 57 84
Telefax: 03 82 34 – 5 57 85
info@walfischhaus.de
www.walfischhaus.de

„Waterblick", Fisch- und Grillrestaurant 190
Am Mühlenberg 5
17459 Loddin/Insel Usedom
Telefon 03 83 75 / 2 02 94
Telefax 03 83 75 / 2 06 20
www.waterblick.de

de Weimar, Landhotel 244
Schlossstraße 15
19288 Ludwigslust
Telefon 0 38 74 / 4 18-0
Telefax 0 38 74 / 4 18-1 90
info@landhotel-de-weimar.de
www.landhotel-de-weimar.de

Weinhaus Wöhler, Historisches 236
Puschkinstraße 25
19055 Schwerin
Telefon 03 85 / 5 55 83-0
Telefax 03 85 / 5 55 83-15
info@weinhaus-woehler.com
www.weinhaus-woehler.com

Weinladen Ahlbeck und Café am Schlonsee 180
Seestraße 1
17419 Seebad Ahlbeck/Insel Usedom
Telefon 03 83 78 / 4 71 18
Telefax 03 83 78 / 4 71 19
Café am Schlonsee
Waldstraße
17429 Seebad Bansin/Insel Usedom

Wirtshaus zur Eibe 204
Hoher Damm 7
17194 Jabel
Telefon 03 99 29 / 76 78-0
Telefax 03 99 29 / 76 78-12
www.mueritzwelt.de

Witt, Caféstübchen 44
Am Tannenhof 2
18181 Graal-Müritz
Telefon 03 82 06 / 7 72 21
Telefax 03 82 06 / 7 79 13
cafe-witt@web.de
www.pension-cafe-witt.m-vp.de

Wohngarten – Atelier für Design und Gartenkunst 94
Dorfstraße 18
18347 Ostseebad Ahrenshoop
Telefon 03 82 23 / 2 43
Telefax 03 82 23 / 5 93 34
wohngarten@t-online.de
www.wohngarten.info

Gutshof Woldzegarten 210
Walower Straße 30
17209 Woldzegarten
Telefon 03 99 22 / 8 22-0
Telefax 03 99 22 / 8 22-55
info@gutshof-woldzegarten.de
www.woldzegarten.de

Hof Zandershagen 152
Dorfstraße 19
18461 Zandershagen
Telefon und Telefax 03 83 22 / 4 45
webmaster@hofzandershagen.de
www.hofzandershagen.de

Zur Linde, Landgasthof 124
Dorfstraße 20
18586 Middelhagen/Insel Rügen
Telefon 03 83 08 / 5 54-0
Telefax 03 83 08 / 5 54-90
info@zur-linde-ruegen.de
www.zur-linde-ruegen.de

VERZEICHNIS DER REZEPTE

Vorspeisen

Hauptspeisen

Dessert

ISBN 3-86528-319-5

ISBN 3-86528-313-6

ISBN 3-86528-318-7

ISBN 3-86528-314-4

KULINARISCHE ENTDECKUNGSREISEN ...

... DURCH DIE SCHÖNSTEN URLAUBSREGIONEN

ISBN 3-8295-7302-2

ISBN 3-8295-7304-9

ISBN 3-8295-7310-3

ISBN 3-86528-304-7

ISBN 3-86528-305-5

ISBN 3-8295-6419-8

ISBN 3-86528-302-0

ISBN 3-86528-306-3

IMPRESSUM

Gestaltung und Satz
Kassler Grafik-Design, Leipzig

Reproduktion
Lithotronic-Media, Frankfurt/M.

Texte
Andreas Neubert, Groß-Umstadt

Fotografie
Angela Liebich, Leipzig

Karte
Thorsten Trantow, Kenzingen

Herausgeberin
Katharina Többen, Neckargemünd

Lektorat
Monika Stumpf

Druck und Verarbeitung
Media-Print, Paderborn

Printed in Germany
ISBN 3-86528-327-6

Die Ratschläge in diesem Buch sind von den Autoren und dem Verlag sorgfältig erwogen und geprüft, dennoch kann eine Garantie nicht übernommen werden. Eine Haftung der Autoren und des Verlages für Personen-, Sach- und Vermögensschäden ist ausgeschlossen.

Sofern nicht anders angegeben sind die Rezepte für vier Personen vorgesehen.

Besuchen Sie uns im Internet
www.umschau-buchverlag.de

Titelfotografie

Lachs und Zander im Schinkenmantel mit Riesengarnelen, Rosmarinschaum und Selleriespagettinis, zubereitet im Restaurant Plonsky.

Wir bedanken uns für die freundlicherweise zur Verfügung gestellten Fotos bei:

Jagd- und Naturpark Residenz Drewitz (S. 208 unten)
Kempinsky Grand Hotel Heiligendamm (S. 26 oben)
Schlossgut Groß Schwanensee (S. 36 oben)
Schloss Spyker (S. 132 oben links)
Tourismusverband Insel Usedom e.V. (S. 174 rechts)
Müritz COMP GmbH (S. 225 rechts)